PROTEÇÃO DE DADOS

Fundamentos jurídicos

Coordenação
Tarcisio Teixeira
Américo Ribeiro Magro

PROTEÇÃO DE DADOS

Fundamentos jurídicos

2ª Edição

2021

EDITORA JusPODIVM
www.editorajuspodivm.com.br

EDITORA *Jus*PODIVM
www.editorajuspodivm.com.br

Rua Território Rio Branco, 87 – Pituba – CEP: 41830-530 – Salvador – Bahia
Tel: (71) 3045.9051
• Contato: https://www.editorajuspodivm.com.br/sac

Capa: Ana Caquetti

P967 Proteção de dados: fundamentos jurídicos / coordenadores Tarcisio Teixeira, Américo Ribeiro Magro – Salvador: Editora JusPodivm, 2021.
272 p.

Vários autores.
Inclui bibliografia.
ISBN 978-65-5680-514-6

1. Direitos Fundamentais. 2. Proteção de dados. I. Magro, Américo Ribeiro. II. Teixeira, Tarcisio. III. Título.

CDD 341.27

SUMÁRIO

INTRODUÇÃO **9**

1. A (IN)EFICÁCIA DO DIREITO À ANONIMIZAÇÃO DE DADOS PESSOAIS EM FACE DA ANÁLISE DE *BIG DATA* DOS METADADOS PRODUZIDOS NO ÂMBITO DA INTERNET DAS COISAS **13**

1. Introdução 14
2. Preliminarmente: Afinal, o que são dados (pessoais)? 14
   2.1 Dados estruturados, semiestruturados e não estruturados 18
   2.2 Metadados 20
3. Internet das Coisas e *Big Data*: Conceitos e correlações 23
   3.1 Internet das Coisas e o Decreto nº 9.854/2019 28
4. A proteção e a disciplina do tratamento de dados na legislação brasileira 30
   4.1 O Marco Civil da Internet (Lei nº 12.965/2014) 30
   4.2. A Lei Geral de Proteção de Dados Pessoais (Lei nº 13.709/2018) 34
5. Os dados produzidos na IoT e a (in)eficácia das técnicas de anonimização em face de análises de *big data* 39
6. Conclusões 48
7. Referências bibliográficas 50

2. A LEI GERAL DE PROTEÇÃO DE DADOS PESSOAIS E O TRATAMENTO DE DADOS PESSOAIS DE CRIANÇAS E ADOLESCENTES **53**

1. Introdução 53

2. Sociedade de Informação: a Lei Geral de Proteção de Dados Pessoais em confluência com o Estatuto da Criança e do Adolescente ... 57
3. A Lei Geral de Proteção de Dados Pessoais, o tratamento dos dados sensíveis e a tutela de crianças e adolescentes ... 70
4. Conclusões ... 83
5. Referências bibliográficas ... 85

3. A OBRIGATORIEDADE DE ELIMINAÇÃO DE DADOS PESSOAIS APÓS O TÉRMINO DE SEU TRATAMENTO E A APLICAÇÃO DO DIREITO AO ESQUECIMENTO ... 89

1. Introdução ... 89
2. Eliminação dos dados pessoais ... 91
   2.1 Eliminação de dados pessoais de crianças e adolescentes ... 93
3. Direito à eliminação de dados pessoais ... 95
4. Direito à privacidade ... 99
5. Direito à informação ... 101
6. Direito ao esquecimento ... 104
7. Conclusões ... 112
8. Referências bibliográficas ... 113

4. O TRATAMENTO DE DADOS PESSOAIS PELO PODER PÚBLICO A PARTIR DA PERSPECTIVA DA LGPD ... 117

1. Introdução ... 117
2. A era da informação e dos dados pessoais ... 119
3. Organização Administrativa Brasileira ... 121
4. Os princípios constitucionais incidentes na LGPD ... 124
5. O tratamento de dados pessoais pelas "estatais" ... 128
   5.1. Espécies de empresas públicas e de sociedades de economia mista ... 131
6. Empresas públicas e sociedades de economia mista na LGPD ... 132
   6.1 Políticas públicas e as redes de sistemas governamentais ... 134
7. Conclusões ... 136
8. Referências bibliográficas ... 137

5. ÔNUS E BÔNUS DA EVOLUÇÃO TECNOLÓGICA NO TRATAMENTO DE DADOS POR SERVENTIAS NOTARIAIS E REGISTRAIS..... 141

1. Introdução 142
2. Serviços notariais e registrais 144
3. Internet, tecnologia e novas tendências 150
4. Adequação às normativas contemporâneas 157
5. Conclusões 165
6. Referências Bibliográficas 168

6. REFLEXÕES SOBRE SEGURANÇA, BOAS PRÁTICAS, GOVERNANÇA E *COMPLIANCE* NA PROTEÇÃO DE DADOS PESSOAIS....... 171

1. Introdução 171
2. Proteção dos Dados Pessoais: Governança, Boas Práticas e *Compliance* 174
   - 2.1 Dados Pessoais e o Vazamento de Informações.... 174
   - 2.2 Governança Corporativa e Governança de TI 177
   - 2.3 Governança: Medidas técnicas e administrativas 181
3. Autoridade Nacional, Boas Práticas e *Compliance* 185
   - 3.1 Incidentes de segurança e Boas Práticas 185
   - 3.2 Comunicação à Autoridade Nacional 188
   - 3.3 Governança, Boas Práticas e *Compliance* 191
4. Conclusões 197
5. Referências bibliográficas 199

7. A ESTRUTURA E A NATUREZA JURÍDICA DA AUTORIDADE NACIONAL DE PROTEÇÃO DE DADOS COM BASE NA LEI Nº 13.853/19 203

1. Introdução 203
2. Desenvolvimento 205
   - 2.1. Da legislação europeia e requisitos a uma Autoridade de Proteção 205
   - 2.2. Da legislação brasileira 214
     - 2.2.1 Da natureza transitória da Autoridade de Proteção brasileira 214
     - 2.2.2 Da natureza de autarquia de regime especial 222

3. Conclusões 228
4. Referências bibliográficas 230

8. AS LIMITAÇÕES DA UTILIZAÇÃO DE MECANISMOS DE *BIG DATA* À LUZ DA LEI GERAL DE PROTEÇÃO DE DADOS PESSOAIS 233

1. Introdução 234
2. O *Big Data*: aspectos gerais e relevantes 238
3. A proteção de dados pessoais no Brasil 244
   3.1 As demais bases legais para tratamento de dados pessoais 252
   3.2 A responsabilidade pelo descumprimento da Lei Geral de Proteção de Dados Pessoais (Lei nº 13.709/2018) 259
4. Conclusões 264
5. Referências bibliográficas 266

INTRODUÇÃO

Tem este livro o objetivo primordial de apresentar ao leitor os aspectos fundamentais da Lei Geral de Proteção de Dados Pessoais (Lei n. 13.709, de 14 de agosto de 2018), que, no rumo da experiência internacional sobre o tema, tenta enfim disciplinar a espinhosa questão do tratamento de dados pessoais – uma autêntica "commodity virtual" no presente estado d'arte da Era da Informação.

É evidente que não se almejou o esgotamento do tema, tarefa que, além de impossibilitada pela inerente complexidade do objeto (e dos objetivos) da novel lei, é ademais dificultada em vista dos pontos de a insegurança que ainda pendem quanto à sua eficácia concreta, sobretudo porque a "quase agência" que se pretendeu fosse sua guardiã e intérprete – a chamada "Autoridade Nacional de Proteção de Dados" (ANPD) – foi, por vícios de iniciativa corretamente vetados pelo Chefe do Executivo, afinal moldada em estrutura carente do regime especial e poderes que o legislador originalmente pretendia lhe apetecer, pendendo, ainda, de efetiva implantação e estruturação práticas.

A tal tormentoso cenário se acresça a inquestionável vigência da LGPD após sucessivos adiamentos forçados, sendo notadamente aplicável, ao menos desde setembro/2020 (sanção da Lei nº 14.058/2020), suas disposições gerais relativas aos direitos dos titulares de dados e às obrigações e deveres dos agentes de tratamento.

Aliás, embora falida a tentativa de prorrogação pela MP 959/2020 (convertida na Lei nº 14.058/2020 sem o dispositivo que protraía a *vacatio legis*), pesa que maciça parte dos atores atingidos pelo regime de proteção de dados (inclusive na esfera pública) ainda não ostentam plena adaptação à nova esta realidade – aí incluindo controladores, operadores, encarregados e, Sua Excelência, o titular de dados.

Toda lei, por sua própria imperiosidade e vinculação, demanda ciência, obediência e análise; no entanto, sem pretender valorizar em demasia o objeto deste escrito, o horizonte já aponta para uma maior necessidade de preparo quanto ao ambiente de proteção de dados inaugurado pela nova LGPD, a exigir parcimonioso estudo não apenas dos titulares que pretendeu proteger, mas especialmente dos agentes econômicos que já são franca e totalmente atingidos por sua disciplina.

Com efeito, o impacto econômico da lei é inquestionável e demandará a instauração de processos ainda hoje inexistentes na massiva maioria das empresas nacionais – bem como das internacionais que, a pretexto de exploração do lucrativo mercado brasileiro *on-line*, eventualmente tratem dados de nacionais ou mesmo os captados neste pátrio território.

O escopo da Lei é amplo, ainda mais porque, ao contrário do que o senso comum pode supor, o legislador intencionalmente colocou sob seu apanágio não apenas os dados virtuais e intangíveis propriamente ditos, mas também os dados pessoais armazenados e decorrentes de qualquer meio, analógico ou digital – opção que dificilmente deixa escapar qualquer atividade mercantil à sua aplicação, embora se possa cogitar de exigências proporcionais ao porte dos envolvidos, notadamente as pequenas e médias empresas.

Também não foi ignorada a própria atuação da Administração Pública que, em termos de moderna governança, está munida, e captura e trata, dos dados pessoais dos cidadãos governados. É de bom tom que o Poder Público se ache expressamente vinculado à observância da LGPD, que fez questão de alocar a disciplina do tratamento de dados pelas pessoas jurídicas de direito público em capítulo próprio; num esforço de *accountability* que de há muito se vê como tendência no Ordenamento, destacando-se, por exemplo, a festejada Lei de Acesso à Informação (Lei nº 12.527/2011).

Espera-se que esta obra sirva de auxílio prático e teórico aos agentes jurídicos, privados e públicos, que no atual estado do mercado profissional procurem se adaptar à nova realidade digital, complexa, dinâmica e, não se olvide, igualmente problemática.

direitos dos titulares de dados e às obrigações e deveres dos agentes de tratamento.

Aliás, embora falida a tentativa de prorrogação pela MP 959/2020 (convertida na Lei nº 14.058/2020 sem o dispositivo que protraía a *vacatio legis*), pesa que maciça parte dos atores atingidos pelo regime de proteção de dados (inclusive na esfera pública) ainda não ostentam plena adaptação à nova esta realidade – aí incluindo controladores, operadores, encarregados e, Sua Excelência, o titular de dados.

Toda lei, por sua própria imperiosidade e vinculação, demanda ciência, obediência e análise; no entanto, sem pretender valorizar em demasia o objeto deste escrito, o horizonte já aponta para uma maior necessidade de preparo quanto ao ambiente de proteção de dados inaugurado pela nova LGPD, a exigir parcimonioso estudo não apenas dos titulares que pretendeu proteger, mas especialmente dos agentes econômicos que já são franca e totalmente atingidos por sua disciplina.

Com efeito, o impacto econômico da lei é inquestionável e demandará a instauração de processos ainda hoje inexistentes na massiva maioria das empresas nacionais – bem como das internacionais que, a pretexto de exploração do lucrativo mercado brasileiro *on-line*, eventualmente tratem dados de nacionais ou mesmo os captados neste pátrio território.

O escopo da Lei é amplo, ainda mais porque, ao contrário do que o senso comum pode supor, o legislador intencionalmente colocou sob seu apanágio não apenas os dados virtuais e intangíveis propriamente ditos, mas também os dados pessoais armazenados e decorrentes de qualquer meio, analógico ou digital – opção que dificilmente deixa escapar qualquer atividade mercantil à sua aplicação, embora se possa

1

A (IN)EFICÁCIA DO DIREITO À ANONIMIZAÇÃO DE DADOS PESSOAIS EM FACE DA ANÁLISE DE *BIG DATA* DOS METADADOS PRODUZIDOS NO ÂMBITO DA INTERNET DAS COISAS

Américo Ribeiro Magro[1]

Sumário: 1. Introdução; 2. Preliminarmente: Afinal, o que são dados (pessoais)?; 2.1 Dados estruturados, semiestruturados e não estruturados; 2.2 Metadados; 3. Internet das Coisas e *Big Data*: Conceitos e correlações; 3.1 Internet das Coisas e o Decreto nº 9.854/2019; 4. A proteção e a disciplina do tratamento de dados na legislação brasileira; 4.1 O Marco Civil da Internet (Lei nº 12.965/2014); 4.2. A Lei Geral de Proteção de Dados Pessoais (Lei nº 13.709/2018); 5. Os dados produzidos na IoT e a (in)eficácia das técnicas de anonimização em face de análises de *big data*; 6. Conclusões; 7. Referências bibliográficas.

---

1. Mestre em Direito Negocial pela Universidade Estadual de Londrina (UEL). Especialista em Interesses Difusos e Coletivos pelo Centro Universitário Antônio Eufrásio de Toledo. Especialista em Direito Eleitoral pela Universidade de Santa Cruz do Sul (UNISC). Advogado. Contato: americomagro@hotmail.com.

1. Introdução

Pretende o artigo analisar a responsabilidade dos agentes de tratamento dos dados pessoais quanto aos dados produzidos pelos chamados objetos/coisas inteligentes conectados na denominada internet das coisas, sobretudo quando tais operações de tratamento se revelarem análise de "*big data*" empregada para fins mercantis.

Inicialmente cuida de delimitar e diferenciar conceitualmente as expressões técnicas envolvidas, o que faz com supedâneo na doutrina, sobretudo estrangeira, do Direito Digital/Eletrônico e da tecnologia da informação. Após, correlacionando tais conceitos com a legislação nacional pertinente sobre o tema – notadamente a recente Lei Geral de Proteção de Dados (LGPD) – busca delimitar a responsabilidade dos agentes da cadeia de tratamento dos dados pessoais em face do titular de tais informações.

2. Preliminarmente: Afinal, o que são dados (pessoais)?

À exceção de esparsas normas e regulamentos setoriais que disciplinavam direta ou indiretamente a exploração e proteção de dados, até pouco tempo antes o ordenamento brasileiro não contava com disciplina legal específica quanto aos dados informáticos pessoais, legando aos Tribunais e à literatura jurídica (auxiliada pela literatura técnica especializada, *por exemplo*, da ciência da computação) a tarefa de perquirir seu conteúdo normativo e possível proteção.

Para sanar tal deficiência é que adveio a Lei nº 13.709/2018, alcunhada Lei Geral de Proteção de Dados Pessoais (LGPD), a finalmente dispor sobre o tratamento de dados pessoais, inclusive nos meios digitais – tema de vital pertinência à competitividade comercial do País e à estruturação objetiva do exercício da liberdade e da privacidade no ambiente informático.

O art. 5º da lei introduz um conceito geral de dado pessoal (inciso I), que é definido, bastante abertamente, como a "informação relacionada à pessoa natural identificada ou identificável". Trata-se, portanto, de gênero conceitual, cujas espécies subjacentes, *de lege lata*, são os *dados sensíveis* – assim entendidos como os "dados pessoais sobre a origem racial ou étnica, as convicções religiosas, as opiniões políticas, a filiação a sindicatos ou a organizações de caráter religioso, filosófico ou político, dados referentes à saúde ou à vida sexual, dados genéticos ou biométricos, quando vinculados a uma pessoa natural" (inciso III) – e os *dados anonimizados* – definidos (por construção curiosa, aliás) como os "relativos a um titular que não possa ser identificado, considerando a utilização de meios técnicos razoáveis e disponíveis na ocasião de seu tratamento" (inciso III).

Sem prejuízo, pode-se também cogitar, a par da própria lei, da existência de "metadados"[2], que ora se define, para os fins da Lei, como aqueles que de si não derivam informações sobre a pessoa natural, mas que ao cabo de uma análise lógica de seu conjunto/volume de dados (*por exemplo*, via *Big Data*) se pode extrair a construção de um perfil comportamental individual, que então permite a identificação pessoal. Tal construção se assenta no art. 12, § 2º da LGPD, pelo qual "poderão ser igualmente considerados como dados pessoais, para os fins desta Lei, aqueles utilizados para formação do perfil comportamental de determinada pessoa natural, se identificada"[3].

---

2. São conceituados em tópico próprio adiante, ao qual se reporta.
3. Essa é também a opinião de L. Jasmontaite e V. Pavel Burloiu que, no esteio do caso Digital Rights Ireland e Seitlinger (analisado adiante), pontuam que metadados podem ser considerados dados pessoais ou mesmo dados sensí-

Além de tais conceitos legislativos, é oportuno ainda colacionar a definição adotada pelo *General Data Protection Regulation* (GDPR) – o festejado regulamento da União Europeia sobre o tema e do qual se trata adiante – cujo art. 4º, I adota o seguinte conceito de dado pessoal:

> For the purposes of this Regulation:
>
> (1) 'personal data' means any information relating to an identified or identifiable natural person ('data subject'); an identifiable natural person is one who can be identified, directly or indirectly, in particular by reference to an identifier such as a name, an identification number, location data, an online identifier or to one or more factors specific to the physical, physiological, genetic, mental, economic, cultural or social identity of that natural person[4];

É de justificar a pertinência do conceito alienígena à notória complexidade de sua construção (em comparação ao menos com a Lei nº 13.709/18); o que pode ser creditado, dentre outros, à reconhecida experiência legislativa da UE a respeito do tema, notadamente desde a Diretiva 95/46/EC, que aplicava ao bloco europeu orientações relativas à proteção individual em termos de processamento de dados pessoais.

---

veis (JASMONTAITE, Lina; BURLOIU, Valentina Pavel. Lithuania and Romania to Introduce Cybersecurity Laws. In: Privacy, Data Protection and Cybersecurity in Europe. Cham: Springer, 2017, p. 138).

4. "Para efeitos deste Regulamento: (1) 'dado pessoal' significa qualquer informação relativa uma pessoa natural identificada ou identificável ('titular de dados'); uma pessoa identificável é uma pessoa natural que pode ser identificada, direta ou indiretamente, em especial por referência a um identificador como um nome, um número de identificação, dado de localização, um identificador online ou por um ou mais fatores específicos da identidade física, fisiológica, genética, mental, econômica, cultural ou social desta pessoa natural" (tradução livre).

Sem embargo da definição legal exposta, em termos técnicos dado se refere a toda informação processada ou armazenada por um computador e expressada na forma de documentos de texto, clipes de áudio, programas de software e congêneres, guardados em arquivos/ficheiros e pastas contidos em seu disco rígido (hard disk - HD).

Embora relacionados por liame de consequencialidade, há que se diferenciar o conceito de *dado*, objetivamente falando, do conceito de *informação*. Como bem definem Ralph M. Stair e George W. Reynolds[5], os dados são "fatos brutos" que, organizados de modo lógico, tornam-se então *informação*, assim entendida como a coligação de fatos organizados de modo que possuam, no todo, um valor adicional superior ao seu valor como fatos individualmente considerados.

De modo a ilustrar o conceito e a correlação entre dado e informação, é útil se reportar à metáfora ilustrada pelos citados autores, com a didática de sempre:

> Another way to appreciate the difference between data and information is to think of data as the individual items in a grocery list – crackers, bread, soup, cereal, coffee, dishwashing soap, and so on. The grocery list becomes much more valuable if the items in the list are arranged in order by the aisle in which they are found in the store – bread and cereal in aisle 1, crackers and soup in aisle 2, and so on. Data and information work the same way[6-7].

---

5. STAIR, Ralph M.; REYNOLDS, George W. Principles of Information Systems: A Managerial Approach. 13ª Ed. Boston: Cengage Learning, 2018, p. 05/06.
6. Idem.
7. "Outra maneira de apreciar a diferença entre dados e informações é pensar nos dados como os itens individuais de uma lista de compras - bolachas,

Note-se que a transformação de dados em informação é feita mediante um *processo*, isto é, uma série de tarefas logicamente relacionadas e empregadas visando atingir uma finalidade definida; o que, a seu turno, exige *conhecimento*, manifestado na "conscientização e compreensão de um conjunto de informações e as maneiras pelas quais as informações estas podem ser úteis para apoiar uma tarefa específica ou chegar a uma decisão"[8].

2.1 Dados estruturados, semiestruturados e não estruturados

Em termos de estrutura e organização, os dados em geral podem se qualificar como *estruturados, semiestruturados* e *não estruturados*.

Como explica Rob Kitchin[9], dados estruturados são aqueles facilmente organizáveis, armazenáveis e transferíveis num modelo de dados definidos, como números e textos inseridos em uma tabela ou em um banco de dados que possui um formato consistente, a exemplo de nome, data de nascimento, endereço, etc.. Tais dados podem ser processados, pesquisados, combinados e analisados de modo relativamente simples

---

pão, sopa, cereais, café, sabão para lavar louça e assim por diante. A lista de compras se torna muito mais valiosa se os itens da lista forem organizados em ordem pelo corredor em que são encontrados na loja - pão e cereais no corredor 1, bolachas e sopa no corredor 2 e assim por diante. Dados e informações funcionam da mesma maneira. Regras e relacionamentos podem ser configurados para organizar os dados, tornando-os informações úteis e valiosas" (tradução nossa).

8. Ibidem.
9. KITCHIN, Rob. The Data Revolution: *Big Data,* Open Data, Data Infrastructures and Their Consequences. Londres: Sage, 2014, p. 33.

mediante cálculos e algoritmos e podem ser visualizados no formato de gráficos e mapas, sendo facilmente processáveis por computadores.

Ao lado, os dados semiestruturados são "frouxamente estruturados e não possuem um modelo/esquema de dados predefinido e, portanto, não podem ser mantidos numa base de dados relacional"[10].

Por fim, por *dados não estruturados* se define aqueles que não possuem um modelo de dados definido ou uma estrutura comum identificável. Como explica Rob Kitchin, malgrado possam ser pesquisados, os dados não estruturados não são facilmente combinados ou analisados via computador, embora possam ser convertidos em dados estruturados:

> [...] Such unstructured data are usually qualitative in nature, but can often be converted into structured data through classification and categorisation. Until relatively recently, very large datasets were typically structured in form because they were generally much easier to process, analyse and store. In the age of *big data*, many massive datasets consist of semi or unstructured data, such as Facebook posts, tweets, uploaded pictures and videos, and blogs, and some estimates suggest that such data are growing at 15 times the rate of structured data (Zikopoulos et al. 2012), with advances in database design [...] and machine learning techniques aiding storage and analysis[11-12].

---

10. Idem.

11. KITCHIN, Rob. The Data Revolution: *Big Data*, Open Data, Data Infrastructures and Their Consequences, op. cit., p. 33.

12. "[...] Esses dados não estruturados são geralmente de natureza qualitativa, mas muitas vezes podem ser convertidos em dados estruturados por meio de classificação e categorização. Até há relativamente pouco tempo, os conjuntos de dados muito grandes eram tipicamente estruturados em forma porque

Como destacado pelo autor, na era do *Big Data* muitos conjuntos de dados consistem especialmente em dados não-estruturados, o que, embora permita facilidades, também implica em riscos, como adiante se analisará.

2.2 Metadados

Conceito essencial à exploração das redes qualificada como internet das coisas, metadados são "dados sobre dados", isto é, os dados que, no geral, descrevem ouros dados. Em termos de comunicação, por exemplo, Ralph M. Stair e George W. Reynolds[13] ilustram que os metadados permitem que se interprete e avalie o conteúdo de uma mensagem e, assim, o que se fazer em relação a ela:

> For instance, metadata about social media use could relate to properties of the message (e.g., whether the message is comical, sarcastic, genuine, or phony) and of the author (e.g., sex, age, interests, political viewpoint, ideological beliefs, and degree of influence on the audience). The metadata enables analysts to make judgments about how to interpret and value the content of the message. Without the important metadata, it is not possible to know the value of the communications and how to take effective action[14].

eram geralmente muito mais fáceis de processar, analisar e armazenar. Na era do *big data*, muitos conjuntos de dados consistem em dados semi ou não estruturados, como publicações no Facebook, tweets, fotos e vídeos carregados e blogs, e algumas estimativas sugerem que esses dados estão crescendo a 15 vezes a taxa de dados estruturados (Zikopoulos et al., 2012), com avanços no design de bancos de dados [...] e nas técnicas de aprendizado de máquina, auxiliando o armazenamento e a análise" (tradução nossa).

13. STAIR, Ralph M.; REYNOLDS, George W. Principles of Information Systems: A Managerial Approach, op. cit., p. 416.
14. "Por exemplo, metadados sobre o uso de mídias sociais podem se relacionar às propriedades da mensagem (por exemplo, se a mensagem é cômica, sarcástica,

A propósito, Hielke Hijmans[15] bem observa que o valor dos metadados se tornou um ativo estratégico de grande relevância na dinâmica da vigilância governamental do ambiente digital, sobretudo após a ascensão de movimentos jihadistas globais e o crescimento de ameaças terroristas na virada da década de 2000:

> Another fundamental change relates to the value of what is called 'metadata', a notion stemming from telecommunications that played a role in the surveillance by the NSA and also in the ruling of the Court of Justice in Digital Rights Ireland and Seitlinger. Metadata relates to the called and calling phone numbers, to the time and the place where a conversation takes place and excludes the content of a conversation. Metadata have always been considered as being less revealing than content data. In the era of *big data* this paradigm changes, as Schneier explains. The combination of sets of metadata becomes more revealing than the content of a conversation itself. Schneier states: "Eavesdropping gets you the conversation; surveillance gets you everything else"[16].

---

genuína ou falsa) e do autor (por exemplo, sexo, idade, interesses, ponto de vista político, crenças ideológicas, e grau de influência na audiência). Os metadados permitem que os analistas façam julgamentos sobre como interpretar e avaliar o conteúdo da mensagem. Sem os metadados importantes, não é possível saber o valor das comunicações e como realizar ações efetivas" (tradução nossa).

15. HIJMANS, Hielke. The European Union as Guardian of Internet Privacy: The story of art 16 TFEU. Cham: Springer International Publishing, 2016, p. 98.

16. "Outra mudança fundamental diz respeito ao valor do que é chamado de 'metadata', uma noção derivada das telecomunicações que desempenhou papel central na vigilância da NSA e também na decisão da Corte de Justiça da UE no caso Digital Rights Ireland e Seitlinger. Os metadados referem-se aos números de telefone chamados e a chamar, ao horário e local em que a conversa ocorre e exclui o conteúdo de uma conversa. Os metadados sempre

A propósito do emblemático caso citado acima – isto é, "Digital Rights Ireland" e Seitlinger, julgado em 08/04/2014 – nele a Corte de Justiça de União Europeia bem observou que diferentes tipos de metadados "podem fornecer informações muito precisas a respeito da vida privada das pessoas cujos dados são retidos, como os hábitos da vida diária, locais de residência permanente ou temporária, movimentações diárias ou de outra natureza, atividades, relações sociais e os ambientes sociais frequentados"[17].

A par disso, fica patente que os metadados (e os dados não-estruturados em geral) hoje bem podem ser depurados e analisados em seu conjunto para identificação de indivíduos específicos. Se outrora "os dados sobre dados" revelavam muito pouco sobre o titular que os produz, hodiernamente, com o avanço das técnicas de análise de *Big Data*, conjuntos de metadados coletados em massiva quantidade já permitem revelar informações, inclusive sensíveis, de usuários; arriscando, assim, a eficácia dos processos de anonimização.

Este risco é sobremaneira elevado com a popularização dos objetos inteligentes e da difusão da chamada "internet das coisas", os quais, como adiante demonstra, incrementam a produção de massivos conjuntos de dados e, assim, oferecem terreno fértil para a vigilância em massa e a análise de perfis individuais na era do *Big Data*.

---

foram considerados menos reveladores do que os dados de conteúdo. Na era do *Big Data*, porém, esse paradigma muda, como explica Schneier. A combinação de conjuntos de metadados se torna mais reveladora do que o conteúdo de uma conversa em si. Schneier afirma: 'Uma escuta lhe dá a conversa; a vigilância leva você a todo o resto'". (tradução nossa).

17. JASMONTAITE, Lina; BURLOIU, Valentina Pavel. Lithuania and Romania to Introduce Cybersecurity Laws. In: Privacy, Data Protection and Cybersecurity in Europe. Cham: Springer, 2017, p. 138.

3. Internet das Coisas e *Big Data*: Conceitos e correlações

Internet das coisas – ou no seu equivalente em inglês *Internet of Things* (IoT) – é a expressão utilizada para definir o processo de atribuição de funções de conectividade à internet à objetos e aparelhos físicos (que no termo equivale a "coisas") usualmente dedicados ao uso diário e formados por componentes e estruturas eletrônicos capazes de suportar tal interação comunicacional, a exemplo das tecnologias de identificação por radiofrequência (RFID)[18], sensores sem fio e nanotecnologia[19].

Assim o conceituam Paul Voigt e Axel von dem Bussche[20]:

> The Internet of Things (IoT) refers to an infrastructure in which billions of sensors embedded in common, everyday devices turn the latter into 'smart things' that are designed to continuously record, process and transfer data. Based on the data collected by the devices, IoT entities offer applications and services based on the combination and analysis of the data that corresponds to the habits or activities of the user, such as fitness tracking[21].

---

18. RFID se refere às tecnologias que usam ondas rádio para automaticamente identificar e monitorar itens individuais.

19. INTERNATIONAL TELECOMMUNICATION UNIION. The Internet of Things: ITU Internet Reports 2005. Genebra: ITU, 2005, p. 25.

20. VOIGT, Paul; BUSSCHE, Axel von dem. The EU General Data Protection Regulation (GDPR): A practical guide. Cham: Springer International Publishing, 2017, p. 240.

21. "A internet das coisas (IoT) refere-se a uma infraestrutura na qual bilhões de sensores embutidos em dispositivos comuns e diários transformam os últimos em 'coisas inteligentes' que são projetadas para registrar, processar e transferir dados continuamente. Com base nos dados coletados pelos dispositivos, as entidades de IoT oferecem aplicativos e serviços com base na combinação e

Basicamente, portanto, trata-se da possibilidade de estender a objetos de uso cotidiano funções de conexão geralmente limitadas a microcomputadores ou outros equipamentos de uso múltiplo (*por exemplo*, smartphones) e com isso lhes atribuir novas facilidades que permitem a tais aparelhos serem cognominados de "coisas inteligentes" (*smart things*). Como resume Elgar Fleisch[22]:

> The basic idea of the IOT is that virtually every physical thing in this world can also become a computer that is connected to the Internet [...] To be more accurate, things do not turn into computers, but they can feature tiny computers. When they do so, they are often called smart things, because they can act smarter than things that have not been tagged[23].

Para ficar em exemplos prosaicos, tem-se por qualificáveis como *smart things* desde os aparelhos *wearables* ("tecnologia vestível") que monitoram a pressão arterial do seu usuário em tempo real e à distância, comunicando eventuais alterações ao seu médico particular ou à administradora de plano de saúde, até o refrigerador que controla o prazo de validade dos produtos lá armazenados e até mesmo se conecta à plataforma de vendas de dado supermercado solicitando a reposição de itens faltantes.

análise dos dados que correspondem aos hábitos ou atividades do usuário, como acompanhamento de condicionamento físico" (tradução nossa).

22. FLEISCH, Elgar. What is the internet of things? An economic perspective. Auto-ID Labs White Paper, jan. 2010, p. 03.

23. "A ideia básica do IOT é que praticamente todas as coisas físicas neste mundo também podem se tornar um computador conectado à Internet. Para ser mais preciso, as coisas não se transformam em computadores, mas podem apresentar computadores minúsculos. Quando o fazem, costumam ser chamados de coisas inteligentes, porque podem agir de maneira mais inteligente do que as que não foram marcadas" (tradução nossa).

Nesse estado de coisas, a IoT representa a potencial concretização do conceito, outrora suposto como ideal, de "redes onipresentes", o qual, pautado na ideia de uso inclusivo de redes e de dispositivos de comunicação, designa o ambiente em que redes de conexão estão disponíveis em todos os lugares e a qualquer momento[24]. Este avanço tecnológico, agora sabido como concreto e próximo, tem potencial para modificar o próprio arquétipo da vivência e comportamento humanos, redundando num processo de "hiperconectividade" que deságua no que se pode chamar de "Segunda Era das Máquinas", como bem explica James Smithies[25]:

> [...] In decades to come an Internet of Things might link together everyday devices in a 'second machine age that will extend to robots in the home and workplace; it is no longer radical to suggest that some people are likely to choose to have computational devices embedded in their bodies for ease of use; artificial intelligences based on algorithms derived from the natural world could develop currently inconceivable new computing paradigms for us, possibly running on computers powered by chemical, quantum, or biological processes[26].

---

24. The Internet of Things: ITU Internet Reports 2005, op. cit., p. 22.
25. SMITHIES, James. The Digital Humanities and the Digital Modern. Londres: Palgrave Macmillan, 2017, p. 26.
26. "Nas próximas décadas, uma Internet das Coisas pode interligar dispositivos do dia-a-dia em uma 'segunda era das máquinas' que se estenderá a robôs em casa e no local de trabalho; não é mais radical sugerir que algumas pessoas provavelmente escolherão ter dispositivos computacionais embutidos em seus corpos para facilidade de uso; inteligências artificiais baseadas em algoritmos derivados do mundo natural poderiam desenvolver novos paradigmas computacionais atualmente inconcebíveis para nós, possivelmente rodando em computadores alimentados por processos químicos, quânticos ou biológicos" (tradução nossa).

Paralelamente ao conceito de IoT se projeta a noção de *Big Data*, que embora não se confunda com o primeiro, é decerto consequência direta da extensão de conectividade a objetos do cotidiano. Como explicam Paul Voigt e Axel von dem Bussche[27], o termo *Big Data* se refere a uma abordagem específica de processamento de dados, ao invés de técnicas específicas:

> A lot of entities build their business on different technologies that are capable of collecting, processing, classifying and analysing vast data sets and, this way, extract value from these data. Such *big data* applications often process factual data, like weather or machine processes, but also increasingly use massive volumes of personal user information to understand, predict and shape human behaviour. Typical *big data* activities consist of the tracking of individuals, such as targeted advertising, predictive and user behaviour analytics that turn personal data into a valuable asset[28].

Com efeito, a relação entre *Big Data* e IoT é que os objetos dotados de conectividade são evidentemente aptos a gerar uma quantidade maciça de dados – não intencionalmente produzidos pelo usuário, mas decorrentes de sua simples utilização – os quais, a partir de uma análise algorítmica baseada

---

27. The EU General Data Protection Regulation (GDPR): A practical guide, op. cit., p. 236.

28. "Muitas organizações estruturam seus negócios em diferentes tecnologias capazes de coletar, processar, classificar e analisar vastos conjuntos de dados e, assim, extrair valor desses dados. Essas aplicações de *big data* geralmente processam dados factuais, como processos climáticos ou de máquinas, mas também usam cada vez mais volumes maciços de informações pessoais de usuários para entender, prever e moldar o comportamento humano. Atividades típicas de *big data* consistem no rastreamento de indivíduos, como publicidade direcionada, análise preditiva e de comportamento do usuário que transformam dados pessoais em um recurso valioso" (tradução nossa).

em modelos de comportamento categorizados de antemão por um sistema informatizado, têm condão de revelar preferências pessoais, comportamentos particulares e até mesmo tendências ideológicas e emocionais – tudo à revelia da vontade expressa de seu titular.

Este novo e pernicioso fenômeno tem despertado reações legislativas em todo mundo tendentes à instituição de novos parâmetros de proteção à privacidade em ambiente virtual, sobretudo com o estabelecimento de limites à exploração mercadológica de dados pessoais analisados sob o filtro de *Big Data*. É o que explica Hielke Hijmans[29], que utiliza a interessante metáfora de "agulha no palheiro" para ilustrar que a massiva quantidade de dados pessoais hoje produzido por *smart objects* não é obstáculo, mas sim facilitador à determinação de perfis de usuário para fins mercantis:

> In earlier years, the collection of large amounts of personal data sparked off debates on proportionality under data protection law, partly because large scale collection was not considered an effective means in combating crime. The collection of those data could be seen as disproportional, because it lacked effectiveness. [...] **However, *big data* changes the paradigm. One can collect large amounts of data and draw effect from it. In other words: one can find the needle in the haystack. The Podesta Report underscores that finding a needle in a haystack is not only possible but also practical: in order to find the needle you have to have a haystack.** Perfect personalisation becomes possible and can create a clear picture of na individual. This may be useful in a consumer context, leading to personalised offers of goods and services, but

29. HIJMANS, Hielke. The European Union as Guardian of Internet Privacy: The story of art 16 TFEU, op. cit., p. 100.

> also entails risks of discrimination or exclusion of persons, or even worse of suspicions of persons, not based on facts, but on predictions[30] (grifo nosso).

A realidade brasileira não passou imune a tal debate: tanto o Marco Civil da Internet (MCI), herdeiro do sistema protetivo inaugurado pelo Código de Defesa do Consumidor, quanto a Lei Geral de Proteção de Dados Pessoais (LGPD), foco desta análise, cuidaram de disciplinar o tratamento de dados de usuários individual e coletivamente considerados – o primeiro de modo limitado e a segunda com contornos concretos e mais específicos.

3.1 Internet das Coisas e o Decreto nº 9.854/2019

No embalo das novas leis protetivas dos dados pessoais e da segurança informacional no geral, em 25/06/2019 foi editado o Decreto nº 9.854/2019, que institui o Plano Nacional de Internet das Coisas e dispõe sobre a Câmara de Gestão e Acompanhamento do Desenvolvimento de Sistemas de Comunicação Máquina a Máquina e Internet das Coisas.

30. "Anteriormente, a coleta de grandes quantidades de dados pessoais desencadeou debates sobre a proporcionalidade ao abrigo da lei de proteção de dados, em parte porque a coleta em larga escala não foi considerada um meio eficaz no combate ao crime. A coleta desses dados pode ser vista como desproporcional, porque não tinha eficácia. [...]. No entanto, *big data* muda o paradigma. Pode-se coletar grandes quantidades de dados e extrair efeito disso. Em outras palavras: pode-se encontrar a agulha no palheiro. O Relatório Podesta ressalta que encontrar uma agulha em um palheiro não é apenas possível, mas também prático: para encontrar a agulha, você precisa ter um palheiro. A personalização perfeita torna-se possível e pode criar uma imagem clara de um indivíduo. Isso pode ser útil em um contexto de consumo, levando a ofertas personalizadas de bens e serviços, mas também implica em riscos de discriminação ou exclusão de pessoas ou, ainda pior, suspeitas de pessoas, não baseadas em fatos, mas em previsões" (tradução nossa).

Referido Decreto pretende, *de lege lata*, "implementar e desenvolver a Internet das Coisas no País e, com base na livre concorrência e na livre circulação de dados, observadas as diretrizes de segurança da informação e de proteção de dados pessoais" (art. 1º). Para tanto, adota conceito específico de IoT, que define como "a infraestrutura que integra a prestação de serviços de valor adicionado com capacidades de conexão física ou virtual de coisas[31] com dispositivos baseados em tecnologias da informação e comunicação existentes e nas suas evoluções, com interoperabilidade" (art. 2º, I).

Infelizmente, inspirado por técnica legislativa típica dos recentes diplomas de índole tecnológica (notadamente o MCI e a LGPD), o Decreto nº 9.854/2019 também periga figurar mais como "carta de boas intenções" do que instrumento efetivo de segurança da informação, dada a excessiva abstração e vagueza de suas disposições (incompatíveis com a concretude que se espera de ato normativo da categoria de decreto).

Isto se extrai, dentre outros, dos objetivos "idealistas" apregoados pelo Plano de Internet das Coisas, dentre os quais se inclui, "melhorar a qualidade de vida das pessoas e promover ganhos de eficiência nos serviços, por meio da implementação de soluções de IoT" (art. 3º, I), "promover a capacitação profissional relacionada ao desenvolvimento de aplicações de IoT e a geração de empregos na economia digital" (inciso II), " incrementar a produtividade e fomentar a competitividade das empresas brasileiras desenvolvedoras de IoT, por meio da promoção de um ecossistema de inovação neste setor" (III), "buscar parcerias com os setores público e privado para a im-

31. A seu turno, o Decreto define coisas, simploriamente, como "objetos no mundo físico ou no mundo digital, capazes de serem identificados e integrados pelas redes de comunicação" (art. 2º, II).

plementação da IoT" (IV) e "aumentar a integração do País no cenário internacional, por meio da participação em fóruns de padronização, da cooperação internacional em pesquisa, desenvolvimento e inovação e da internacionalização de soluções de IoT desenvolvidas no País" (V).

4. A proteção e a disciplina do tratamento de dados na legislação brasileira

Embora a presente análise pretenda focar nas disposições concernentes à LGPD, uma avaliação minimamente preocupada com a efetiva disciplina legal do tratamento de dados pessoais não pode deixar de considerar as balizas anteriormente lançadas pelo Marco Civil da Internet (MCI); o qual, embora não seja efetivamente a primeira peça de legislação a tratar especificamente de institutos jurídicos com repercussão digital[32], é o diploma que efetivamente cuidou de estatuir garantias e direitos concretos para o uso da internet (sendo, aliás, normatização vanguardista em comparação com a realidade comparada) – no que decerto influenciou a construção que resultou na atual Lei de Dados.

4.1 O Marco Civil da Internet (Lei nº 12.965/2014)

Nome dado à Lei nº 12.965, de 23 de abril de 2014, o Marco Civil da Internet (MCI) é a legislação central que estabelece princípios, garantias, direitos e deveres para o uso

32. À guisa de exemplo, destaque-se a Lei nº 9.609/1998, que dispõe sobre a proteção da propriedade intelectual de programa de computador, a Lei nº 9.472/1997, conhecida como "Lei Geral de Telecomunicações", bem como o próprio Código de Defesa do Consumidor (Lei nº 8.078/1990), que embora não diga respeito especificamente a tratativas de índole virtual, é evidentemente aplicável às relações de consumo entabuladas em âmbito digital.

da Internet no Brasil. Elaborado no rumo do modelo de microssistema inaugurado pelo Código de Defesa do Consumidor, é sobretudo uma lei principiológica, porque estabelece princípios e vetores que informarão doravante a disciplina da internet em território nacional (art. 3º), dentre os quais a proteção da privacidade (inciso II) e a proteção dos dados pessoais (inciso III).

Como observam Carlos Affonso Souza e Ronaldo Lemos[33]:

> A Lei nº 12.965/2014 busca estabelecer "princípios, garantias, direitos e deveres para o uso da rede no Brasil", conforme consta de sua epígrafe. Pioneira pelo fato de ter sido resultante de um processo de consulta realizado através da própria rede, o Marco Civil da Internet, antes mesmo de chegar ao Congresso Nacional, já apontava que o tema da responsabilidade civil dos provedores seria um dos mais debatidos, juntamente com a neutralidade da rede e a proteção dos dados pessoais. [...] Um dos principais temas enfrentados pelo Marco Civil, como visto, é a tutela dos dados pessoais no que se refere a sua coleta e tratamento através da Internet.

Note-se que no MCI o legislador cuidou de se ocupar da positivação de direitos e garantias específicas ao acesso à internet, as quais, até então, decorriam analogicamente de direitos expressos em legislações diversas que não tratavam detidamente da matéria, como é o caso do Código de Defesa do Consumidor.

No entanto, diversamente de outros microssistemas codificados, não pretendeu tratar abundantemente de regras

33. SOUZA, Carlos Affonso; LEMOS, Ronaldo. Marco civil da Internet: construção e aplicação. Juiz de Fora: Editar, 2016, p. 97 e 137.

demasiado detalhadas quanto a questões que, por sua complexidade, demandam disciplina legislativa próprio – a exemplo do comércio eletrônico, dos crimes de informática e, notadamente, do tratamento e proteção dos dados pessoais – legando sua regulamentação às respectivas leis específicas, como é o caso, justamente, da LGPD.

O legislador, porém, não deixou de consignar previsões específicas quanto à guarda de dados pessoais pelos provedores de internet, eis que ao tempo de seu advento o Ordenamento ainda não estava instruído efetivamente de uma lei geral de dados – o que explica, a propósito, a opção do Marco em separar a proteção à privacidade da proteção de dados pessoais (art. 3º).

Nesse sentido, o MCI sujeita os provedores de aplicações de internet ao dever de guardar sob sigilo e em segurança os dados referentes aos registros de acesso do usuário a aplicações de internet (art. 15); ressaltando, porém, que é vedada a guarda de "registros de acesso a outras aplicações de internet sem que o titular dos dados tenha consentido previamente", bem como de "dados pessoais que sejam excessivos em relação à finalidade para a qual foi dado consentimento pelo seu titular"[34] (art. 16, I e II).

Tais disposições devem certamente ceder espaço à disciplina específica da atual LGPD, de tal maneira que as previsões

34. Na redação original. No entanto, superado o período de *vacatio legis* da LGPD (24 meses – Art. 65, II) o dispositivo do Marco passará a contar com a seguinte redação modificada: "Art. 16. Na provisão de aplicações de internet, onerosa ou gratuita, é vedada a guarda [...]: II – de dados pessoais que sejam excessivos em relação à finalidade para a qual foi dado consentimento pelo seu titular, exceto nas hipóteses previstas na Lei que dispõe sobre a proteção de dados pessoais".

abstratas do Marco sejam interpretadas à luz das disposições concretas da novel lei geral de dados, eis que as primeiras, sem a concretude das últimas, não gozam de plena efetividade prática.

Como comentou, com tons críticos, Victor Hugo Pereira Gonçalves[35] a respeito da separação entre proteção à privacidade e proteção de dados, ainda anteriormente à edição da atual LGPD:

> Essa separação foi baseada na Carta de Direitos Fundamentais da União Europeia, o que é problemática em termos de Brasil, já que ainda não possuímos uma lei de proteção de dados pessoais e que nascerá sob inúmeros desafios trazidos pelo Marco Civil, principalmente sobre as questões relacionadas às guardas de logs e o que são dados sensíveis ou não. Se pensarmos na Diretiva Europeia de Proteção dos Dados Pessoais, alguns artigos do Marco Civil deverão ser alterados. Qual é o objetivo de se construir tais soluções que são provisórias e passageiras e que versam sobre direitos fundamentais?
>
> Em razão dessa perspectiva constitucional, a proteção da privacidade coloca-se como ampliativa de direitos e garantias aos cidadãos. Contudo, o Marco Civil, nos demais artigos que versam sobre a proteção da privacidade (arts. 7o, 9, 10, 11, 12, 15, 19, 21 e 23), não enfrenta vários aspectos dos modelos de negócios tanto das empresas de telecomunicações quanto dos provedores de aplicações de internet que, com o *big data*, utilizam-se diuturnamente da privacidade, intimidade, honra, segredos, hábitos e pensamentos para vender serviços e ganhar dinheiro. [...] E o Marco Civil deveria apresentar, já que os dados

35. GONÇALVES, Victor Hugo Pereira. Marco Civil da Internet Comentado. São Paulo: Atlas, 2017, p. 25.

> pessoais, conectados que estão ao direito à privacidade, intimidade, honra, sigilo de correspondência e outros direitos fundamentais, não podem ser renunciados ou delegados a terceiro nem mesmo com autorização.

Sem embargo da posição crítica referida – e que era de fato pertinente no ambiente legislativo daqueles idos – com o advento da LGPD, nos seus contornos atuais consolidados, não há óbice a que os dispositivos do MCI atinentes à guarda de dados sejam "meramente" interpretados em conjunto com as disposições concretas da lei geral, sem que umas impliquem na superação ou desconsideração das outras.

Com isso, pode-se dizer que, numa interpretação sistemática com a LGPD, o art. 16, I e II do MCI – que consagra a exigência de minimização de dados e impõe a necessidade de consentimento prévio e específico do respectivo titular –, claramente abarca os dados produzidos sob tecnologias IoT e, ao expressamente vedar o seu emprego para finalidades diversas das tipicamente autorizadas pelo usuário, também torna proscrita a análise não consentida sob *Big Data*.

4.2. A Lei Geral de Proteção de Dados Pessoais (Lei nº 13.709/2018)

No rumo da experiência internacional sobre o tema (*por exemplo*, GDPR), o legislador brasileiro se movimentou para enfim disciplinar, de modo específico, a questão do tratamento de dados pessoais, sobretudo dos cidadãos brasileiros[36].

Com efeito, a Lei nº 13.709, de 14 de agosto de 2018, comumente chamada Lei Geral de Proteção de Dados Pessoais

36. Sobretudo, porque, como se aponta adiante, a LGPD (seguindo mesmo rumo da GDPR) contempla aplicação extraterritorial (art. 3º).

(LGPD), dentre várias disposições cria regras para o tratamento dos dados pessoais, notadamente no ambiente digital[37], à guisa de proteção da liberdade e da privacidade na internet.

A LGPD decorre de uma imperatividade contemporânea, eis que a mudança do centro de consumo e das interações sociais do plano exclusivamente "analógico" para o ambiente digital interconectado pela rede mundial de computadores forçou a adaptação de regras jurídicas para esta nova realidade; garantindo, assim, o império da lei tanto na vivência "offline" quanto na experiência "online", sobretudo à luz da constatação de que a informação, conceitualmente considerada, é hoje um ativo com autêntica atribuição mercantil e exploração "monetizável".

Como explica Patrícia Peck Pinheiro[38]:

> A LGPD surge com o intuito de proteger direitos fundamentais como privacidade, intimidade, honra, direito de imagem e dignidade. Pode-se pontuar também que a necessidade de leis específicas para a proteção dos dados pessoais aumentou com o rápido desenvolvimento e a expansão da tecnologia no mundo, como resultado dos desdobramentos da globalização, que trouxe como uma

37. Note-se que a LGPD se aplica aos dados pessoais armazenados e decorrentes de qualquer meio, analógico ou digital. A Lei Geral cuida de deixar claro o seu amplo espectro de aplicação já no inaugural art. 1º, ao estabelecer que "dispõe sobre o tratamento de dados pessoais, inclusive nos meios digitais, por pessoa natural ou por pessoa jurídica de direito público ou privado, com o objetivo de proteger os direitos fundamentais de liberdade e de privacidade e o livre desenvolvimento da personalidade da pessoa natural". Na mesma toada se pauta seu art. 3º: "Esta Lei aplica-se a qualquer operação de tratamento realizada por pessoa natural ou por pessoa jurídica de direito público ou privado, independentemente do meio, do país de sua sede ou do país onde estejam localizados os dados".

38. PINHEIRO, Patrícia Peck. Proteção de Dados Pessoais: Comentários à Lei N. 13.709/2018 (LGPD). São Paulo: Saraiva, 2019, p. 56/57.

> de suas consequências o aumento da importância da informação. Isso quer dizer que a informação passou a ser ativo de alta relevância para governantes e empresários: quem tem acesso aos dados, tem acesso ao poder. [...] Assim como o GPDR – lei europeia que trata do assunto –, a LGPD advém da evolução e expansão dos direitos humanos e resulta da atualização/adaptação de documentos internacionais de proteção aos direitos humanos.

Como sucede com diplomas temáticos cujo objeto é tecnológico (a exemplo do já abordado Marco Civil da Internet), trata-se de lei multidisciplinar que ostenta disposições de direito material e processual, inclusive quanto à sua aplicabilidade no espaço, tendo optado o legislador pela aplicação extraterritorial da lei brasileira (art. 3º).

Dentre as suas várias disposições, a LGPD elege como cerne interpretativo de sua proteção o consentimento do titular de dados pessoais, assim entendido, a par de expressão própria, como a "manifestação livre, informada e inequívoca pela qual o titular concorda com o tratamento de seus dados pessoais para uma finalidade determinada" (art. 5º, XII)[39].

No entanto, mais do que o simples aceite do usuário/titular, a LGPD impôs uma série de atribuições que, em matéria de tratamento de dados, evidencia se estar diante de um consentimento *complexo* – complexo, porque: deve ser *expresso*, mediante fornecimento por escrito ou por outro meio que demonstre a

39. O legislador deixou pouca dúvida ao intérprete ao expressar que o consentimento do usuário é elemento essencial para o tratamento de dados – basta ver que lei repete o vocábulo (consentimento) nada menos do que 35 vezes, em todas deixando claro que qualquer operação que envolva dados pessoais, desde sua coleta até sua transferência (art. 5º, X), só será validamente admitida se, por regra, for precedida de "fornecimento de consentimento pelo titular" (art. 7º, I).

manifestação de vontade do titular (art. 8º, caput); *específico*, devendo se referir a finalidades determinadas e reputando nulas autorizações genéricas (arts. 8º, § 4º e 11, I); e *informado*, eis que se impõe ao agente de tratamento de dados o dever de fornecer ao titular informações claras e ostensivas quanto aos seus direitos e às finalidades pretendidas, o processo técnico e os sujeitos envolvidos no processo de tratamento (art. 9º).

Note-se *in casu* que no conceito de tratamento está abrangido qualquer sorte de operação de índole telemática sobre dados pessoais de indivíduos, desde seu simples armazenamento, modificação, compartilhamento ou até mesmo eliminação. De fato, bastante amplo é o rol de condutas de tratamento tipicamente previstas, à título evidentemente *numerus apertus*, no art. 5º, X da Lei Geral, que assim denomina "toda operação realizada com dados pessoais, como as que se referem a coleta, produção, recepção, classificação, utilização, acesso, reprodução, transmissão, distribuição, processamento, arquivamento, armazenamento, eliminação, avaliação ou controle da informação, modificação, comunicação, transferência, difusão ou extração".

É ainda patente que a LGPD, além de tratar com grande especificidade das operações que podem envolver o tratamento de dados pessoais, também procurou impor limites à sua duração, eis que dentre seus norteadores se acham justamente os princípios da *finalidade* e da *necessidade*, destacado quanto a este o evidente esforço de garantir a minimização de dados.

A *finalidade* se refere à exigência de que quaisquer operações de tratamento de dados realizados pelos agentes de tratamento (controlares e, em seu nome, os operadores[40])

40. Dado que a definição escolhida pelo legislador (art. 5º, VI, VII e VIII) é ampla e considerada a finalidade protetiva da lei, por agentes de tratamento

se prestem a fins específicos e determinados, inquinando de nulidade eventuais autorizações genéricas ou "brancas" (arts. 8º, § 4º e 11, I). Quanto à *necessidade*, e dentro desta a exigência de *minimização de dados*, alude-se à política legislativa confessa de reduzir o volume de dados coletado dos titulares e movimentado ao longo da cadeia de tratamento; preservando e permitindo o tratamento apenas dos dados estritamente necessários. Nesse sentido é o art. 6º, III da Lei, que define o *princípio da necessidade* como a "limitação do tratamento ao mínimo necessário para a realização de suas finalidades, com abrangência dos dados pertinentes, proporcionais e não excessivos em relação às finalidades do tratamento de dados".

Semelhante preocupação é também encontrada na "General Data Protection Regulation" (GDPR) – ou, em Português luso, o "Regulamento Geral sobre a Proteção de Dados" – o regulamento adotado pelo Parlamento Europeu e pelo Conselho da União Europeia relativamente à proteção de dados e de privacidade de todos os indivíduos residentes no âmbito da União Europeia (UE) e do Espaço Econômico Europeu (EEE), em substituição à antiga Diretiva 95/46/EC, sobre o mesmo tema.

Grande inspiração do pátrio LGPD, o GDPR igualmente consagra como princípio (dentre inúmeros) a "minimização de dados", a garantir que os dados pessoais sejam "adequados, pertinentes e limitados ao que é necessário relativamente às finalidades para as quais são tratados" (art. 5º, 1, "c"[41]) e ex-

---

deve se entender todos os envolvidos no que podemos denominar de "cadeia de tratamento (dos dados pessoais)" – em construção próxima à cadeia de serviços/produção aludida pelo Código de Defesa do Consumidor em repetidas oportunidades (dentre outros, arts. 7º, parágrafo único, 12 e 18).

41. "Artigo 5º. 1. Os dados pessoais são: [...] c) Adequados, pertinentes e limitados ao que é necessário relativamente às finalidades para as quais são tratados («minimização dos dados»)".

pressamente impor às empresas controladoras de dados pessoais, dentre outras regras vinculantes, a aplicação dos princípios gerais de proteção de dados – nomeadamente a limitação das finalidades e a minimização dos dados (art. 47, 2, "d"[42]).

5. Os dados produzidos na IoT e a (in)eficácia das técnicas de anonimização em face de análises de *big data*

Estabelecido o panorama legal de proteção de dados, pouca dúvida há que pela LGPD os dados produzidos por *smart things* se qualificam não apenas como *dado pessoal* (art. 5º, I), mas também podem figurar como *dado pessoal sensível* (art. 5º, II), mormente porque o conjunto de dados produzido por equipamento dotado de IoT permite, após seu processamento sob análise de *Big Data*, a obtenção de informações que revelem a precisa identificação de seu usuário, inclusive sob o prisma de seus dados genéticos, biométricos e de saúde (*por exemplo*, *wearables* que coletam dados de saúde ou equipamentos de análise de DNA).

Outrossim, se a LGPD reputa por tratamento "toda operação realizada com dados pessoais" (art. 5º, X) figuram

42. "Artigo 47. 1. Pelo procedimento de controlo da coerência previsto no artigo 63.o, a autoridade de controlo competente aprova regras vinculativas aplicáveis às empresas [...]. 2. As regras vinculativas aplicáveis às empresas a que se refere o nº 1 especificam, pelo menos: [...] d) A aplicação dos princípios gerais de proteção de dados, nomeadamente a limitação das finalidades, a minimização dos dados, a limitação dos prazos de conservação, a qualidade dos dados, a proteção dos dados desde a conceção e por defeito, o fundamento jurídico para o tratamento, o tratamento de categorias especiais de dados pessoais, as medidas de garantia da segurança dos dados e os requisitos aplicáveis a transferências posteriores para organismos não abrangidos pelas regras vinculativas aplicáveis às empresas".

como controladores e/ou operadores dos dados produzidos por *smart things* tanto o fabricante do aparelho em si (bem como o que produz a estrutura que permite sua conectividade, se diverso), quanto todos os titulares dos equipamentos e bancos de dados que com aqueles se comuniquem.

Aliás, igual responsabilidade se imporá ao provedor de conexão à internet que de alguma forma monitorar o tráfego desses dados e os inserir em processo de análise para finalidade diversa da manutenção da conectividade (vide art. 15, MCI), bem como ao provedor de aplicações, que, a depender de sua atuação na cadeia de tratamento, já figura em si como agente de tratamento.

No entanto, grande controvérsia reside na possibilidade e eficácia da anonimização da plêiade de dados produzida a par do simples uso de objetos conectados sob IoT.

Pois bem. Por definição legal da própria LGPD, a expressão anonimização equivale à "utilização de meios técnicos razoáveis e disponíveis no momento do tratamento, por meio dos quais um dado perde a possibilidade de associação, direta ou indireta, a um indivíduo" (art. 5º, XI). Trata-se de direito expressamente assegurado ao titular de dados pessoais, sendo exigível, a qualquer tempo e mediante requisição, do respectivo controlador (art. 18, IV)[43].

Disto decorre que os dados resultantes do processo de anonimização, na forma de "dados" anonimizados", não são

43. O direito à anonimização se compatibiliza com o assegurado no art. 7º, X do Marco Civil da Internet, que, embora não aluda a técnicas de "desassociação", garante que o usuário tem direito à "exclusão definitiva dos dados pessoais que tiver fornecido a determinada aplicação de internet, a seu requerimento, ao término da relação entre as partes, ressalvadas as hipóteses de guarda obrigatória de registros previstos nesta Lei".

considerados doravante dados pessoais para os fins da proteção legal, salvo, por exceção expressa do art. 12, se tal procedimento (de anonimização) "for revertido, utilizando exclusivamente meios próprios, ou quando, com esforços razoáveis, puder ser revertido".

Este específico dispositivo, de redação aparentemente confusa, dá azo a implicações polêmicas e problemáticas, eis que o legislador presume, por regra, uma infalibilidade que os processos de anonimização positivamente não possuem em termos de eficácia, sobretudo nos casos de análises de grandes conjuntos de dados sob soluções de *Big Data*[44].

De ponta, é de se destacar a impropriedade da expressão *pseudonimização* no contexto adotado pela LGPD, isto é, "o tratamento por meio do qual um dado perde a possibilidade de associação, direta ou indireta, a um indivíduo, senão pelo uso de informação adicional mantida separadamente pelo controlador em ambiente controlado e seguro" (art. 13, § 4º).

---

44. Embora o legislador tenha pretendido deixar uma "saída aberta" quanto à possibilidade de reversão da anonimização no § 1º do art. 12, ao dispor que "a determinação do que seja razoável deve levar em consideração fatores objetivos, tais como custo e tempo necessários para reverter o processo de anonimização, de acordo com as tecnologias disponíveis, e a utilização exclusiva de meios próprios". Dificuldade, porém, reside na adoção do vocábulo "razoável", demasiado vago e sabidamente problemático (no atual estado de abuso da principiologia jurídica). A solução legal foi legar à Autoridade Nacional de Proteção de Dados (ANPD) a competência técnica para "dispor sobre padrões e técnicas utilizados em processos de anonimização e realizar verificações acerca de sua segurança, ouvido o Conselho Nacional de Proteção de Dados Pessoais" (§ 3º), mas a insegurança quanto à própria natureza jurídica, poderes e autonomia da tal Autoridade – causadas pelo veto presidencial à versão original da lei e às profundas modificações introduzidas pela MP nº 869/2018 (posteriormente convertida em lei) – projeta ainda outras dificuldades adicionais em termos de aplicabilidade concreta.

No caso o mais correto seria falar em "desidentificação", eis que a anonimização presume irreversibilidade.

A diferença é bem estabelecida por Jules J. Berman[45]:

> Anonymization is a process whereby all the links between an individual and the individual's data record are irreversibly removed. The difference between anonymization and deidentification is that anonymization is irreversible. There is no method for re-establishing the identity of the patient from anonymized records. Deidentified records can, under strictly controlled circumstances, be reidentified. Reidentification is typically achieved by entrusting a third party with a confidential list that maps individuals to deidentified records. Obviously, reidentification opens another opportunity of harming individuals, if the confidentiality of the reidentification list is breached. The advantages of reidentification is that suspected errors in a deidentified database can be found, and corrected, if permission is obtained to reidentify individuals. [...] In a fully anonymized data set, the opportunities for verifying the quality of data are highly limited[46].

45. BERMAN, Jules J. Principles and Practice of *Big Data*: Preparing, Sharing, and Analyzing Complex Information. 2ª Ed.. Londres: Academic Press/ Elsevier, 2018, p. 201/202.

46. "A anonimização é um processo pelo qual todos os links entre um indivíduo e o registro de dados do indivíduo são removidos irreversivelmente. A diferença entre anonimização e deidentificação é que a anonimização é irreversível. Não existe um método para restabelecer a identidade do paciente de registros anônimos. Registros desidentificados podem, sob circunstâncias estritamente controladas, ser reidentificados. Normalmente, a reidentificação é obtida confiando a terceiros uma lista confidencial que mapeie os indivíduos para os registros deidentificados. Obviamente, a reidentificação abre outra oportunidade de prejudicar os indivíduos, se a confidencialidade da lista de reidentificação for violada. As vantagens da reidentificação são que os erros suspeitos em um banco de dados desidentificado podem ser encontrados e

No entanto, mesmo a anonimização, assim estritamente considerada, é senão um "desejo ideal"[47] no mais das vezes inalcançável, ao menos em termos de segurança definitiva. As atuais técnicas de análise e processamento de metadados,

---

corrigidos, se for obtida permissão para reidentificar os indivíduos. [...] Em um conjunto de dados totalmente anonimizado, as oportunidades para verificar a qualidade dos dados são altamente limitadas" (tradução nossa).

47. A percepção idealista dos valores da anonimização é bem extraída da "proposta-manifesto" de Douglas Barnes, "The Coming Jurisdictional Swamp of Global Internetworking" (Or, How I Learned to Stop Worrying and Love Anonymity). Destaque ao seguinte: "If carried out effectively, and if users are careful not to give away their identity, robust anonymity handily solves the problems of surprise legal jurisdiction, fatwa, and individual retaliation. Users would pay for anonymizing services with anonymous digital cash, of course – and it makes no difference how their packets get on the net in the first place, if they're all processed through a packet laundry in Jamaica or Finland [...] I think I can safely predict that there will be commercial anonymization tools and services available on the net by this time next year. I also predict that they will be used primarily for legal purposes -- at least, purposes that are legal in the home country of the user. I think that rigorous, cryptography-based anonymity is going to the best way out of the global swamp of jurisdiction, and because of this I expect many people will come to appreciate it in the years to come" ("Se realizado de forma eficaz, e se os usuários tiverem o cuidado de não revelar sua identidade, o anonimato robusto resolve com folga os problemas de jurisdição legal surpresa, fatwa e retaliação individual. Os usuários pagariam por serviços de anonimato com dinheiro digital anônimo, é claro - e não faz diferença como seus pacotes entram na rede em primeiro lugar, se todos eles são processados através de uma lavanderia de pacotes na Jamaica ou na Finlândia. [...] Eu acho que posso prever com segurança que haverá ferramentas e serviços de anonimização disponíveis na rede até o próximo ano. Eu também prevejo que eles serão usados principalmente para fins legais - pelo menos, propósitos legais no país de origem do usuário. Eu acho que o anonimato rigoroso, baseado em criptografia, está indo para a melhor maneira de sair do pântano global de jurisdição, e por causa disso eu espero que muitas pessoas passem a apreciá-lo nos próximos anos" – tradução nossa) (BARNES, Douglas. The Coming Jurisdictional Swamp of Global Internetworking. Disponível em: http://salguod.com/swamp.html. Acesso em: 24/06/2019).

liderados pela *Big Data*, arriscam em seu lugar o pernicioso (porém real) fenômeno da "de-anonimização", isto é, o processo de combinar dados anonimizados (ou desidentificados) com outros dados adicionais (em tese de origem pública) e, assim, identificar o seu titular, superando a eficácia de técnicas de anonimização.

Como explicam Viktor Mayer-Schönberger e Kenneth Cukier[48], a anonimização só funciona com a eficácia segura que se espera no universo do *small data* – isto é, o conjunto de dados que designado para responder uma questão específica ou atingir um objetivo particular, que está contido em único meio (normalmente um computador) e que geralmente se organiza de modo altamente estruturado[49].

Diversamente, na era do *Big Data*, com um volume de dados suficiente, a anonimização perfeita se torna impossível:

> Paul Ohm, a law professor at the University of Colorado in Boulder and an expert on the harm done by de-anonymization, explains that no easy fix is available. Given enough data, perfect anonymization is impossible no matter how hard one tries. Worse, researchers have recently shown that not only conventional data but also the social graph – people's connections with one another – is vulnerable to de-anonymization. In the era of *big data*, the three core strategies long used to ensure privacy – individual notice and consent, opting out, and anonymization – have lost much of their effectiveness. Already today many users feel

48. MAYER-SCHONBERGER, Viktor; CUKIER, Kenneth. *Big Data*: A Revolution That Will Transform How We Live, Work, and Think. Londres: John Murray, 2017, p. 58.
49. BERMAN, Jules J. Principles and Practice of *Big Data*: Preparing, Sharing, and Analyzing Complex Information. 2ª Ed.. Londres: Academic Press/ Elsevier, 2018, p. 18/20.

> their privacy is being violated. Just wait until big-data practices become more commonplace[50-51].

Com efeito, bem destacam Bart Custers et al[52] que, embora a anonimização de dados tenha sido por muito tempo considerada uma solução importante na proteção à privacidade, pesquisas demonstram que os vestígios digitais deixados por usuários (por exemplo, no uso de cartão de crédito ou nos serviços de streaming de vídeo) podem ser eficazmente utilizados para a *de-anonimização* de metadados.

Abundam episódios concretos em que dados supostamente anonimizados foram eficazmente revertidos para identificação de seus titulares, tanto de modo acidental quanto propositado.

Nesse sentido, já é célebre o caso do provedor de internet norte-americano *America Online* (AOL), que em agosto de 2006 divulgou publicamente um massivo conjunto de dados contendo 20 milhões de palavras-chave buscadas aleatoriamente em seu motor de busca por 657 mil usuários no período de

---

50. MAYER-SCHONBERGER, Viktor; CUKIER, Kenneth, op. cit., p. 60.
51. "Paul Ohm, professor de direito na Universidade do Colorado, em Boulder, e especialista no estudo dos danos causados pela de-anonimização, explica que nenhuma solução fácil está disponível. Com dados suficientes, o anonimato perfeito é impossível, não importa o quanto se tente. Pior, os pesquisadores mostraram recentemente que não apenas os dados convencionais, mas também o gráfico social - as conexões das pessoas uns com os outros - são vulneráveis ao desanonismo. Na era do *Big Data*, as três principais estratégias utilizadas para garantir a privacidade - notificação e consentimento individuais, anulação e anonimização - perderam grande parte de sua eficácia. Atualmente, muitos usuários sentem que sua privacidade está sendo violada. Apenas espere até que as práticas de *Big Data* se tornem mais comuns" (tradução nossa).
52. CUSTERS, Bart; DECHESNE, Francien; PIETERS, Wolter; SCHERMER, Bart; HOF, Simone van der. Consent and Privacy In: MULLER, Andreas; SCHABER, Peter. the Routledge Handbook of the ethics of consente. Nova York: Routledge, 2018, p. 255.

01/03/2006 a 31/05/2006. O objetivo do provedor era permitir a análise deste conjunto de dados por pesquisadores sociais, de modo que as informações pessoais dos usuários-alvo, como nome e endereço IP (*internet protocol*), foram substituídos por identificadores numéricos únicos, o que permitiria que resultados de pesquisa diversos fossem agregados a um mesmo usuário ao mesmo tempo em que supostamente se impedia sua identificação pessoal.

No entanto, como explica Rob Kitchin[53], pouco mais de míseros sete dias após a publicação dos dados o jornal New York Times foi capaz de identificar o usuário nº 4417749, correspondente à cidadã americana Thelma Arnold, uma viúva de 62 anos habitante da cidade de Lilburn, no Estado da Geórgia. A identificação foi possível, porque o periódico simplesmente reuniu as pesquisas "homens de 60 anos solteiros", "chás saudáveis" e "paisagens em Lilburn, Geórgia", todas buscadas pela usuária em questão, e então chegou à sua identificação pessoal.

Não obstante, dois meses após o episódio, o provedor de aplicações *Netflix* (ainda então um serviço de locação de filmes) lançou um "concurso" no qual prometia premiar com uma recompensa de um milhão de dólares qualquer equipe que conseguisse melhorar seu sistema de recomendação de filmes. Para tanto, achou por bem divulgar o 100 milhões de registros de aluguel de filmes de aproximadamente 500 mil usuários de sua base de dados, dos quais removeu identificadores pessoais.

Descreve Kitchin[54] que, a despeito da tentativa de anonimização, pesquisadores da Universidade do Texas, comparando os dados publicados pela Netflix com as informações de acesso

53. KITCHIN, Rob., op. cit., p. 58.
54. Idem.

público lançadas no site *Internet Movie Database* (IMDb)[55], conseguiram identificar qualquer usuário supostamente anonimizado com 84% de precisão, bastando que o titular-alvo tivesse avaliado 06 filmes entre os 500 melhores filmes sugeridos pelo agregador de conteúdo.

O princípio básico que do narrado se extrai é que um conjunto de metadados pode conduzir à fácil identificação de seu titular, mormente ao cabo de uma análise ampla como a de *Big Data*, o que põe em xeque a eficácia de qualquer processo de anonimização.

A par disso se impõe, de ponta, reputar que tais metadados devem ser também encarados como dados pessoais.

Mais especificamente, tal constatação é útil quanto aos objetos/coisas inteligentes, que embora não produzam, por si e em regra, dados pessoais que isoladamente permitam a identificação individual, sem dúvida resultam em um massivo conjunto de metadados que, além de potencialmente carregados de informações de índole sensível (notadamente os de natureza genética, biométrica e relativo à saúde), podem, em confluência e combinação com outras informações de acesso público a par de análise de *Big Data*, conduzir à individualização à revelia de seu titular.

Nesse cenário, o direito à anonimização deve implicar na obrigação de que os fabricantes dos objetos inteligentes e os agentes que realizem o tratamento dos dados que trafegam pela infraestrutura de internet das coisas adotem cautelas adicionais quanto aos metadados produzidos nessa qualidade; ainda que, casuisticamente, sejam forçados à experimentação em vários cenários de possível combinação de metadados anonimizados com outras informações disponíveis e acessáveis.

55. Acessível em: https://www.imdb.com/.

Não basta, assim, preocupar-se apenas os dados (e metadados) produzidos de modo local pelo uso interconectado de determinado objeto, mas sim perquirir quanto ao conjunto de dados mais amplo que circunda cada usuário. Com isso, os agentes envolvidos deverão se acautelar como de fato os metadados produzidos pelos objetos inteligentes são efetivamente tratados; garantindo, em todo caso, a ciência do titular da probabilidade de sua identificação, do nível de eficácia objetiva do processo de anonimização empregado, bem como se no caso concreto há de fato como se falar em anonimização ou mera desidentificação.

Somente cônscio de tais condicionantes e riscos é que se poderá cogitar de efetivo consentimento do usuário, havendo que se zelar pela transparência.

Outrossim, o princípio da minimização, corolário dos pressupostos legais de finalidade e necessidade, imporá verificar, concretamente e em cada caso, se é possível reduzir o volume de metadados produzidos e circulados pela IoT, garantindo que os objetos inteligentes se limitem a produzir apenas o estritamente necessário e pertinente ao cumprimento de sua finalidade funcional.

Reitere-se: se tais exigências se aplicam a todos os agentes de tratamento que manejem dados pessoais, igualmente devem ser estendidas aos fabricantes de objetos inteligentes e gestores de IoT, eis que a natureza etérea dos metadados não desnatura sua condição de dados pessoais, inclusive sensíveis.

6. Conclusões

A par do quadro analisado, embora brevemente, pode-se concluir que pouca dúvida resta quanto a responsabilidades dos agentes que executem qualquer análise, coleta, reprodução, transmissão ou processamento dos dados pessoais produzidos pelos chamados *smart objetcs*. No entanto, a despeito da evidência de tal responsabilidade – assentada no que se pode denominar de "cadeia de tratamento dos dados pessoais", com implicações iguais às verificadas a par da responsabilidade solidária que se impõe aos agentes da cadeia de consumo na disciplina do CDC – algumas dificuldades de ordem prática devem ser admitidas.

Primeiro, e do ponto de vista dos agentes da cadeia de tratamento, há uma notável dificuldade logística para obter, como a LGPD exige, consentimento dos usuários quanto ao tratamento dos dados produzidos pelos objetos conectados que formam internet das coisas, notadamente porque tais informações são produzidas em massiva quantidade e frequência e, mais importante, são empregados para múltiplas e diversas finalidades. Há, ainda, imenso desafio quanto à organização e guarda dos registros de coleta e transmissão de tais dados, sobretudo se considerado que o usuário tem direito de exigir tais informações a qualquer tempo e inclusive revogar quaisquer consentimentos que houver conferido.

Sem embargo, do ponto de vista do usuário há que se admitir que a análise de *big data*, aliada à quantidade e complexidade colossais dos dados produzidos pelos objetos inteligentes, minam objetivamente a eficácia dos expedientes de anonimização. Isso porque o "quadro geral" que tais dados podem pintar quanto aos gostos, preferências, personalidade e origem dos usuários não advém do processamento de informações específicas, mas sim de uma análise ampla de toda a vasta gama de dados não-estruturados. Assim, além de sua inerente não estruturação dificultar que o usuário tanto consinta quanto negue o tratamento de tais dados, seu poder e impacto quanto à privacidade do titular não reside pontualmente em tais e tais informações, mas no todo que elas, coletivamente consideradas, projetam.

Portanto, adaptando metáfora clássica, o problema não reside na agulha, mas sim no palheiro.

7. Referências bibliográficas

BARNES, Douglas. *The Coming Jurisdictional Swamp of Global Internetworking (Or, How I Learned to Stop Worrying and Love Anonymity)*. Disponível em: http://salguod.com/swamp.html. Acesso em: 24/06/2019.

BERMAN, Jules J. *Principles and Practice of Big Data: Preparing, Sharing, and Analyzing Complex Information.* 2ª Ed. Londres: Academic Press/ Elsevier, 2018.

BIONI, Bruno Ricardo. *Proteção de Dados Pessoais: A Função e os Limites do Consentimento.* São Paulo: Forense/Gen, 2019.

BRASIL. *Lei nº 13.709, de 14 de agosto de 2018. Dispõe sobre a proteção de dados pessoais e altera a Lei nº 12.965, de 23 de abril de 2014 (Marco Civil da Internet).* Diário Oficial da República Federativa do Brasil. Disponível em: < http://www.planalto.gov.br/ccivil_03/_Ato2015-2018/2018/Lei/L13709.htm >. Acesso em: 20 jun. 2019.

__________. *Marco Civil da Internet. Lei nº 12.965, de 23 de abril de 2014.* Disponível em: http://www.planalto.gov.br/ccivil_03/_ato2011-2014/2014/lei/l12965.htm. Acesso em: 20 jun. 2019.

__________. *Medida Provisória nº 869, de 27 de dezembro de 2018.* Disponível em: <http://www.planalto.gov.br/ccivil_03/_ato2015-2018/2018/Mpv/mpv869.htm>. Acesso em: 20 jun. 2019.

__________. *Conversão da Medida Provisória nº 869, de 2018. Lei nº 13.853, de 08 de julho de 2019.* Disponível em: <http://www.planalto.gov.br/ccivil_03/_Ato2019-2022/2019/Lei/L13853.htm#art2>. Acesso em: 20 jun. 2019.

CUSTERS, Bart; DECHESNE, Francien; PIETERS, Wolter; SCHERMER, Bart; HOF, Simone van der. *Consent and Privacy* In: MULLER, Andreas; SCHABER, Peter. *The Routledge Handbook of the ethics of consent.* Nova York: Routledge, 2018.

FLEISCH, Elgar. *What is the internet of things? An economic perspective.* Auto-ID Labs White Paper, jan. 2010.

GONÇALVES, Victor Hugo Pereira. Marco Civil da Internet Comentado. São Paulo: Atlas, 2017.

HIJMANS, Hielke. *The European Union as Guardian of Internet Privacy: The story of art 16 TFEU*. Cham: Springer International Publishing, 2016.

INTERNATIONAL TELECOMMUNICATION UNIION. The Internet of *Things*: ITU Internet Reports 2005. Genebra: ITU, 2005.

KITCHIN, Rob. *The Data Revolution: Big Data, Open Data, Data Infrastructures and Their Consequences*. Londres: Sage, 2014.

MAYER-SCHONBERGER, Viktor; CUKIER, Kenneth. *Big Data: A Revolution That Will Transform How We Live, Work, and Think*. Londres: John Murray, 2017.

PINHEIRO, Patrícia Peck. *Proteção de Dados Pessoais: Comentários à Lei N. 13.709/2018 (LGPD)*. São Paulo: Saraiva, 2019.

SMITHIES, James. *The Digital Humanities and the Digital Modern*. Londres: Palgrave Macmillan, 2017.

SOUZA, Carlos Affonso; LEMOS, Ronaldo. *Marco Civil da Internet: construção e aplicação*. Juiz de Fora: Editar, 2016.

STAIR, Ralph M.; REYNOLDS, *George W. Principles of Information Systems: A Managerial Approach*. 13ª Ed. Boston: Cengage Learning, 2018.

VOIGT, Paul; BUSSCHE, Axel von dem. *The EU General Data Protection Regulation (GDPR): A practical guide*. Cham: Springer International Publishing, 2017.

2

A LEI GERAL DE PROTEÇÃO DE DADOS PESSOAIS E O TRATAMENTO DE DADOS PESSOAIS DE CRIANÇAS E ADOLESCENTES

Valter da Costa Santos[56]

Sumário: 1. Introdução; 2. Sociedade de Informação: a Lei Geral de Proteção de Dados Pessoais em confluência com o Estatuto da Criança e do Adolescente; 3. A Lei Geral de Proteção de Dados Pessoais, o tratamento dos dados sensíveis e a tutela de crianças e adolescentes; 4. Conclusões; 5. Referências bibliográficas

1. Introdução

Captar as transformações pelas quais perpassa o Direito Digital contemporâneo é um grande desafio. Neste plano de reflexão, múltiplas são as travessias pelas quais se podem configurar os reflexos jurídicos na proteção e tratamento de dados quando os usuários são as crianças e adolescentes.

---

56. Mestre em Direito Negocial pela Universidade de Londrina (UEL). Pós-Graduado na especialização em Direito Civil e Processo Civil pela Universidade Estadual de Londrina. Bacharel em Direito na Universidade Estadual de Londrina. Cursando a pós-graduação lato sensu em Filosofia Política e Jurídica na Universidade Estadual de Londrina. Assessor de magistrado do 1º grau do Tribunal de Justiça do Estado do Paraná. Contato: valtercostasantos@outlook.com.

Intenta-se, neste plano de reflexão, a análise destas especificidades que, além de transcender a operacionalidade da internet, alcançam a atuação do público infanto-juvenil como usuários autênticos da rede informacional, necessitando-se de um redimensionamento dos parâmetros alicerçados para uma adequada tutela jurídica.

Com o advento da Lei Geral de Proteção de dados (Lei nº 13.709/2018), o desafio consiste não apenas a uma reciclagem funcional dos paradigmas até então impostos e tidos como suficientes. Com efeito, as grandes interrogações sempre surgem na concretização e alcance da norma.

Da confluência dos atos humanos e das consequências jurídicas advindas da transmissão de dados pelo acesso informacional, desponta, ao porvir, o liame intrínseco entre as regulamentações de condutas e as relações havidas na internet que se configuram de forma muito célere.

Dessa intersecção, notadamente em relação às crianças e adolescentes, a pedra de toque, ou seja, o propósito motivador e alicerce configuram-se no escopo de proteger direitos fundamentais como a privacidade, a intimidade, a honra, o direito de imagem e a dignidade dos infantes internautas em fase de juventude.

Em um remar para as origens, o ordenamento jurídico brasileiro já previa de forma tímida a proteção de dados pessoais, desencadeando um aperfeiçoamento com a Lei Geral de Proteção de Dados (Lei nº 13.709/2018)[57], principalmente ao

57. O ordenamento jurídico brasileiro é um dos últimos da América do Sul a não ter uma tratativa legal de proteção de dados. Em 13/06/2012, o Deputado Federal Milton Monti propôs o Projeto de Lei n. 4060/2012, indo à plenário, resultando em aprovação e, nessa linha, passou por uma tramitação vagarosa por longos seis anos. Porém, em abril do ano de 2016

se considerar que até então se carecia de um discernimento específico que se voltasse às crianças e adolescentes.

Diante de um cenário pós-moderno demarcado por resistências e transformações em face de novas demandas sociais, a Lei Geral de Proteção de Dados (Lei nº 13.709/2018) destina uma seção ao tratamento de dados pessoais dos infantes como seres em desenvolvimento, conjugando harmonicamente o exame do consentimento, da transparência e da finalidade, a fim de se evitar a burla de algoritmos.

Então, da leitura legal e da análise desses traços jurídico-normativos, verifica-se que, primeiramente, o trato de dados de crianças e adolescentes deve ser aplicado no melhor interesse de ambas, por meio de consentimento específico, e em destaque dado por pelo menos um dos pais ou pelo responsável legal.

---

surgiu a GDPR (General Data Protection Regulation), em substituição da diretiva de proteção de dados de 1995, pois a diretiva não mais estava em consonância com as evoluções sociojurídicas. Após a *vacatio* legis de dois anos, em 25 de maio de 2018 surge uma legislação europeia sobre a proteção de dados pessoais. Como o Brasil é um dentre os 28 Estados membros da UE, isso implicou que as empresas têm um novo arquétipo de conduta para ser observado no âmbito da EU, fazendo com que as empresas atendam ao disposto na GDPR, bem como isso teve implicância até mesmo que fosse aprovada às pressas uma legislação nacional sobre o tratamento de dados. Tanto é assim que em 30.05.2018 Mesa Diretora da Câmara dos Deputados (MESA) Remessa ao Senado Federal por meio do Of. nº 592/2018/SGM-P, aprovada pelo Plenário, passando Projeto de Lei da Câmara ganhado o nº 53, de 2018 tendo o Destino à sanção presidencial transformando-se em norma jurídica com efeitos vindouros a Lei nº 13.709 de 14/08/2018. Dispõe sobre a proteção de dados pessoais e altera a Lei nº 12.965, de 23 de abril de 2014 (BRASIL. Assembleia Legislativa. Projeto de Lei nº 4060/2012. Dispõe sobre a proteção de dados pessoais e altera a Lei nº 12.965, de 23 de abril de 2014. Disponível em: https://www.camara.leg.br/proposicoesWeb/fichadetramitacao?idProposicao=548066. Acesso em: 07 maio. 2019.

Ainda se estabelece deveres aos controladores sobre as espécies de dados coletados, a forma de sua utilização e os procedimentos para o exercício dos direitos do titular, salvo as exceções legais, sempre transitando pela adoção de uma teoria científica crítica.

Nesse processo, a primeira parte da pesquisa consiste em demonstrar algumas perspectivas elementares da "Internet das Coisas" à luz da Lei Geral de Proteção de Dados (Lei nº 13.709/2018). Chamam-se à colação os fundamentos desde a base epistemológica da fenomenologia do próprio cenário digital e, diante dessa expansão, entender como – e o porquê – o mundo virtual invadiu e, cada vez mais, invade a vida, dia após dia, de crianças e adolescentes.

Apreende-se juridicamente dentro dessas nuances os desafios de uma tutela adequada de crianças e adolescentes como seres em desenvolvimento. Assim, são relevantes mecanismos pedagógicos na conformação de uma adequada educação na construção da autodeterminação informacional dos responsáveis legais e dos infantes.

Na segunda parte, há uma verticalização direcionada à abordagem das pessoas que são consideradas crianças e adolescentes. Em seguida, numa dimensão de seres humanos em desenvolvimento e pessoas vulneráveis, criam-se bases legais que fundamenta e norteia, sobremaneira, tais configurações, no tratamento de dados pessoais.

A partir disso, desenvolve-se uma narrativa tangente aos dados pessoais, abordando-se as questões do consentimento. E, no melhor interesse, busca-se dialogar em qual momento torna-se permitido o tratamento de dados pessoais e, igualmente, quais as restrições comparecem como diretivas ao tratamento.

Em um desvelar pelo método dedutivo, por meio de pesquisa bibliográfica, legislativa e de conteúdos angariados pela internet, há a oponibilidade necessária de se repensar de ações das empresas, dos pais, sociedade e de todos aqueles que terão novos desafios ao realizar o tratamento, quando se está em jogo um arcabouço de dados do público infanto-juvenil.

2. Sociedade de Informação: a Lei Geral de Proteção de Dados Pessoais em confluência com o Estatuto da Criança e do Adolescente

A Lei Geral de Proteção de Dados Pessoais (Lei nº 13.709/2018) tornou-se realidade por meio de trâmite rápido, caso, por exemplo, se considere o período moroso pelo qual permaneceu em discussão e, de repente, ganhou força para que então fosse publicada. A Lei agora é realidade e todos os esforços devem se convergir a uma aplicação adequada, sobretudo do tratamento de dados pessoais de crianças e adolescentes.

Dessa maneira, a atuação das empresas no contexto digital trouxe consigo a necessidade de criação de mecanismos de regulação e proteção dos dados pessoais daqueles que utilizam serviços, compras ou realizam qualquer tipo de transação on-line que abarque o fornecimento de informações pessoais.

Atento à nova axiologia, o ordenamento jurídico por meio de suas bases normativas, ao se falar de coleta de dados, se está aludindo de diferentes indivíduos cujas informações representam pessoas de idades e sexo dessemelhantes, e "começa-se a compreender a necessidade de se lidar com esse mundo virtual e suas peculiaridades, especialmente quanto ao reflexo na formação do sujeito, enquanto membro desta comunidade global [...]"[58].

Na qualidade de principal defensora dos interesses e direitos dos titulares, a Lei Geral de Proteção de Dados traçou marcos de uma tutela dos dados pessoais, criando-se novos paradigmas de relevância de tecnologia, informação, geração e processamento e tratamento de dados[59].

Assim como o GDPR[60], a Lei Geral de Proteção de Dados advém da evolução e expansão do próprio fenômeno de proteção de direitos, e é resultante do acompanhamento do

58. SAUAIA, Hugo Moreira Lima. A proteção dos dados pessoais no Brasil. Rio de Janeiro: Lumen Juris, 2018, p. 28.

59. Principalmente em tempos que se vive uma crise de proteção de dados pessoais, que não é, a rigor, como destaca Hugo Moreira Lima Sauaia, "novidade do mundo contemporâneo, e do mesmo modo a relevância do problema [...]", principalmente porque, conforme dizeres do autor: "O Poder Judiciário, por intermédio de seus tribunais superiores, ainda não consolidou orientação jurisprudencial sobre a possibilidade e os limites da proteção constitucional, tendo em vista a coleta, o trafego e o acúmulo dessas informações [...]" (SAUAIA, Hugo Moreira Lima. A proteção dos dados pessoais no Brasil. Rio de Janeiro: Lumen Juris, 2018, p. 2-3).

60. O Regulamento Geral sobre a Proteção de Dados 2016/679 é um regulamento do direito europeu sobre privacidade e proteção de dados pessoais, aplicável a todos os indivíduos na União Europeia e Espaço Econômico Europeu. Regulamenta também a exportação de dados pessoais para fora da UE e EEE. Art. 1º, 1, 2, 3 da GDPR: "This Regulation lays down rules relating to the protection of natural persons with regard to the processing of personal data and rules relating to the free movement of personal data. This Regulation protects fundamental rights and freedoms of natural persons and in particular their right to the protection of personal data. The free movement of personal data within the Union shall be neither restricted nor prohibited for reasons connected with the protection of natural persons with regard to the processing of personal data. Intersoft consulting: General Data Protection Regulation (GDPR). Disponível: em: < https://gdpr-info.eu/art-1-gdpr/>. Acesso em 10 maio 2019.

mundo jurídico em olhar inerente aos fenômenos sociais[61]. É neste contexto que se invoca a adaptação de documentos internacional e nacional de proteção aos direitos e às novas demandas socioculturais dos povos[62] da pós-modernidade ou

---

61. É imprescindível frisar a relevância da proteção de dados pessoais. Tomando-se como ponto de partida a teoria tridimensional, o direito se dá em três elementos: fato, valor e norma (REALE, MIGUEL. Lições Preliminares do Direito. 25ª ed. São Paulo: Saraiva, 2011, p. 60-63). A "internet of things" atua dentro deste campo do que muitos nominam como o direito digital, com estes três elementos, mas adiciona um quarto elemento exclusivo seu: a dimensão tempo/espaço que não necessariamente se dá em ambiente físico agindo em outra dimensão formadora de rede de dispositivos pelos quais se projetam dispositivos sensoriais os quais se conectam a Internet.
62. A identificação do Direito deve ser acentuada no sentido de "o Direito autêntico e global não pode ser isolado em campos de concentração legislativa, pois indica os princípios e normas libertadores, considerando a lei um simples acidente no processo jurídico, e que pode, ou não, transportar as melhores conquistas [...] Uma exata concepção do Direito não poderá desprezar todos esses aspectos do processo histórico, em que o círculo da legalidade não coincide, sem mais, com o da legitimidade, como notava, entre outros, inclusive o grande jurista burguês Hermann Heller. Diríamos até que, se o Direito é reduzido à pura legalidade, já representa a dominação ilegítima, por força desta mesma suposta identidade; e este "Direito" passa, então, das normas estatais, castrado, morto e embalsamado, para o necrotério duma pseudociência, que os juristas conservadores, não à toa, chamam de 'dogmática'. Uma ciência verdadeira, entretanto, não pode fundar-se em "dogmas", que divinizam as normas do Estado, transformam essas práticas pseudocientíficas em tarefa de boys do imperialismo e da dominação e degradam a procura do saber numa ladainha de capangas inconscientes ou espertos" (LYRA FILHO, Roberto. O que é o Direito. São Paulo: Brasiliense, 1982, p. 4-5). Por outro lado, conforme assevera Custódio Luís Silva de Almeida: "[...] não resta qualquer incerteza quanto a que nossa civilização científica, na sua incrível capacidade de instaurar mudanças nos dados naturais em proveito da vida e da sobrevivência do homem, tornou-se, nos seus efeitos, um gigantesco problema mundial. Não há dúvida alguma ser tudo isso uma das grandes questões dirigidas a nós, não apenas desde que a ciência, mais e mais, nos tem mostrado quão curto é o episódio que a humanidade representa na evolução do universo"

da sociedade líquida[63]. Em tal cenário global, surge a relevância de se repensar a expansão da tecnologia informacional e do próprio contexto de proteção de dados[64].

(ALMEIDA, Custódio Luís Silva de. Hermenêutica filosófica: nas trilhas de Hans-Georg Gadamer. Porto Alegre: EDIPUCRS, 2000, p. 15). Mas há de se pensar que "nosso destino se decidirá no como esse mundo marcado pela ciência e que se formulou filosoficamente através do universo do conceito, caminha, também, ao mesmo tempo junto às profundas visões dos destinos humanos [...]" (ALMEIDA, Custódio Luís Silva de. Hermenêutica filosófica: nas trilhas de Hans-Georg Gadamer. Porto Alegre: EDIPUCRS, 2000, p. 16).

63. O espírito desse marco evolutivo pode ser destacado porque "Essa modernidade líquida, ou pós-modernidade, segue permitindo a identificação de certas peculiaridades que a distinguem de um momento anterior, denominado simplesmente de modernidade [...]. Todo esse movimento parece ser impulsionado por certo mal-estar criado por esta ausência de referenciais, e de insegurança no futuro" (SAUAIA, Hugo Moreira Lima. A proteção dos dados pessoais no Brasil. Rio de Janeiro: Lumen Juris, 2018, p. 27). E, ainda, não se pode descurar que "[...] numa sociedade líquido-moderna, as realizações individuais não podem solidificar-se em posses permanentes porque, em um piscar de olhos, os ativos se transformam em passivos, e as capacidades, em incapacidades", pelos quais "condições de ação e as estratégias de reação envelhecem rapidamente e se tornam obsoletas antes de os atores terem uma chance de aprendê-las efetivamente [...]" (BAUMAN. Zygmunt. Vida líquida. Tradução de Carlos Alberto Medeiros. Rio de Janeiro: ZAHAR, 2007, p. 7).

64. No examinar desse ambiente e todo processo histórico de desenvolvimento, descreve essa evolução Tatiana Malta Vieira: "O tema ganha relevância com a disseminação do uso de redes abertas e incremento do poder computacional. O avanço tecnológico, ao propiciar o cruzamento de dados pessoais e o monitoramento eletrônico de indivíduos e empresas, agiganta-se como uma ameaça ao direito à privacidade [...]. Impõe-se, portanto, sensibilizar juristas e estudiosos do direito para uma reflexão a respeito do impacto que a tecnologia impinge à privacidade para que os recursos computacionais sejam utilizados de maneira mais consciente" (VIEIRA, Tatiana Malta. O direito à privacidade na sociedade da informação: efetividade desse direito fundamental diante dos avanços da tecnologia da informação. Porto Alegre: Sergio Antonio Fabris, 2007, p. 175-176).

A propósito, "as novas dimensões de coleta e do tratamento de informações provocaram a multiplicação de apelos à privacidade e [...] aumentaram a consciência da impossibilidade de confinar as novas questões [...]", as quais têm seu surgimento dentro de uma dimensão institucional ligada à tradição, onde "[...] a infraestrutura da informação representa hoje um dos componentes fundamentais"[65].

Nessa medida, a criança e o adolescente são sobrelevados como titulares dos dados pessoais. Desse modo, fazem parte de todo o enredo digital, destacando-se a ideia de autodeterminação informacional, que envolve todo o enlace de poder do indivíduo sobre os seus dados pessoais[66]. Numa dimensão estão seus interesses se conformando na medida em que possuem seus consentimentos respeitados, por meio de seus representantes legais.

Dentro desse contexto, nada obstante a preocupação em um cenário internacional, aonde, desde muito tempo, frente à sociedade de informação, associada com o estrondo da indústria computacional[67], vem-se produzindo um grande marco de

---

65. RODOTÀ, Stefano. A Vida na Sociedade da Vigilância A Privacidade Hoje. Organização, seleção e apresentação de Maria Celina Bodin de Moraes. Tradução: Danilo Doneda e Luciana Cabral Doneda. Rio de Janeiro: Renovar, 2008, p. 23.

66. BIONI, Bruno Ricardo. Proteção de dados pessoais: a função e os limites do consentimento. Rio de Janeiro: Forense, 2019, p. 119.

67. Como esclarece Tatiana Malta Vieira: "A era da informação foi vislumbrada nos tecnocentros dos EUA e do Japão na década de 80, com a explosão da indústria da computação (*software e hardware*). Em 1993, o mundo toma conhecimento da expressão *sociedade da informação,* utilizada pela primeira vez em caráter oficial, pelo então Presidente da Comissão Européia, Jacques Delors, no Conselho da Europa de Copenhague [...]. Essa supervalorização da informação acarreta uma cisão global entre países 'ricos em informação' e países 'pobres em informação' [...]" (VIEIRA, Tatiana Malta. O direito à

reflexão e valorização dos dados. Já o Brasil, progressivamente, por meio de recurso comum, já previa tipos de proteção aos dados pessoais por meio do Código de Defesa do Consumidor, do Decreto n. 7.962/2013 (Comércio Eletrônico), e o Marco Civil da Internet. Sem contar, ainda, a tutela do Código Civil concernente à privacidade e intimidade como direitos da personalidade.

Em todo esse quadro de dimensões, há, aqui, em verdade, concomitantemente a esse processo, por meio da Lei Geral de Proteção de Dados, uma situação que conduz à consolidação em seu modelo, de um movimento que situa os infantes no centro de preocupações diante necessidades fundamentais no quadro jurídico e sociológico de uma sociedade da informação[68].

Dessarte, com a teleologia que se direciona à tutela dos infantes, o Direito deve se acoplar à essa realidade fenomênica, máxime porque "possibilita o gozo dos direitos que são inerentes à pessoa humana. Alargam-se, assim, as possibilidades de acesso global nas relações sociais e, ao mesmo tempo, propicia-se a devida tutela jurídica" dos dados pessoais de crianças

---

privacidade na sociedade da informação: efetividade desse direito fundamental diante dos avanços da tecnologia da informação. Porto Alegre: Sergio Antonio Fabris, 2007, p. 176 e 182).

68. Nesse sentido: "A expressão 'sociedade da informação' passou a ser utilizada, nos últimos anos desse século, como substituto para o conceito complexo de 'sociedade pós-industrial' e como forma de transmitir o conteúdo específico do 'novo paradigma técnico-econômico'. A realidade que os conceitos das ciências sociais procuram expressar refere-se às transformações técnicas, organizacionais e administrativas que têm como 'fator-chave' não mais os insumos baratos de energia – como na sociedade industrial – mas os insumos baratos de informação propiciados pelos avanços tecnológicos na microeletrônica e telecomunicações" (WERTHEIN, Jorge. A sociedade da informação e seus desafios. Ibict, volume 29, nº 2, 2000, p. 71. Disponível em: <http://revista.ibict.br/ciinf/article/view/889/924/>. Acesso em 09 maio 2019.

e adolescentes[69]. Nessa sistemática, os dados e a proteção aos direitos fundamentais além de serem evidentes na Lei Geral de Proteção de Dados, visam proteger a privacidade, liberdade, segurança, justiça, diante de expansão positiva econômica e social, evitando excessos de indústrias coletoras de dados com fins econômicos, principalmente quando se estão em cena o tratamento e a proteção dos pupilos.

De uma radiografia da Lei Geral de Proteção de Dados visualiza-se "a concretização do direito à proteção de dados pessoais, os quais quando processados são fontes de informação e revelam uma estreita inter-relação da tutela da privacidade com os vetores da democracia"[70]. É, assim, "tema cuja relevância se sobressai ainda mais em se tratando das peculiaridades dos jurisdicionados, cuja proteção dos direitos compete à família, sociedade e Estado"[71].

---

69. AMARAL, Ana Cláudia Corrêa Zuin Mattos do Amaral; SANTOS; Valter da Costa. Direito ao esquecimento da pessoa transexual. Revista Interdisciplinar de Direitos Humanos, São Paulo, v. 7, n. 2, p. 219-220, jul./dez, 2019. Disponível em: <https: Direito ao esquecimento da pessoa transexual | Amaral | Revista Interdisciplinar de Direitos Humanos (unesp.br) />. Acesso em 12 jan 2021.
70. BARROS, Clarissa Teresinha Lovatto. Direito à informação x proteção de dados pessoais: a publicação de decisões judiciais em casos de pornografia envolvendo crianças e adolescentes. 2017. 113 f. Dissertação (Mestrado em Direito) - Faculdade de Ciências Econômicas, Universidade Federal de Santa Maria, Rio Grande do Sul, 2017, p. 9. Disponível em: <https://repositorio.ufsm.br/bitstream/handle/1/12558/DIS_PPGDIREITO_2017_BARROS_CLARISSA.pdf?sequence=1&isAllowed=y/>. Acesso em 07 maio 2019.
71. BARROS, Clarissa Teresinha Lovatto. Direito à informação x proteção de dados pessoais: a publicação de decisões judiciais em casos de pornografia envolvendo crianças e adolescentes. 2017. 113 f. Dissertação (Mestrado em Direito) - Faculdade de Ciências Econômicas, Universidade Federal de Santa Maria, Rio Grande do Sul, 2017, p. 9. Disponível em: <https://repositorio.ufsm.br/bitstream/handle/1/12558/DIS_PPGDI-

Desse compromisso que abrange a família e toda a sociedade, tornam-se relevantes medidas direcionadas a um amplo espectro de vulnerabilidades que permeiam a vida dos infantes em processo de formação. Diante de um apontar teleológico de medidas concretas, é dever de o Estado providenciar mecanismos protetivos de dados, promovendo a garantia efetiva na proteção dos direitos dos titulares dos dados pessoais[72].

> A proteção da intimidade e da vida privada, como problema real, necessita ser efetiva na Internet. Na Rede, o usuário fornece dados de sua vida pessoal e estes são manejados ao gosto de empresas que estão na Internet e, até mesmo, de provedores. A utilização dos dados pessoais pode servir a variados fins, como marketing, políticos e até persecutórios,

---

REITO_2017_BARROS_CLARISSA.pdf?sequence=1&isAllowed=y/>. Acesso em 07 maio 2019.

72. Certamente não é enganoso dizer que com o fenômeno da "*big data*" há uma gama de expansão rápida e muito abrangente de informações tangentes às pessoas, estas as quais se tornam vezes tantas expostas em suas privacidade e intimidade, surgindo o debate extremamente importante em relação à proteção de dados pessoais, com principal destaque ao consentimento e todo o plexo subjacente dos seus pressupostos. Essa constatação não se dá no vácuo. Ocorre em um cenário no qual os indivíduos passam a ser rastreados e estudados - não sem um determinado propósito - a fim de captarem-se questões econômicas, culturais e todo o hábito de vivência das pessoas, diante da concorrência, disputas e interesses econômicos do mercado negocial-, já que a internet das coisas é o ambiente pelo qual, se não todas, mas a grande maioria das relações (máxime as de interesses econômicos) e interações estão ocorrendo. Nesse sentido, como se obtempera: "O Direito Digital tem o desafio de equilibrar a difícil relação existente entre interesse comercial, privacidade, responsabilidade e anonimato, gerada pelos novos veículos de comunicação. Esta equação só pode ser equilibrada se socialmente aceita e cobrada mediante procedimentos de vigilância e punibilidade que devem ser determinadas pelo próprio Direito Digital" (PINHEIRO, Patricia Peck. Direito Digital. 6ª ed. São Paulo: Saraiva, 2016, p. 94).

quando se vislumbra que o usuário faz parte de alguma minoria e ocorre a discriminação[73].

Emerge, assim, a noção de os usuários ganharem importância à medida que são os destinatários das normas de proteção. Para além disso, é imprescindível as suas manifestações de vontade para que ocorra a coleta e o tratamento de dados. Essas situações ocorrem porque a revolução da informática ocasionou o surgimento de novas transações. E, "em número crescente, de contratos eletrônicos, assim chamados os que utilizam a rede mundial de computadores, para aquisição ou utilização de produtos ou serviços, ofertados no meio virtual", consagrando-se a importância da transparência das empresas quando da oferta e prestação dos serviços[74].

Partindo-se desta imagem, dentro desse cenário tecnológico as crianças e adolescentes se encontram maravilhadas com as possibilidades que a internet oferta. No entanto, dentro desse mundo de tantas maravilhas, no estágio atual cresce o risco de serem violadas em suas integridades físicas e psíquicas, porque estão à mercê de um mundo de despersonalização das relações, cujas condutas além de negociais, se diferenciam das tradicionais. Assim, os atos de manifestação de vontade, "vê-se substituída por atos, dados e informações que não se materializam em suportes tangíveis [...]" em "uma realização inteiramente despersonalizada, geradora de efeitos jurídicos [...]"[75].

No ambiente eletrônico, toda pessoa e, principalmente, os seres humanos em desenvolvimento devem ter proteção de

73. VIEIRA, Sônia Aguiar do Amaral. Inviolabilidade da vida privada e da intimidade pelos meios eletrônicos. São Paulo: Juarez de Oliveira, 2002, p. 79.
74. LÔBO, Paulo. Direito Civil. Contratos. 3. ed. São Paulo: Saraiva, 2017, p. 33.
75. LÔBO, Paulo. Direito Civil. Op. cit., p. 34.

seus dados. Em tal contexto, a Lei Geral de Proteção de Dados traça as diretivas essenciais ao tratamento de dados pessoais de crianças e de adolescentes. Para a toda tarefa do controle dos infantes, consagrou-se forma ineludível que o tratamento de dados pessoais de crianças e de adolescentes deverá ser realizado em seu melhor interesse.

Por sua vez, a Lei não diz o que é criança e adolescente e, outrossim, não dá a noção do que seja o melhor interesse. Isso se dá porque já existe lei especial (Estatuto da Criança e do Adolescente (Lei nº 8.069, de 13 de julho de 1990) tratando dessa matéria de interesse jurídico relevante, pelo que, antes de se adentrar no tratamento de dados, torna-se imprescindível uma abordagem interdisciplinar.

Aliás, mais que isso, um diálogo das fontes[76] a partir de acordos dialogais de coerência, complementaridade ou subsi-

76. "A tese do diálogo das fontes foi desenvolvida na Alemanha por Erik Jayme, professor da Universidade de Helderberg, trazida ao Brasil por Claudia Lima Marques, da Universidade Federal do Rio Grande do Sul. A essência da teoria é que as normas jurídicas não se excluem - supostamente porque pertencentes a ramos jurídicos distintos -, mas se complementam. Como se pode perceber há nesse marco teórico, do mesmo modo, a premissa de uma visão unitária do ordenamento jurídico. A primeira justificativa que pode surgir para a sua aplicação refere-se à sua funcionalidade. É cediço que vivemos um momento de explosão de leis, um "Big Bang legislativo", como simbolizou Ricardo Lorenzetti (os fundamentos e referenciais teóricos do jurista argentino constam em: LORENZETTI, Ricardo Luís. Teoria da decisão judicial. Trad. Bruno Miragem. Com notas e revisão de Claudia Lima Marques. São Paulo: RT, 2009.) O mundo pós-moderno e globalizado, complexo e abundante por natureza, convive com uma quantidade enorme de normas jurídicas, a deixar o aplicador do Direito até desnorteado. Convive-se com a era da desordem, conforme expõe o mesmo Lorenzetti. O diálogo das fontes serve como leme nessa tempestade de complexidade. Relativamente às razões filosóficas e sociais da aplicação da tese, Claudia Lima Marques ensina que: "Segundo Erik Jayme, as características da cultura

diariedade e influências recíprocas sistemáticas, permitindo um fio condutor de entendimento para todo o âmbito de proteção de crianças e adolescentes como seres em desenvolvimento, no cenário da proteção de dados.

Sem embargo de todas essas ponderações, o primeiro fundamento é o constitucional, dispondo o art. 227 da Constituição Federal de 1988 ser dever da família, da sociedade e do Estado assegurar à criança, ao adolescente e ao jovem, com absoluta prioridade, o direito à vida, à saúde, à alimentação, à educação, ao lazer, à profissionalização, à cultura, à dignidade, ao respeito, à liberdade e à convivência familiar e comunitária.

Com isso, além de colocá-los a salvo de toda forma de negligência, discriminação, exploração, violência, crueldade e opressão, se estabelece a necessidade de controles sempre rígidos, já que "a segurança da informação sempre encontrou uma barreira natural

---

pós-moderna no direito seriam o pluralismo, a comunicação, a narração, o que Jayme denomina de 'le retour des sentiments', sendo o Leitmotiv da pós-modernidade a valorização dos direitos humanos . Para Jayme, o direito corno parte da cultura dos povos muda com a crise da pós-modernidade. O pluralismo manifesta-se na multiplicidade de fontes legislativas a regular o mesmo fato, com a descodificação ou a implosão dos sistemas genéricos normativos (Zersplieterung), manifesta-se no pluralismo de sujeitos a proteger, por vezes difusos, como o grupo de consumidores ou os que se beneficiam da proteção do meio ambiente, na pluralidade de agentes ativos de uma mesma relação, como os fornecedores que se organizam em cadeia e em relações extremamente despersonalizadas. Pluralismo também na filosofia aceita atualmente, onde o diálogo é que legitima o consenso, onde os valores e princípios têm sempre uma dupla função, o 'doublecoding ', e onde os valores são muitas vezes antinômicos. Pluralismo nos direitos assegurados, nos direitos à diferença e ao tratamento diferenciado aos privilégios dos 'espaços de excelência' (Vide: MARQUES, Claudia Lima. Comentários ao Código de Defesa do Consumidor. São Paulo, RT, 2007, p. 24; TARTUCE, Flávio. Manuel de Direito Civil, 2016, p. 65-67).

na privacidade"[77], sendo preciso reconciliar de um lado a ação dos infantes e de outro lado quem realizar o tratamento dos dados.

Enfrentando isso, o "princípio da absoluta prioridade ou do superior interesse: cuida-se de princípio autônomo, encontrando respaldo no art. 227, caput, da Constituição Federal, significando que, à frente dos adultos, estão crianças e adolescentes". Também, têm "direito à vida, à integridade física, à saúde, à segurança etc., mas os infantes e jovens precisam ser tratados em primeiríssimo lugar (seria em primeiro lugar, fosse apenas prioridade; porém, a absoluta prioridade é uma ênfase), em todos os aspectos [...]"[78].

Com a aplicação desses controles, necessitam ser o eixo primordial do Poder Executivo quanto à destinação de verbas para a ajuda da família e ao menor em situação de vulnerabilidade; carecedores de leis sancionadas com prioridade total, em seu benefício, bem como de processos céleres, juízes comprometidos e uma sociedade ciente da importância dos infantes para o futuro da humanidade[79-80].

A abordagem de crianças e adolescentes, dependendo de um tratamento legal adequado, mostra-se como situação delicada. Partindo deste cenário, o estágio atual pode ser descrito como

---

77. PINHEIRO, Patricia Peck. Direito Digital. 6ª ed. São Paulo: Saraiva, 2016, p. 481.
78. NUCCI, Guilherme de Souza Nucci. Estatuto da Criança e do Adolescente Comentado: em busca da Constituição Federal das Crianças e dos Adolescentes. Rio de Janeiro: Forense, 2014, p. 1-29.
79. Idem.
80. Há de se lembrar que, em arremate, pelas conceituações legais, considera-se criança, para os efeitos da lei, a pessoa até 12 (doze) anos de idade incompletos, e o adolescente aquele entre 12 (doze) e 18 (dezoito) anos de idade, sendo certo que, nos casos expressos em lei, aplica-se, excepcionalmente, este estatuto às pessoas entre 18 (dezoito) e 21(vinte e um) anos de idade.

um momento pelo qual "a proteção da intimidade e da vida privada, como problema real, necessita ser efetiva na Internet [...], o usuário fornece dados de sua vida pessoal e estes são manejados ao gosto de empresas que estão na Internet [...]"[81].

Procurando fugir às incertezas, os infantes não estão fora desses problemas que derivam de modelos instáveis de vivência e coordenação das relações sociais. Com efeito, é significativa uma análise que não se abstraia de tal forma que se distancie do mundo empírico e das reais necessidades de um despertar da consciência para seres que estão em desenvolvimento, quando em jogo estão a abordagem da proteção de dados e o tratamento de dados sensíveis[82].

81. VIEIRA, Sônia Aguiar do Amaral. Inviolabilidade da vida privada e da intimidade pelos meios eletrônicos. São Paulo: Juarez de Oliveira, 2002, p. 79.
82. Galileu possibilitou o conhecimento do mundo objetivo, empregando um método que se tornou o modelo de racionalidade nos tempos modernos. Mas, segundo Husserl, a objetivação da natureza, obtida por Galileu, não conduz ao ser das coisas e, assim, a objetividades ideais. A natureza idealizada passou a substituir a natureza pré-científica. A matematização da natureza violentou o ser natural. De acordo com Husserl, as ciências positivas são ingênuas enquanto pré fenomenológicas como a vida cotidiana é ingênua. Viver consiste em comprometer-se com o mundo que nos dá a experiência através do pensar. Mas viver é também agir e valorar. Enquanto toda a ciência é, de certa forma uma ciência do ser no mundo, – do ser perdido no mundo, só a fenomenologia, através da análise radical da intencionalidade, poderá ser a ciência das ciências, justamente por – perder o mundo⊠ através da redução fenomenológica para encontrá-lo pela análise da intencionalidade da consciência. Para isso é preciso passar de uma atitude ingênua a uma atitude transcendental na qual a consciência constitui o mundo como fenômeno puro (HUSSERL, Edmund. A Crise da Humanidade Européia e a Filosofia. Introdução e tradução de Urbano Zilles. 2ª ed. Coleção Filosofia 41. Porto Alegre: EDIPUCRS, 2002, p. 19).

3. A Lei Geral de Proteção de Dados Pessoais, o tratamento dos dados sensíveis e a tutela de crianças e adolescentes

As considerações anteriores sublinharam aspectos de um conteúdo substancial sobre uma normatização importante dos aspectos dos dados de crianças e adolescentes. Pôs em destaque a importância de conceitos básicos, tais como o melhor interesse da criança e adolescente. Deu um norte a aspectos de reputada importância dos dados pessoais. Tal abordagem serviu como aporte teórico para que, a partir de agora, possa ser abordado o tratamento de dados pessoais sensíveis para se adentrar, logicamente, no tratamento de dados pessoais de crianças e de adolescentes.

A tudo isso se acrescente que em um olhar à forma gramatical e semântica, o legislador, ao trazer determinados termos, traça as premissas básicas quando dispõe, em determinadas conceitos, da explicitação do que venha a ser dado pessoal, o dado pessoal sensível, o dado anonimizado, banco de dados, titular, etc. Isso é uma forma de aplicação prática e finalística do conteúdo normativo que possibilita as balizas lógicas de concretização de todo o plexo de normatividade[83].

83. Por meio dos artigos 4.º, 13, 14 e 15, artigo 9.º da LGPD e considerados os arts. 51 a 56 do GPDR, os seguintes dados pessoais são considerados sensíveis e estão sujeitos a condições de tratamento específicas: dados pessoais que revelem a origem racial ou étnica, opiniões políticas e convicções religiosas ou filosóficas; filiação sindical; dados genéticos, dados biométricos tratados simplesmente para identificar um ser humano; dados relacionados com a saúde; dados relativos à vida sexual ou orientação sexual da pessoa (vide: General Data Protection Regulation (GDPR). Disponível: em: < https://gdpr-info.eu/art-1-gdpr/>. Acesso em 10 maio 2019 e BRASIL. Lei nº 13.709 de 14 de Agosto de 2018. Dispõe sobre a proteção de dados pessoais e altera a Lei nº 12.965, de 23 de abril de 2014 (Marco Civil da Internet). Brasília, DF,

Conceituar, como ponto de partida, o que seja dado pessoal é relevante para que seja possível desenvolver outros pontos afetos ao tema. Porém, "a intelecção do conceito de dado pessoal e, por conseguinte, das estratégias possíveis para a sua definição é algo fluído [...]"[84]. E há quem sustente ser os dados "quaisquer informações sobre o sujeito [...] que permitem identificá-lo naquele momento ou posteriormente [...][85]".

> Os pontos mais relevantes envolvem, primeiramente, a delimitação clara da distinção entre dados pessoais de natureza cadastral (ligados à identificação do indivíduo), dados sensíveis (relacionados às questões mais intimas protegidas pela Constituição Federal como origem étnica,

---

2018. Disponível em: < http://www.planalto.gov.br/ccivil_03/_Ato2015--2018/2018/Lei/L13709.htm>. Acesso em: 18 de maio de 2019.

84. BIONI, Bruno Ricardo. Proteção de dados pessoais: a função e os limites do consentimento. Rio de Janeiro: Forense, 2019, p. 69. Ainda uma forma interessante de análise calcada na teoria alemã das esferas é aquela pela qual "os dados pessoais podem ser classificados em três espécies: não sensíveis; sensíveis, e de tratamento proibido [...]. Os dados não sensíveis podem ser coletados e armazenados sem prévio consentimento do seu titular ou representante [...]. Os dados sensíveis – por se referirem a aspectos mais íntimos do indivíduo como, por exemplo, à origem racial ou étnica, às opiniões políticas, às convicções religiosas ou filosóficas [...]. Os dados de tratamento proibido merecem total e absoluta proteção, devendo existir vedação lega de seu tratamento, por se referirem a aspectos relacionados à dignidade humana de seu titular [...]" (VIEIRA, Tatiana Malta. O direito à privacidade na sociedade da informação: efetividade desse direito fundamental diante dos avanços da tecnologia da informação. Porto Alegre: Sergio Antonio Fabris, 2007, p. 256). Por fim, quanto aos dados de tratamento proibido, não há menção na Lei brasileira de Proteção de Dados, porém é notadamente aplicável quando não exista, por exemplo, ao invés de uma impossibilidade absoluta, mas no sentido de que não ocorra razoabilidade e necessidade para tratamento de dados dessa estirpe.

85. SAUAIA, Hugo Moreira Lima. A proteção de dados pessoais no Brasil. Rio de Janeiro: Lumen Juris, 2018, p. 32.

racial, a orientação política, sexual, as convicções religiosas, filosóficas e morais, os dados genéticos e de saúde) e os dados anônimos ou anonimizados (cujo elemento de identificação foi removido ou está ausente)[86].

Identificadas as crianças e adolescentes, surgirão grandes desafios no cumprimento do estabelecimento de um rol de regras jurídicas, na própria Lei Geral de Proteção de Dados, para um ponto de partida interpretativo. Como parâmetro norteador de qualquer atuação, é preciso ter em vista que mesmo que haja a cultura de que sempre se partirá dos arquétipos legais,[87] para se "[...] justificar uma decisão [...] significando algo mais que efetuar uma operação dedutiva que consiste em extrair uma conclusão a partir de premissas normativas e fáticas"[88], diante da dinâmica do próprio ambiente virtual.

---

86. PINHEIRO, Patricia Peck. Direito Digital. op. cit., p. 485.
87. Mesmo porque, "interpretar é exercer uma função mediadora, através da qual, o interprete compreende o sentido de um texto que se lhe apresenta como problemático". Nesse sentido, a conclusão do intérprete não se trata de uma dedução silogística, tratando-se, em verdade, de uma decisão ou mesmo a escolha dentre um arcabouço interpretativo, de possibilidades diferentes de se interpretar. (ANDRADE, Christiano José de. O problema dos métodos da interpretação jurídica. São Paulo: Revista dos Tribunais, 1992, p. 9).
88. ATIENZA, Manuel. As Razões do Direito: teorias da argumentação jurídica - Perelman, Viehweg, Alexy, Mac Cormick e outros. 3ª ed. São Paulo: Editora Landy, 2006, p. 22. Acredita-se que a complexidade atinente ao mundo digital não se adéqua estritamente em análise de perspectivas estritamente positivistas de subsunção. A partir da crítica ao formalismo lógico da Escola de Exegese à elaboração das teorias tópico-retóricas de precursores da atual teoria da argumentação jurídica, chega-se a um frutífero entendimento de que "a ética retórica fornece a base filosófica para uma teoria da dogmática jurídica, concentrada sobretudo no direito posto" (adeodato, joão Maurício. Ética e Retórica: para uma teoria da dogmática jurídica. São Paulo: Saraiva, 2002, p. 196). No ocidente há, então, um confronto que paira "em uma pluralidade de concepções e perspectivas que resistem aos universalismos axiológicos e demandam teorias de legitimação do direito", que o jusnatura-

Passando-se pela tríade Realeana de fato, valor e norma, "o Direito Digital atua dentro destes conceitos, mas introduz um quarto elemento na equação: o Tempo"[89]. Claramente, isso decorre porque para fins do exercício hermenêutico preservando-se a estrutura da Lei de proteção de dados, deve sempre ser considerada a dinamicidade das relações que podem ocorrer no

---

lismo e o juspositivismo" não deram conta de resolver, sendo reconhecido a tópica ou às formas de pensar problemática como mais consentâneas com o caso concreto. (adeodato, joão Maurício. Ética e Retórica: para uma teoria da dogmática jurídica. São Paulo: Saraiva, 2002, p. 199).

89. Sem desprezar a importância do positivismo para a evolução da ciência jurídica, ligado à corrente do positivismo normativista, Kelsen "procurava depurar seu objeto de elementos de outras ciências (como a sociologia, a filosofia), bem como a política e, em certa medida, até da própria realidade". BARROSO, Luís Roberto. Curso de Direito Constitucional Contemporâneo: os conceitos fundamentais e a construção do novo modelo. São Paulo: Saraiva, 2009, p. 79). Segundo Hans-Kelsen: "Se o Direito é concebido como uma ordem normativa, como um sistema de normas que regulam a conduta de homens [...] Do fato de algo ser não pode seguir-se que algo deve ser; assim como do fato de algo dever ser se não pode seguir que algo é. O fundamento de validade de uma norma apenas pode ser a validade de uma outra norma. Uma norma que representa o fundamento de validade de uma outra norma é figurativamente designada como norma superior, por confronto com uma norma que é, em relação a ela, a norma inferior (KELSEN, Hans. Teoria pura do Direito. Trad. de João Baptista Machado. 6ª ed. 3ª tiragem. Martins Fontes. São Paulo, 1999, p. 135). Por isso, Miguel Reale desenvolve uma teoria tridimensional de fato, valor e norma, possibilitando a relevância do processo cultural na formação do ser humano e a cultura é "o conjunto de tudo aquilo que, nos planos material e espiritual, o homem constrói sobre a base da natureza, quer para modificá-la, quer para modificar a si mesmo" (2001, p. 24). Portanto, o ser humano não está só no mundo para viver de modo indiferente, sem horizontes e sem fins. E viver é uma escolha de fins a se realizar. Todo homem tem, mesmo que em graus diferentes, tais objetivos. O mundo da cultura pode ser caracterizado basicamente com a conceituação de fins, uma vez que a cultura existe graças ao homem, que no anseio de realizações de suas metas transforma aquilo que lhe é dado (REALE, Miguel. Lições Preliminares do Direito. 25ª ed. São Paulo: Saraiva, 2001, p. 24).

âmbito digital e das reais problemáticas ao se abordar a tutela de crianças e adolescentes, considerando os múltiplos ciclos que demarcam a pós-modernidade ou sociedade demarcada por uma fluidez relacional.

Não se ignora que, embora a Lei quanto a determinados aspectos trate de forma expressa quais são, por exemplo, os dados sensíveis e não sensíveis entre tantos outras conceituações, ainda, e bem se sabe, que o ordenamento jurídico brasileiro é um sistema aberto, baseado em cláusulas gerais e conteúdo jurídico indeterminado, para as relações contidas juridicamente que dão sempre certa margem de interpretação ao julgador[90].

Mas, uma vez compreendido esses novos paradigmas da proteção de dados, diante da relevância do tratamento de dados pessoais de crianças e adolescentes, o consentimento assume pressuposto necessário e inderrogável para que seja realizado o tratamento de dados sensíveis como pressuposto até mesmo de validade de todo um plexo de ação.

Assim, a Lei Geral de Proteção de Dados[91] pontua a forma pelo qual o tratamento poderá ocorrer, bem como estabelece

---

90. Nas cláusulas gerais a formulação da hipótese legal é procedida mediante o emprego de conceitos cujos termos têm significado intencionalmente vago e aberto, os chamados 'conceitos jurídicos indeterminados'. Por vezes - e aí encontraremos as cláusulas gerais propriamente ditas -, o seu enunciado, ao invés de traçar punctualmente a hipótese e as consequências, é desenhado como uma vaga moldura, permitindo, pela vagueza semântica que caracteriza os seus termos, a incorporação de princípios e máximas de conduta originalmente estrangeiros ao cor pus codificado, do que resulta, mediante a atividade de concreção destes princípios, diretrizes e máximas de conduta, a constante formulação de novas normas (TARTUCE, Flávio. Manual de Direito Civil. 6ª ed. Rio de Janeiro: Forense; São Paulo: Método, 2016, p. 48-51).

91. "Art. 11. O tratamento de dados pessoais sensíveis somente poderá ocorrer nas seguintes hipóteses: I - quando o titular ou seu responsável legal consentir, de forma específica e destacada, para finalidades específicas; II - sem fornecimento

as exceções por via das quais há a dispensa do consentimento, sendo, todavia, obrigado o controlador divulgar de forma pública toda essa situação e, ainda, assim, existe um arcabouço de exceções, cujas previsões são sempre no sentido de que em determinadas situações fáticas, sempre devem prevalecer os direitos e liberdades fundamentais do titular que exijam a proteção de dados. Principalmente porque os infantes devem ser tratados em absoluta prioridade e em seus melhores interesses, dado a demarcação de um período que tais pessoas estão em desenvolvimento[92].

Nessa linha de intelecção, "os dados pessoais sensíveis merecem o tratamento especial haja vista que em algumas

de consentimento do titular, nas hipóteses em que for indispensável para: a) cumprimento de obrigação legal ou regulatória pelo controlador; b) tratamento compartilhado de dados necessários à execução, pela administração pública, de políticas públicas previstas em leis ou regulamentos; c) realização de estudos por órgão de pesquisa, garantida, sempre que possível, a anonimização dos dados pessoais sensíveis; d) exercício regular de direitos, inclusive em contrato e em processo judicial, administrativo e arbitral, este último nos termos da Lei nº 9.307, de 23 de setembro de 1996 (Lei de Arbitragem) ; e) proteção da vida ou da incolumidade física do titular ou de terceiro; f) tutela da saúde, em procedimento realizado por profissionais da área da saúde ou por entidades sanitárias; ou g) garantia da prevenção à fraude e à segurança do titular, nos processos de identificação e autenticação de cadastro em sistemas eletrônicos, resguardados os direitos mencionados no art. 9º desta Lei e exceto no caso de prevalecerem direitos e liberdades fundamentais do titular que exijam a proteção dos dados pessoais [...]."

92. Na formação educacional dirigida à educação digital há grandes desafios. Tais como a formação da cidadania e o processo democrático em dada sociedade. Não basta a garantia de uma boa educação, não basta considerar meramente a educação como possibilidade e, via de consequência, para que as relações democráticas entre as pessoas realizem-se, "é necessário promover ações e situações em que as pessoas não sejam, de fato, prejudicadas e discriminadas por causa de suas peculiaridades" (SEVERINO, Antônio Joaquim. Filosofia da educação: Construindo a cidadania. São Paulo: FDT, 1994, p. 99).

situações a sua utilização mostra-se indispensável, porém o cuidado, o respeito e a segurança com tais informações devem ser assegurados"[93]. Sem contar, ainda, a natureza intrínseca dos dados dos infantes, e em havendo violação haverá seriamente riscos de grande significância em relação aos direitos e às liberdades fundamentais da criança e do adolescente.

Necessário se faz, de fato, operar de forma mais específica no tratamento de dados dos infantes. Porém, ao entrar em cena os dados anonimizados, além de estes não serão considerados dados pessoais, salvo quando o processo de anonimização ao qual foram submetidos for revertido, utilizando exclusivamente meios próprios, ou quando, com esforços razoáveis, puder ser revertido.

Já se vê que, em uma análise sistemática, abordar a tutela de crianças e adolescentes não envolve apenas uma seção, e isso se tona claro quando há uma leitura dinâmica da legislação como um todo.

Entretanto existe o risco de tais previsões destacadas gerarem, em verdade, uma abertura subjetiva e comprometedora à segurança jurídica. Há estudo realizado por um grupo de pesquisadores do *Media Lab* do Instituto Tecnológico de Massachusetts (MIT) apontando que por meio "da criação de alguns algoritmos matemáticos, é possível identificar uma pessoa baseando-se em seus hábitos de compra"[94], encontrando-se, nessa situação, uma potencial vulnerabilidade das crianças e adolescentes.

---

93. PINHEIRO, Patricia Peck. Proteção de Dados Pessoais: Comentários à Lei n. 13.709/2018 LGPD (Locais-posição do Kindle 950). Saraiva Educação, 2018, n.p.
94. PINHEIRO, Patricia Peck, Proteção de Dados Pessoais: Comentários à Lei n. 13.709/2018 LGPD. (Locais-posição do Kindle 937). Saraiva Educação, 2018.

Em tal sentido, diante da absoluta prioridade de ações direcionadas aos infantes, torna-se importante ressaltar, mais ainda, que a metodologia utilizada pela instituição tal como a forma de anonimização seja sempre cautelosa e preze por segurança, evitando o risco de responsabilização futura. Não há dúvida, portanto, que seria necessário partir para uma evolução do uso de soluções para evitar pontos de incerteza e obscuridade na aplicação de soluções[95].

Hoje, com todos os avanços e os desafios que envolvem crianças e adolescentes, é fato que, nesse mundo de dinamicidade e transformação, o dado pessoal como informação relacionada à pessoa natural identificada ou identificável assume contornos cada vez mais desafiadores. Por sua vez "ao se valer da tecnologia do *Big Data*, não se devem estabelecer correlações ou análises preditivas que fogem às legitimas expectativas de privacidade do titular dos dados pessoais"[96].

Ainda, não se pode descuidar o aumento exponencial de usuários, bem como o número de notícias e ocorrências de violações de crianças e adolescentes[97]. Tal questão é especial-

---

95. PINHEIRO, Patricia Peck. Proteção de Dados Pessoais: Comentários à Lei n. 13.709/2018 LGPD. (Locais-posição do Kindle 950). Saraiva Educação, 2018.

96. BIONI, Bruno Ricardo. Proteção de dados pessoais: a função e os limites do consentimento. Rio de Janeiro: Forense, 2019, p. 246.

97. Ademais pode se destacar o seguinte: "Sob todos os aspectos, os números que envolvam a Internet, são crescentes. Cresce o número de usuários, cresce o número de pessoas que praticam comércio eletrônico e crescem os investimentos na Internet em geral. De outra parte. Cresce, de forma avassaladora, o número de notícias e ocorrências referentes à divulgação de fotos pornográficas envolvendo crianças e jovens na Internet" (DAOUN, Alexandre Jean. Pornografia Infantil na Internet: redundância legislativa: prática condenável. *In:* KAMINSKI, Omar (coord.). Internet Legal: O direito na Tecnologia da Informação. 1ª ed. (2003). 4ª tiragem. Curitiba: Juruá, 2006, p. 117).

mente importante porque trata das hipóteses em que, a partir de dados não sensíveis, é possível se chegar a dados pessoais sensíveis. O fundamental, portanto, será analisar a capacidade que cada dado tem de revelar aspectos sensíveis das pessoas[98].

É importante destacar que, por meio da inteligência artificial, cada vez mais é possível inferir dados sensíveis a partir de dados não sensíveis, relacionados a interações no mundo real ou no mundo virtual, sendo tais inferências utilizadas para a classificação das pessoas em determinados perfis. É inequívoco que sempre os perfis de crianças e adolescentes sempre retratarão aspectos da personalidade ou do comportamento do usuário. Por isso, a importância da Lei Geral de Proteção de Dados (Lei nº 13.709/2018) para a tutela dos infantes.

Com o desenvolvimento e aperfeiçoamento da informática, criam-se hábitos negativos diante da facilidade que a informática fornece, servindo como forma de propiciar pelos meios informáticos o ocultamento de identidade, bem como há, ainda, o fato de outros usuários sentirem-se protegidos por conta do anonimato[99]. Entretanto, quando se trata de dados pessoais de crianças e adolescentes, a Lei deve ser mais restrita e exigente quanto à justificativa e a forma do tratamento.

Em grandes linhas, pode dizer-se que, nesta etapa, centra-se a análise, como as crianças podem não compreender

---

98. FRAZÃO, Ana. Nova LGPD: tratamento dos dados de crianças e adolescentes, Brasil, 16 de out. de 2018. Disponível em: < https://www.ab2l.org.br/nova-lgpd-tratamento-dos-dados-de-criancas-e-adolescentes/>. Acesso em: 19 de abr. de 2019.

99. DAOUN, Alexandre Jean. Pornografia Infantil na Internet: redundância legislativa: prática condenável. *In:* KAMINSKI, Omar (coord.). Internet Legal: O direito na Tecnologia da Informação. 1ª ed. (2003). 4ª tiragem. Curitiba: Juruá, 2006, p. 117-118.

completamente as consequências do tratamento de seus dados. A Lei Geral de Proteção de Dados (Lei nº 13.709/2018) determina que esse tratamento seja realizado em seu melhor interesse, e impõe limitações para protegê-las de abusos, considerando a captura de dados, pelo qual o desfrutador fornece ou tem os seus dados captados[100], pois "desde que o mundo é mundo, a libertinagem ligada à infância e juventude sempre existiu"[101].

Nessa ampla seara, impossível não verificar que "[...] a internet tem muitas peculiaridades que a fazem ser uma excelente fonte de pesquisa, útil para troca de informações, como forma de comunicação e aquisição de produtos e serviços [...]", por outro lado, "[...] a privacidade na internet pode ser violada com facilidade por causa da indiscriminada captação de dados, que enseja a formação de um perfil de usuário e que acarreta a comercialização desses dados"[102].

Em qualquer acontecimento, segundo a Lei Geral de Proteção de Dados (Lei nº 13.709/2018), o tratamento de dados de crianças e adolescentes deverá ser realizado (i) no melhor interesse da criança ou adolescente (art. 14, caput), (ii) mediante o consentimento específico e em destaque dado por pelo menos um dos pais ou pelo responsável legal (art. 14, §1º) e (iii) de acordo com a obrigação que os controladores têm de manter pública a informação sobre os tipos de dados

100. Tarcísio Teixeira ao abordar a captação de dados assevera que há pode ser divida em duas formas: [...] 1) mediante o fornecimento pelo usuário dos seus dados, quando do preenchimento de formulários em *sites*, ou 2) por meio de captação dos cookies [...]" (TEIXEIRA, Tarcísio. Curso de direito e processo eletrônico: doutrina, jurisprudência e prática. 2ª ed. atual. e ampl. São Paulo: Saraiva, 2014, p. 36).

101. DAOUN, Alexandre Jean, op. cit., p. 117-118.

102. TEIXEIRA, Tarcísio, op. cit., p. 35.

coletados, a forma de sua utilização e os procedimentos para o exercício dos direitos do titular (art. 14, § 2º).

Ciente da importância cada vez maior da internet na vida das crianças e dos adolescentes, o controlador deve realizar todos os esforços razoáveis para verificar que o consentimento foi dado pelo responsável pela criança, consideradas as tecnologias disponíveis. Impõe-se aos controladores o devido dever de cuidado, a ser analisado no contexto das tecnologias disponíveis e dos meios razoáveis para tanto.

Há que ser sopesado diversos interesses jurídicos: o direito a autodeterminação à informação cujo "o poder de acesso e controle dos próprios dados pessoais e o direito de selecionar o que cada indivíduo quer expor de si mesmo aos outros através da manifestação do consentimento"[103].

Lado outro, "as situações em que realmente deve-se exigir o consentimento, que significa receber a concordância expressa para o uso dos dados através de uma manifestação livre e positiva de vontade"[104]. Interessante notar que a Lei dispõe sobre dados pessoais de crianças e adolescentes, afirmando que apenas na hipótese de tratamento de dados de criança é que será solicitado o consentimento dos pais e/ou responsáveis.

Tanto que os controladores não deverão condicionar a participação dos titulares em jogos, aplicações de internet, outras atividades de serviços ou produtos ou o fornecimento de informações pessoais além das estritamente necessárias à atividade. Portanto, caso haja o desrespeito a tal previsão, o

103. PAESANI, Liliana Minardi. Direito e Internet: liberdade de informação, privacidade e responsabilidade civil.7ª ed. São Paulo: Editora Atlas, 2014, p. 35.

104. PINHEIRO, Patricia Peck. Direito Digital. op. cit., p. 486.

tratamento deve ser considerado abusivo, mesmo tendo havido o consentimento de pelo menos um dos pais ou do responsável legal pela criança ou adolescente. Há, também, uma nítida preocupação se o consentimento ocorreu realmente por um dos pais ou responsável legal.

Essa situação conduz, então, que, crianças e adolescentes, "[...] navega na Rede, encontra a Ágora informática e observa a transformação completa ocorrida no meio de comércio até então conhecido", chamada hodiernamente de e-commerce ou comércio eletrônico, distanciando-se daquelas formas de outrora[105].

Nesse palmilhar, além das regras já existentes sobre os deveres de transparência e informação, as informações sobre o tratamento de dados deverão ser fornecidas de maneira simples, clara e acessível, consideradas as características físico-motoras, perceptivas, sensoriais, intelectuais e mentais do usuário, com uso de recursos audiovisuais quando adequado, de forma a proporcionar a informação necessária aos pais ou ao responsável legal e adequada ao entendimento da criança.

Outra premissa importante e como mecanismo de segurança aos infantes, deve também ser delineada: "o registro e a guarda de logs de acesso à Internet e de navegação dos usuários ainda são necessários. Essa afirmação é uma realidade principalmente para as empresas que provêm serviços de aplicação na grande rede por um grande e importante motivo:" a estrutura negocial está calcada na monetização de dados dos seus usuários[106].

---

105. VIEIRA, Sônia Aguiar do Amaral. Inviolabilidade da vida privada e da intimidade pelos meios eletrônicos. São Paulo: Juarez de Oliveira, 2002, p. 50.

106. MONTEIRO, Renato Leite. Da proteção aos registros, aos dados pessoais e às comunicações privadas. *In*: MASSO, Fabiano Del; ABRUSIO, Juliana;

Num degrau além dessa seara, não se pode esquecer a responsabilidade dos pais, os quais exercem o poder familiar na sociedade de informação, devendo ser os defensores legais e protetores dos infantes, não se tratando de mera discricionariedade, mas de um dever, buscando em conjunto com toda a sociedade a observância da proteção integral, a absoluta prioridade e a busca do melhor interesse das crianças e adolescentes, no dever de educar os infantes, para um adequado exercício do poder familiar, na busca da observância do direito à intimidade, liberdade e vida privada desses que manuseiam a internet em face dos perigos existentes[107].

Por fim, ao se enfrentar os desafios relativos à proteção das crianças e dos adolescentes, no paradigma subjacente do tratamento de dados, não se pode deixar de destacar os aspectos elementares da dialética entre a existência humana, o fenômeno do tempo e, outrossim, as diversas complexidades determinantes e dotadas de repercussões jurídicas dentro do espaço cibernético, bem como as problemáticas que pairam sobre o titular, sendo todos estes fatores determinantes, pois "merecem atenção quanto à amplitude de proteção do direito à privacidade", considerando a elasticidade e variabilidade de tais garantias[108].

FLORÊNCIO FILHO, Marco Aurélio. (coord.). Marco Civil da Internet: Lei 12.965/2014. São Paulo: Revista dos Tribunais, 2014, p. 139.

107. CAVALCANTI, Ana Elizabeth Lapa Wanderley. O exercício do poder familiar e a sociedade da informação. In: PAESANI, Liliana Minardi (coord.). O Direito na Sociedade da Informação II. São Paulo: Atlas, 2009, p. 89/97.

108. VIEIRA, Tatiana Malta. O direito à privacidade na sociedade da informação: efetividade desse direito fundamental diante dos avanços da tecnologia da informação. Porto Alegre: Sergio Antonio Fabris, 2007, p. 151.

4. Conclusões

No captar de transformações pelas quais caminha o Direito Digital, é importante compreender as tensões pelas quais estão presentes os sujeitos titulares de direitos subjetivos e interesses jurídicos delineados pelo ordenamento jurídico para tutelar a figura jurídica dos usuários infantes diante de situações jurídicas dinâmicas envoltas à proteção de dados pessoais de seres humanos em desenvolvimento.

As crianças e adolescentes se conectam muito além do seu âmbito de vivência e, nessa linha, atingem o mundo inteiro, acessando, adquirindo e transmitindo dados e, nesse processo dialógico de aprendizados constantes, ao angariarem e construírem novas formas de vivência, certamente elas ampliam os horizontes de infinitas possibilidades.

Sob essa visão, diante da potencial captura, tratamento e manuseamento de dados, a Lei Geral de Proteção de Dados (Lei nº 13.709/2018), nessa premissa que instiga a proteção de seres em desenvolvimento, dispôs sobre as crianças e adolescentes, cujos dados podem ser classificados dentro de uma categoria relevante de tutela, exigindo-se um cuidado singular.

Daí a razão de o ambiente virtual, para além de ter adentrado nas novas configurações sociais, faz parte cotidiano da sociedade, possibilitando-se a premissa de que com sua a expansão há a presença da "Iot" em tudo, e, não poderia ser diferente, no âmbito de vivência dos infantes, que, certamente, estão sujeitos a diversas vulnerabilidades transitando em meio eletrônico.

Torna-se relevante a inspeção da incorporação e criação de mecanismos de regulação e proteção dos dados pessoais daqueles que utilizam tais serviços, compras ou realizam qualquer tipo de transação on-line envolvendo o fornecimento de informações pessoais, considerando haver a regulação e encadeamento dos aspectos essenciais configuradores das condutas humanas, estipulando deveres, ônus e sujeições, bem como a atenção constante dos responsáveis legais.

Mirada na sociedade contemporânea, a garantia da proteção dos direitos dos titulares infantes dos dados pessoais é pautada na indicação de princípios relativos ao tratamento de dados pessoais, cuja ação deve respeitar os limites dos direitos fundamentais, bem como uma lição importante de que as transformações devem ser utilizadas à favor dos seres humanos, e não como armas de aniquilação da integridade psicofísica dos infantes.

Em uma sociedade de massa e tão homogênea, é deveras fundamental o dever de informação e transparência, os quais são imprescindíveis para todas as hipóteses e situações jurídicas de tratamento de dados, mas, ainda, precisam se adequar à capacidade de compreensão das crianças e dos adolescentes, inclusive com a utilização de recursos audiovisuais.

Com a consciência destas inter-relações, as plataformas, que possuem crianças e adolescentes como público alvo e as aceitam, não poderão ter acesso a informações pessoais, incluindo nome, data de nascimento e localização, sem que haja uma permissão clara de seus representantes legais e, ainda, sempre que haver justificativa plausível para tanto.

Da dicção legal, bem se vê a conformação de responsabilidade do controlador da plataforma para realizar todos os esforços razoáveis para trazer segurança aos envolvidos e para verificar se o consentimento de fato foi fornecido por um dos pais ou responsável pela criança, considerando as tecnologias disponíveis.

Em sendo assim, a Lei Geral de Proteção de Dados a partir de seus pilares fundamentais, tem no consentimento a ancora de um transitar jurídico que possibilite a concretização de um ordenamento jurídico que tem como fundamento a dignidade humana, e uma preocupação a todo o processo de formação de crianças e adolescentes que formatam os rumos da presente e as vindouras gerações.

5. Referências bibliográficas

ADEODATO, João Maurício. *Ética e Retórica: para uma teoria da dogmática jurídica.* São Paulo: Saraiva, 2002.

ALMEIDA, Custódio Luís Silva de. *Hermenêutica filosófica: nas trilhas de Hans-Georg Gadamer.* Porto Alegre: EDIPUCRS, 2000.

AMARAL, Ana Cláudia Corrêa Zuin Mattos do Amaral; SANTOS; Valter da Costa. Direito ao esquecimento da pessoa transexual. Revista Interdisciplinar de Direitos Humanos, São Paulo, v. 7, n. 2, p. 219-220, jul./dez, 2019. Disponível em: <https: Direito ao esquecimento da pessoa transexual | Amaral | Revista Interdisciplinar de Direitos Humanos (unesp.br) />. Acesso em 12 jan 2021.

ANDRADE, Christiano José de. *O problema dos métodos da interpretação jurídica.* São Paulo: Revista dos Tribunais, 1992.

ATIENZA, Manuel. *As Razões do Direito: teorias da argumentação jurídica - Perelman, Viehweg, Alexy, Mac Cormick e outros.* 3ª ed. São Paulo: Editora Landy, 2006.

BARROS, Clarissa Teresinha Lovatto. *Direito à informação x proteção de dados pessoais: a publicação de decisões judiciais em casos de pornografia envolvendo crianças e adolescentes.* 2017. 113 f. Dissertação (Mestrado em Direito) - Faculdade de Ciências Econômicas, Universidade Federal de Santa Maria, Rio Grande do Sul, 2017, p. 9. Disponível em: <https://repositorio.ufsm.br/bitstream/handle/1/12558/DIS_PPGDIREITO_2017_BARROS_CLARISSA.pdf?sequence=1&isAllowed=y/>. Acesso em 07 maio 2019.

BARROSO, Luís Roberto. *Curso de Direito Constitucional Contemporâneo: os conceitos fundamentais e a construção do novo modelo.* São Paulo: Saraiva, 2009.

BIONI, Bruno Ricardo. *Proteção de dados pessoais: a função e os limites do consentimento.* Rio de Janeiro: Forense, 2019.

BRASIL. Assembleia Legislativa. *Projeto de Lei nº 4060/2012. Dispõe sobre a proteção de dados pessoais e altera a Lei nº 12.965, de 23 de abril de 2014.* Disponível em: < https://www.camara.leg.br/proposicoesWeb/fichadetramitacao?idProposicao=548066 > . Acesso em: 07 maio. 2019.

BRASIL. *Lei nº 13.709 de 14 de Agosto de 2018. Dispõe sobre a proteção de dados pessoais e altera a Lei nº 12.965, de 23 de abril de 2014 (Marco Civil da Internet)*. Brasília, DF, 2018. Disponível em: < http://www.planalto.gov.br/ccivil_03/_Ato2015-2018/2018/Lei/L13709.htm>. Acesso em: 18 de maio de 2019.

CAVALCANTI, Ana Elizabeth Lapa Wanderley. *O exercício do poder familiar e a sociedade da informação*. In: PAESANI, Liliana Minardi (coord.). O Direito na Sociedade da Informação II. São Paulo: Atlas, 2009.

DAOUN, Alexandre Jean. *Pornografia Infantil na Internet: redundância legislativa: prática condenável*. In: KAMINSKI, Omar (coord.). Internet Legal: O direito na Tecnologia da Informação. 1ª ed. (2003). 4ª tiragem. Curitiba: Juruá, 2006.

FRAZÃO, Ana. *Nova LGPD: Tratamento dos dados de crianças e adolescentes*, Brasil, 16 de out. de 2018. Disponível em: < https://www.ab2l.org.br/nova-lgpd-tratamento-dos-dados-de-criancas-e-adolescentes/>. Acesso em: 19 de abr. de 2019.

GDPR. *General Data Protection Regulation*. Disponível: em: < https://gdpr-info.eu/art-1-gdpr/>. Acesso em 10 maio 2019.

HUSSERL, Edmund. *A Crise da Humanidade Européia e a Filosofia*. Introdução e tradução de Urbano Zilles. 2ª ed. Coleção Filosofia 41. Porto Alegre: EDIPUCRS, 2002.

KELSEN, Hans. *Teoria pura do Direito*. Trad. de João Baptista Machado. 6ª ed. 3ª tiragem. Martins Fontes. São Paulo, 1999.

LÔBO, Paulo. Direito Civil. *Contratos*. 3. ed. São Paulo: Saraiva, 2017.

LORENZETTI, Ricardo Luís. *Teoria da decisão judicial*. Trad. Bruno Miragem. Com notas e revisão de Claudia Lima Marques. São Paulo: RT, 2009.

LYRA FILHO, Roberto. *O que é o Direito*. São Paulo: Brasiliense, 1982.

MARQUES, Claudia Lima. Comentários ao Código de Defesa do Consumidor. São Paulo: RT, 2007

MONTEIRO, Renato Leite. *Da proteção aos registros, aos dados pessoais e às comunicações privadas*. In: MASSO, Fabiano Del; ABRUSIO, Juliana; FLORÊNCIO FILHO, Marco Aurélio. (coord.). Marco Civil da Internet: Lei 12.965/2014. São Paulo: Revista dos Tribunais, 2014.

NUCCI, Guilherme de Souza Nucci. *Estatuto da Criança e do Adolescente Comentado: em busca da Constituição Federal das Crianças e dos Adolescentes*. Rio de Janeiro: Forense, 2014.

PAESANI, Liliana Minardi. *Direito e Internet: liberdade de informação, privacidade e responsabilidade civil*.7ª ed. São Paulo: Editora Atlas, 2014.

PINHEIRO, Patricia Peck. *Direito Digital*. 6ª ed. São Paulo: Saraiva, 2016.

____________. *Proteção de Dados Pessoais: Comentários à Lei n. 13.709/2018 LGPD* (Locais-posição do Kindle 950). Saraiva Educação, 2018.

REALE, MIGUEL. *Lições Preliminares do Direito*. 25ª ed. São Paulo: Saraiva, 2011.

RODOTÀ, Stefano. *A Vida na Sociedade da Vigilância A Privacidade Hoje*. Organização, seleção e apresentação de Maria Celina Bodin de Moraes. Tradução: Danilo Doneda e Luciana Cabral Doneda. Rio de Janeiro: Renovar, 2008.

SAUAIA, Hugo Moreira Lima. *A proteção dos dados pessoais no Brasil*. Rio de Janeiro: Lumen Juris, 2018, p. 28.

SEVERINO, Antônio Joaquim. *Filosofia da educação: Construindo a cidadania*. São Paulo: FDT, 1994.

TARTUCE, Flávio. *Manuel de Direito Civil*. 6ª ed. Rio de Janeiro: Forense; São Paulo: Método, 2016.

TEIXEIRA, Tarcísio. *Curso de Direito e Processo Eletrônico: doutrina, jurisprudência e prática*. 2ª ed. atual. e ampl. São Paulo: Saraiva, 2014.

VIEIRA, Sônia Aguiar do Amaral. *Inviolabilidade da vida privada e da intimidade pelos meios eletrônicos*. São Paulo: Juarez de Oliveira, 2002.

VIEIRA, Tatiana Malta. *O direito à privacidade na sociedade da informação: efetividade desse direito fundamental diante dos avanços da tecnologia da informação*. Porto Alegre: Sergio Antonio Fabris, 2007.

WERTHEIN, Jorge. *A sociedade da informação e seus desafios*. Ibict, volume 29, nº 2, 2000, p. 71. Disponível em: <http://revista.ibict.br/ciinf/article/view/889/924/>. Acesso em 09 maio 2019.

3

A OBRIGATORIEDADE DE ELIMINAÇÃO DE DADOS PESSOAIS APÓS O TÉRMINO DE SEU TRATAMENTO E A APLICAÇÃO DO DIREITO AO ESQUECIMENTO

Fernanda Shimomura Zuffa[109]

Sumário: 1. Introdução; 2. Eliminação dos dados pessoais; 2.1 Eliminação de dados pessoais de crianças e adolescentes; 3. Direito à eliminação de dados pessoais; 4. Direito à privacidade; 5. Direito à informação; 6. Direito ao esquecimento; 7. Conclusões; 8. Referências bibliográficas.

1. Introdução

A utilização doméstica da internet e a alta conectividade de toda a sociedade desde a mais tenra idade é um novel acontecimento, sendo possível observar a dicotomia entre os benefícios pela circulação irrestrita e facilitada da informação, e o surgimento de novos problemas que devem ser solucionados

109. Aluna especial do Programa de Mestrado em Direito Negocial e Especialista em Direito Civil e Processo Civil pela Universidade Estadual de Londrina (UEL). Advogada. Contato: fernandashimomura@hotmail.com.

pelo Direito. Essa realidade é apontada por Castells como a "Sociedade em Rede".

A Sociedade em Rede é o estabelecimento de novos padrões de economia, sociedade e cultura que se encontra em formação em razão de diversos fatores, mas principalmente por causa das transformações tecnológicas[110]. No que diz respeito à economia, esse novo arranjo é denominado pelo mesmo doutrinador como Informacionalismo, o que, segundo Irineu Francisco Barreto Junior configura a informação como uma importante *commodity*.[111]

Assim, quem detém a informação, também detém o poder. Tal afirmativa é ainda mais preocupante tendo em vista a existência da transparência do indivíduo não somente mediante o Estado, mas também em relação a grandes corporações detentoras de informação, sendo que neste contexto se insere a Lei nº 13.709/2018, também conhecida como Lei Geral de Proteção de Dados Pessoais.

Deste modo, passa a haver a regulamentação no tratamento de dados pessoais, que alimentam cadastros eletrônicos, redes sociais, e outros mecanismos de coleta e armazenamento de dados, o que possibilita a criação de bancos de dados altamente valiosos e a criação de perfis de indivíduos, que muitas vezes pode não se relacionar com sua realidade fática.

Essa situação é ainda mais perturbadora quando da análise de situações em que se verifica a existência de matérias

---

110. CASTELLS, Manuel. A Sociedade em Rede. 6 ed. São Paulo: Paz e Terra, 1999. p. 43.

111. LUCCA, Newton de; SIMÃO FILHO, Adalberto; LIMA, Cíntia Rosa Pereira de (coords.) Direito e Internet III – Tomo II: Marco Civil da Internet (Lei n. 12.965/2014). São Paulo: Quartier Latin, 2015. p. 409.

jornalísticas e diferentes informações facilmente acessadas por mecanismos de busca na internet que atrelam a nomes fatos ocorridos no passado, que acabam por estigmatizar e prejudicar indivíduos perpetuamente, colocando em xeque a ponderação de direitos protegidos pela Constituição Federal, como o direito à informação e o direito à privacidade, que levam a concessão ou não do direito ao esquecimento.

Assim sendo, no presente estudo serão analisados os dispositivos da Lei nº 13.709/2018, também conhecida como Lei Geral de Proteção de Dados Pessoais e a sua relação com o mencionado instituto do direito ao esquecimento.

2. Eliminação dos dados pessoais

O artigo 5º da LGPD define o tratamento de dados como toda a operação efetuada com dados pessoais, tais como a coleta, acesso, transmissão, modificação, difusão, extração, e, o mais importante nos termos deste estudo, a eliminação dos dados pessoais.[112]

Segundo os ditames da referida Lei, a eliminação dos dados pessoais deve ocorrer sempre que verificado o término do tratamento, o que se dará nas seguintes hipóteses previstas nos incisos do artigo 15:

> I – verificação de que a finalidade foi alcançada ou de que os dados deixaram de ser necessários ou pertinentes ao alcance da finalidade específica almejada;

112. BRASIL. Lei nº 13.709, de 14 de agosto de 2018. Dispõe sobre a proteção de dados pessoais e altera a Lei nº 12.965, de 23 de abril de 2014 (Marco Civil da Internet). Diário Oficial da União: Brasília, DF, 15 ago. 2018.

> II – fim do período de tratamento;
>
> III – comunicação do titular, inclusive no exercício de seu direito de revogação do consentimento conforme disposto no §5º do art. 8º desta Lei, resguardado o interesse público; ou
>
> IV – determinação da autoridade nacional, quando houver violação ao disposto nesta Lei.[113]

Como bem aponta Tarcísio Teixeira e Ruth Maria Guerreiro da Fonseca Armelin, os agentes de tratamento enfrentam diversos desafios quanto a devida eliminação dos dados pessoais, pois deverão realizar análise quanto ao alcance da finalidade, criar mecanismos para que o seu titular revogue o consentimento de maneira facilitada, além de contar com tecnologia que permita que o apagamento de certos dados pessoais não prejudique o banco de dados remanescente[114].

Tendo em vista que a LGPD fora inspirada no regulamento europeu, conhecido como GDPR, por óbvio que as hipóteses de término de tratamento de dados pessoais são muito semelhantes, no entanto, apesar do inciso II do artigo 15 da LGPD incluir o "fim do período de tratamento", não se verifica no ordenamento brasileiro uma real preocupação quanto a prazos para o tratamento de dados como a GDPR, que indica no item 39 de seus considerandos que o controlador deverá fixar prazos para o apagamento de dados ou a sua revisão periódica, assim como seu artigo 13, item 2, impõe que o prazo de conservação seja informado ao usuário previa-

113. Idem.

114. TEIXEIRA, Tarcisio; ARMELIN, Ruth Maria Guerreiro da Fonseca. Lei Geral de Proteção de Dados Pessoais: Comentada artigo por artigo. Salvador: Editora JusPodivm, 2019. p. 76 e 77.

mente, e quando não for possível prevê-lo, que seja indicado os critérios para defini-lo.[115]

Ademais, o artigo 16 da LGPD também define algumas hipóteses de exceção, ou seja, mesmo quando da ocorrência dos requisitos para o término do tratamento e a efetiva eliminação dos dados pessoais, será autorizada a sua conservação.[116]

Conforme bem aponta a doutrina, o maior desafio do operador do Direito será o de analisar a incidência do apagamento de dados ou possibilidade de retenção, uma vez que os operadores e controladores sempre tentarão evitar as hipóteses de eliminação, uma vez que as bases de dados possuem alto valor econômico.[117]

2.1 Eliminação de dados pessoais de crianças e adolescentes

Crianças e adolescentes são indivíduos que se encontram em processo de desenvolvimento social e psicológico, motivo pelo qual é imprescindível a existência de institutos que promovam a sua proteção frente a diferentes aspectos da vida. Essa salvaguarda é imposta pela Constituição Federal, ao dispor:

115. UNIÃO EUROPEIA. Regulamento UE 2016/679 do Parlamento Europeu e do Conselho, de 27 de abril de 2016. Relativo à proteção das pessoas singulares no que diz respeito ao tratamento de dados pessoais e à livre circulação desses dados e que revoga a Diretiva 95/46/CE (Regulamento Geral sobre a Proteção de Dados. Disponível em: https://publications.europa.eu/pt/publication-detail/-/publication/3e485e15-11bd-11e6-ba9a-01aa75ed71a1. Acesso em: 14 jun. 2019.

116. Idem.

117. PINHEIRO. Patrícia Peck. Proteção de Dados Pessoais: Comentários à Lei N. 13.709/2018 (LGPD). São Paulo: Saraiva Educação, 2018. Posição 1254.

> Art. 227. É dever da família, da sociedade e do Estado assegurar à criança, ao adolescente e ao jovem, com absoluta prioridade, o direito à vida, à saúde, à alimentação, à educação, ao lazer, à profissionalização, à cultura, à dignidade, ao respeito, à liberdade e à convivência familiar e comunitária, além de colocá-los a salvo de toda forma de negligência, discriminação, exploração, violência, crueldade, opressão.[118]

Assim sendo, tendo em vista a reconhecida vulnerabilidade da criança e do adolescente, a Lei Geral de Proteção de Dados Pessoais impõe que o consentimento como base legal para tratamento de dados pessoais deverá ser fornecido pelos pais ou responsável legal, determinando ainda no artigo 14, §5º da referida Lei que "o controlador deve realizar todos os esforços razoáveis para verificar que o consentimento a que se refere o §1º deste artigo foi dado pelo responsável pela criança, considerada as tecnologias disponíveis."[119]

Assim sendo, a LGPD dedica toda uma Seção da legislação ao tratamento de dados pessoais de crianças e adolescentes, no entanto, não menciona métodos facilitados para a eliminação de dados pessoais cujos titulares sejam menores de idade.

Como já mencionado, as hipóteses de eliminação de dados pessoais trazidos pela LGPD são similares às da GDPR, porém, o regulamento europeu traz em seu artigo 17, *alínea f*, a "recolha de dados de menores de idade"[120] como condição de apagamento de dados pessoais, o que, infelizmente, não foi replicado pela legislação brasileira.

118. BRASIL. [Constituição] (1988). Constituição da República Federativa do Brasil.
119. Idem.
120. Idem.

É evidente que somente a necessidade de consentimento dos pais ou responsável legal para o tratamento de dados pessoais, não é suficiente para a proteção integral da criança e do adolescente, de modo que a eliminação de seus dados, como prevê a GDPR é muito importante ao desenvolvimento e amadurecimento saudável, uma vez que os mesmos podem estar menos cientes dos riscos e consequências relacionados à postagem e divulgação de seus dados pessoais.

3. Direito à eliminação de dados pessoais

O direito à eliminação definitiva de dados é previsto pela GDPR, que dispõe em seu artigo 17: "Direito ao apagamento dos dados (direito de ser esquecido)"[121], indicando o entendimento de que o simples direito de eliminação dos dados pessoais diz respeito ao direito ao esquecimento. Deste modo, o item 2 do elencado artigo da GDPR assevera:

> Quando o responsável pelo tratamento tiver tornado públicos os dados pessoais e for obrigado a apagá-los nos termos do nº1, toma as medidas que forem razoáveis, incluindo de caráter técnico, tendo em consideração a tecnologia disponível e os custos da sua aplicação, para informar os responsáveis pelo tratamento efetivo dos dados pessoais de que o titular de dados lhes solicitou o apagamento das ligações para esses dados pessoais, bem como das cópias ou reprodução dos mesmos.
>
> 3. Os nºs 1 e 2 não se aplicam na medida que o tratamento se revele necessário:
>
> a) Ao exercício da liberdade de expressão e de informação;
>
> b) Ao cumprimento de uma obrigação legal que exija o tratamento prevista pela União ou de um Estado-membro

121. Idem.

> a que o responsável esteja sujeito, ao exercício de funções de interesse público ou ao exercício da autoridade pública de que esteja investido o responsável pelo tratamento;
>
> c) Por motivos de interesse público no domínio da saúde pública, nos termos do art. 9º, nº 2, alíneas h) e i), bem como do art. 9, nº3.
>
> d) Para fins de arquivo de interesse público, para fins de investigação científica ou histórica ou para fins estatísticos nos termos do art. 89º, nº 1, na medida em que o direito referido no nº 1 seja suscetível de tornar impossível ou prejudicar gravemente a obtenção dos objetivos desse tratamento, ou;
>
> e) Para efeitos de declaração, exercício ou defesa de um direito no processo judicial.[122]

Ou seja, quando tiver tornado público os dados pessoais do titular, o próprio responsável pelo tratamento deverá realizar a ponderação de aspectos relativos ao direito ao esquecimento – que serão explanados posteriormente – e, se for o caso, deverá adotar medidas razoáveis para informar outros agentes que estejam tratando estes dados de que fora requerido a eliminação de todas as cópias e reproduções relativas aos mesmos.

No que diz respeito à legislação brasileira, a eliminação definitiva dos dados na ocorrência do término do tratamento já era um direito do titular de dados pessoais desde o advento do Marco Civil da Internet, que o reconhecia em seu artigo 7º, X, salvaguardando a sua manutenção em alguns casos previstos na própria Lei.[123] A doutrina publicada à época

122. Idem.

123. BRASIL. Lei nº 12.965, de 23 de abril de 2014. Estabelece princípios, garantias, direitos e deveres para o uso da Internet no Brasil. Diário Oficial da União: Brasília, DF, 24 abr. 2014.

da sanção da referida Lei se mostrou bastante entusiasmada quanto ao assunto: "Com o Marco Civil da Internet, o usuário poderá requerer a exclusão definitiva de seus dados pessoais fornecidos a uma aplicação de internet, e o provedor deverá atender, ressalvados, logicamente, os dados que deva guardar por disposição legal".[124]

No entanto, não se observou a eficácia da norma nesse sentido, acreditando-se que em razão da inexistência de autoridade fiscalizadora à época de sua entrada em vigor, ocorrida em junho de 2014, haja vista a inexistência de mecanismo de fiscalização e aplicação de sanções quando desrespeitada a vontade do usuário, porém, apesar da criação da Autoridade Nacional de Proteção de dados, por meio do Decreto nº 10.474 de 26 de agosto de 2020[125], não se verifica grandes modificações no cenário previamente testemunhado, remanescendo ainda expectativas quanto à atuação do órgão.

Assim sendo, a LGPD novamente delimitou a exclusão dos dados pessoais como um direito do titular de dados, previsto no artigo 15:

> Art. 18. O titular dos dados pessoais tem direito a obter do controlador, em relação aos dados do titular por ele tratados, a qualquer momento e mediante requisição:
>
> (...)

---

124. JESUS, Damásio de; MILAGRE, José Antonio. Marco Civil da Internet: comentários à Lei n. 12.965, de 23 de abril de 2014. São Paulo: Saraiva, 2014. p. 36.

125. BRASIL. Decreto nº 10.474, de 26 de agosto de 2020. Aprova a Estrutura Regimental e o Quadro Demonstrativo dos Cargos em Comissão e das Funções de Confiança da Autoridade Nacional de Proteção de Dados e remaneja e transforma cargos em comissão e funções de confiança. Diário Oficial da União: Brasília, DF, 27 ago. 2020.

> VI – eliminação dos dados pessoais tratados com o consentimento do titular, exceto nas hipóteses previstas no art. 16 desta Lei;[126]

A conferência desse direito demonstra a preocupação do legislador em garantir a autodeterminação do titular de dados pessoais, bem como a sua liberdade de escolha, que poderá optar pelo término do tratamento a qualquer momento, exigindo do controlador o apagamento dos dados pessoais que o mesmo obtiver. A consideração de similaridade entre o direito à eliminação de dados e o direito ao esquecimento é defendido pela doutrinadora Patrícia Peck Pinheiro no que diz respeito à legislação brasileira, ao comentar o já elucidado artigo 16 da LGPD:

> O direito ao apagamento (direito ao esquecimento) e o direito à portabilidade dos dados pessoais são os dois direitos com maior impacto sobre a operação de gestão do ciclo de vida dos dados pessoais nas organizações.[127]

No entanto, as disposições abarcadas como direito de eliminação de dados não são suficientes à consecução do direito ao esquecimento em sua essência, uma vez que, o já mencionado §6º do artigo 15 da LGPD somente impõe a obrigação de promover a informação de pedido de eliminação dos dados por seu titular, por parte do responsável pelo tratamento aos agentes com os quais tenha realizado o uso compartilhado destes dados.

Isto é, mesmo que o responsável pelo tratamento dos dados os tenha tornado públicos, e que, em razão de sua con-

126. Idem.

127. Idem. Posição 1058.

duta, muitos outros agentes tenham acesso aos mesmos, não é compelido pela legislação a informá-los sobre a requisição de eliminação.

Principalmente no meio digital, uma vez tornadas públicas, as informações se espalham e se multiplicam de maneira ágil e descontrolada, de modo que tão somente a comunicação aos agentes com quem fora compartilhado os dados é medida frágil e ineficaz no que concerne à proteção dos princípios norteadores da LGPD, principalmente, no respeito à privacidade, previsto no artigo 2ª, I da referida Lei.

4. Direito à privacidade

A Constituição Federal estabelece como direito fundamental previsto em seu artigo 5º, X, a inviolabilidade da "intimidade, a vida privada, a honra e a imagem das pessoas, assegurado o direito a indenização pelo dano material ou moral decorrente da sua violação"[128].

Neste mesmo sentido, a vida privada também é defendida pelo Código Civil, em seu artigo 21, que dispõe: "A vida privada da pessoa natural é inviolável, e o juiz, a requerimento do interessado, adotará as providências necessárias para impedir ou fazer cessar ato contrário a esta norma"[129].

Além disso, a proteção da privacidade também é considerada um princípio da "disciplina do uso da internet no Brasil"[130] pelo Marco Civil da Internet (art. 3º, II), bem como

128. Idem.

129. BRASIL. Lei nº 10.406, de 10 de janeiro de 2002. Institui o Código Civil. Diário Oficial da União: Brasília, DF, 11 jan. 2002.

130. Idem.

o seu respeito é um fundamento da observância da proteção de dados pessoais, conforme a Lei Geral de Proteção de Dados (art. 2ª, I)[131].

De acordo com a doutrinadora Zilda Mara Consalter, termos como vida privada, privacidade e intimidade não devem ser utilizados como sinônimos. Assim, se baseia na teoria germânica da Teoria das Esferas para promover a diferenciação entre os mencionados institutos.[132]

A vida privada seria a esfera mais ampla, ou seja, sobre a qual mais pessoas têm acesso à informação, acontecimentos da vida, vontades e afazeres do indivíduo, que opta por dividir com seus colegas, familiares distantes e outras pessoas menos próximas. Por outro lado, a segunda esfera que seria a da privacidade, é mais confidencial, isto é, trata de assuntos que o indivíduo divide apenas com amigos e familiares próximos. Já a intimidade, que configura a terceira esfera, diz respeito aos valores mais secretos e intrínsecos do indivíduo, aquilo que o mesmo não divide com ninguém[133].

Esta classificação é absolutamente subjetiva, de modo que somente o próprio indivíduo pode determinar quais dados sobre si insere em cada esfera. Apesar da diferenciação entre os institutos ser de reconhecida relevância, no presente estudo os termos serão utilizados como sinônimos, da mesma maneira como utilizado por Tarcísio Teixeira e José Afonso da Silva, que considera que o direito à privacidade engloba "todas as manifestações da esfera íntima, privada e da personalidade que

131. Idem.

132. CONSALTER, Zilda Mara. Direito ao esquecimento: proteção da intimidade e ambiente virtual. Curitiba: Juruá, 2017. p. 127.

133. Idem.

o art. 5º, inc. X, da Constituição Federal consagrou: direito à intimidade, à vida privada, à honra e à imagem das pessoas"[134].

Assim, a cada indivíduo é assegurado o direito de selecionar quais dados pessoais podem ser divulgados, de modo que "todos indistintamente têm o dever de se abster de qualquer ato, público ou privado, que importe na divulgação não desejada da informação"[135]. Em termos de mundo digital, o papel da privacidade passa a ter ainda mais relevância em razão da "maior quantidade de informações disponíveis, a enorme facilidade e a maior escala de intercâmbio de informações, os efeitos potencializados das informações errôneas e a duração perpétua dos registros."[136]

Além do mais, o direito à privacidade não é ilimitado, de modo que pode e deve ser mitigado quando levantado em prejuízo de outros institutos, como o direito à informação.

5. Direito à informação

Assim como o direito à privacidade, o direito à informação é garantido pelo artigo 5º da Constituição Federal, que valoriza também a possibilidade de o indivíduo obter informações a

134. SILVA, José Afonso da. Curso de direito constitucional positivo. 13 ed. São Paulo: Malheiros, 1997. p. 202 apud TEIXEIRA, Tarcísio. Curso de direito e processo eletrônico: doutrina, jurisprudência e prática. 2 ed. São Paulo: Saraiva, 2014. p. 71.

135. LUCCA, Newton de; SIMÃO FILHO, Adalberto; LIMA, Cíntia Rosa Pereira de. Direito e Internet III – Tomo I: Marco Civil da Internet (Lei n. 12.965/2014). São Paulo: Quartier Latin, 2015. p. 507.

136. MARTINS Guilherme Magalhães. Responsabilidade civil por acidente de consumo na Internet. 2 ed. São Paulo: Revista dos Tribunais, 2014. p. 265 apud LUCCA, Newton de; SIMÃO FILHO, Adalberto; LIMA, Cíntia Rosa Pereira de (coords). Direito e Internet III – Tomo I: Marco Civil da Internet (Lei n. 12.965/2014). São Paulo: Quartier Latin, 2015. p. 299.

seu respeito, armazenadas em cadastros públicos, e retificá-las, quando for o caso. A saber:

> XIV – é assegurado a todos o acesso à informação e resguardado o sigilo da fonte, quando necessário ao exercício profissional;
>
> [...]
>
> XXXII – todos têm direito a receber dos órgãos públicos informações de seu interesse particular, ou de interesse coletivo ou geral, que serão prestadas no prazo da lei, sob pena de responsabilidade, ressalvadas aquelas cujo sigilo seja imprescindível à segurança da sociedade e do Estado[137].

O referido direito está diretamente ligado ao Estado Democrático de Direito, uma vez que norteia o direito de informar e de ser informado, a liberdade de expressão, o acesso à informação, e, inclusive, a proibição da censura, também prevista no artigo 220 da Constituição Federal. Nos ensinamentos de Viviane Nóbrega Maldonado:

> [...] aos cidadãos em geral, é garantida a liberdade de informação sob a acepção de que podem, ativa e livremente, fornecer informações sob os limites da lei, anotando-se aqui a existência de circunstâncias especiais sobre as quais o sigilo é imperioso. E, de outra parte, a esses mesmos cidadãos é assegurado o direito de buscar e de acessar informações relevantes para o pleno exercício de seus direitos[138].

Outrossim, a liberdade de expressão é garantida como princípio do uso da internet no Brasil pelo Marco Civil da

---

137. Idem.

138. MALDONADO, Viviane Nóbrega. Direito ao Esquecimento. São Paulo: Novo Século, 2017. p. 69.

Internet (art. 8º, I)[139] e como fundamento no que diz respeito à proteção de dados, previsto no artigo 2º, III da LGPD[140].

E ainda, o elencado direito à informação deve ser analisado conjuntamente ao interesse público, descrito pelo doutrinador Celso Antônio Bandeira de Mello como o "interesse resultante do conjunto dos interesses que os indivíduos pessoalmente têm quando considerados em sua qualidade de membros da Sociedade e pelo simples fato de o serem"[141], isto é, trata-se de um interesse atual e geral da população no conhecimento de fatos, que afetam concretamente a vida de outras pessoas além das envolvidas diretamente no acontecimento.

E ainda, o transcurso do tempo pode ser considerado como um fator relevante para a análise da existência ou não de interesse público, o que é ainda mais problemático considerando o advento da era digital, em que o passado e o presente se confundem com certa facilidade, levando em consideração a possibilidade de acesso a informações, notícias e fatos antigos.

No entanto, o mencionado fator "tempo" não deve ser levado em conta quando se tratar acontecimentos históricos, em que o interesse público e social sobrevivem ao seu transcurso, o que também pode ser analisado sob o vértice do direito à memória, ou direito à verdade histórica, que consiste no direito de um determinado povo em manter vivos fatos diretamente relacionados à sua história, que informam e construam sua identidade como um povo[142].

139. Idem.

140. Idem.

141. MELLO, Celso Antônio Bandeira de. Curso de direito administrativo. 26 ed. São Paulo: Malheiros, 2009. p. 61. apud BRANCO, Sérgio. Memória e esquecimento na internet. Porto Alegre: Arquipélago Editorial, 2017. p. 172.

142. Idem. p. 297.

Além disso, o interesse público também deve ser analisado sob a égide da segurança pública e repressão penal, de modo a permitir-se a utilização de informações pessoais privadas, como envio e recebimento de mensagens, movimentos financeiros e geolocalização, quando necessárias à identificação e desarticulação de ações criminosas[143].

Outrossim, é ponderosa a diferenciação entre interesse público e interesse do público, em que o direito à informação não se aplica. O mencionado interesse do público diz respeito a fatos que afetam concretamente somente os indivíduos diretamente envolvidos, mas que por motivos de curiosidade e entusiasmo interessam a outras pessoas, como por exemplo, quem famosos namoram ou se traem seus parceiros.

Portanto, considerando que a defesa do interesse público constitui o próprio fim estatal[144], o direito à informação não pode e nem deve ser mitigado sem que haja motivos significativos e extremamente relevantes.

6. Direito ao esquecimento

Apresentada a problemática quanto ao direito de eliminação de dados abarcado pela LGPD, bem como a análise de dois importantes direitos fundamentais, passemos às considerações acerca do direito ao esquecimento e sua relação com a garantia da proteção aos direitos dos titulares de dados pessoais.

143. LUCCA, Newton de; SIMÃO FILHO, Adalberto; LIMA, Cíntia Rosa Pereira de (coords.) Direito e Internet III – Tomo II: Marco Civil da Internet (Lei n. 12.965/2014). São Paulo: Quartier Latin, 2015. p. 508.

144. PIETRO, Maria Sylvia Zanella di; RIBEIRO, Carlos Vinicius Alves (coords). Supremacia do interesse público e outros temas relevantes do direito administrativo. São Paulo: Atlas, 2010. p. 95-97.

O instituto do direito ao esquecimento, também conhecido como direito de ser deixado em paz, direito de estar só, direito ao apagamento e direito de apagar, garante ao indivíduo que informações relacionadas à sua pessoa não se perpetuem indeterminadamente em domínio público, de forma que possa viver sua vida "sem as máculas do passado, sob a invocação do princípio da dignidade humana"[145], de tal modo, permite que haja a remoção de dados pretéritos que já não possuam interesse público.

Esse direito vem tornando-se cada vez mais relevante, vez que, conforme bem aponta Tarcísio Teixeira, com o advento da internet, das redes sociais e a auto exposição dos próprios indivíduos, as informações tem se proliferado e se perpetuado ao longo do tempo, o que não ocorria antigamente, haja vista que as notícias permaneciam tão somente em páginas de jornais e na memória das pessoas[146].

Veja, não se trata de fornecer ao indivíduo meios de reescrever a própria história, e sim, o de discutir o uso dado a acontecimentos pretéritos, ou seja, busca-se permitir ao cidadão que permita ou não que fatos referentes a si e que lhe causem aborrecimento ou desconforto sejam divulgados, observando a utilidade pública destas informações.

Isto é, para que ocorra a sua aplicação, deve ocorrer a ponderação entre os dois importantes institutos já mencionados, quais sejam, o direito à privacidade e o direito à informação. Inclusive, este direito ao esquecimento já foi reconhecido na VI Jornada de Direito Civil, que em seu Enunciado 531 deter-

145. MALDONADO, Viviane Nóbrega. Direito ao Esquecimento. São Paulo: Novo Século, 2017. p. 102.

146. TEIXEIRA, Tarcisio. Direito Digital e Processo Eletrônico. 5 ed. São Paulo: Saraiva Educação, 2020. p. 106.

mina: "A tutela da dignidade da pessoa humana na sociedade da informação inclui o direito ao esquecimento"[147].

Além do mais, se verifica no artigo 43 do Código de Defesa do Consumidor, a aplicação de forma objetiva do direito de apagar, como a exclusão do nome de indivíduos do cadastro de devedores mesmo quando a quitação não tiver ocorrido, desde que transcorrido o prazo de 5 (cinco) anos, ou seja, o prazo prescricional para o pagamento[148].

E ainda, o artigo 93 do Código Penal também prevê o sigilo dos registros sobre o processo e condenação de um indivíduo por qualquer crime quando transcorridos 2 (dois) anos da extinção de sua pena, além da verificação de alguns requisitos, como domicílio no país, conduta proba e ressarcimento integral dos danos causados ou a comprovada impossibilidade de fazê-lo[149].

Assim, os dois elencados institutos permitem que os erros do passado do indivíduo não o acompanhem e definam o seu perfil de crédito, sua confiabilidade ou seu caráter indefinidamente, de modo que após a defluência de um prazo (e no caso da reabilitação criminal, alguns outros requisitos) as informações referentes ao ocorrido não se encontram mais em domínio público.

---

147. CONSELHO DA JUSTIÇA FEDERAL. Enunciado nº 531 da VI Jornada de Direito Civil. Disponível em: < https://www.cjf.jus.br/enunciados/enunciado/142 >. Acesso em: 29 jun. 2019.

148. BRASIL. Lei nº 8.078, de 11 de setembro de 1990. Dispõe sobre a proteção do consumidor e dá outras providências. Diário Oficial da União: Brasília, DF, 12 set. 1990.

149. BRASIL. Decreto-Lei nº 2.848, de 7 de dezembro de 1940. Código Penal. Diário Oficial da União: Brasília, DF, 31 dez. 1940.

Deste modo, em prejuízo do direito à informação, protege-se a privacidade e a intimidade do indivíduo em duas situações muito específicas. Mas como promover a tutela integral do titular de dados pessoais no que diz respeito a outras situações, consideradas por si, desabonadoras, e em alguns casos, menos gravosas?

Atualmente se faz necessário o aparato jurisdicional para que informações relativas a si sejam retiradas do meio público, uma vez que o direito de eliminação de dados, conferido ao indivíduo desde a vigência do Marco Civil da Internet, não tem sido garantido de maneira objetiva e eficaz.

Ou seja, deve haver a propositura de ação judicial para que o magistrado promova a ponderação entre o direito à informação e o direito à privacidade, e assim determine no caso concreto qual deve prevalecer. Desta maneira, evidentemente a intimidade e a honra do indivíduo – mesmo que concedido o direito ao esquecimento - não é plenamente protegida.

Primeiramente, em decorrência do longo período de tempo necessário para que a autoridade judicial dê seu veredicto, de maneira totalmente antagônica à velocidade que repercute qualquer ofensa, imagem ou informação nas redes.

Além do mais, já se verifica em diversos casos de pedido de direito a apagar a ocorrência do *Streisand Effect,* que segundo Viviane Nóbrega Maldonado, recebeu esse nome em homenagem à atriz norte americana Barbra Streisand que promoveu ação judicial contra indivíduo que tirou fotos aéreas de sua residência e as disponibilizou *online,* de modo que após a divulgação da propositura da ação, a quantidade de acesso às fotos aumentou de maneira significativa[150].

150. Idem. p. 25.

Para melhor elucidar a situação, se dará a análise de dois casos emblemáticos julgados pelo STJ envolvendo o direito ao esquecimento.

O caso Chacina da Candelária diz respeito ao assassinato de diversos jovens cometido em 1993 por policiais militares, sendo que o crime ficou amplamente conhecido em razão das circunstâncias de sua ocorrência. Assim, foi veiculada uma reportagem em programa televisivo em 2006 sobre o crime, nomeando todos os autores e apresentando fotos dos mesmos, entre eles, o autor da ação judicial, que havia sido absolvido pelo crime, reacendendo em toda a sociedade a sua fama como chacinador, assassino e criminoso.

Neste caso fora reconhecida a historicidade do fato, e, portanto, não houve qualquer tipo de infração civil na veiculação da reportagem, mesmo tendo transcorrido bastante tempo do ocorrido. Porém, a rede televisiva foi condenada ao pagamento de indenização por danos morais ao autor da ação, por ser reconhecido que seria possível a propagação da reportagem sem menção direta aos autores do crime, principalmente de um que fora absolvido, reconhecendo e aplicando o direito ao esquecimento[151].

Outro importante caso diz respeito ao homicídio da atriz Aida Curi, ocorrido em 1958. Houve a propositura de Ação judicial pelos irmãos da atriz, que pleiteavam a aplicação do direito do esquecimento e indenização por danos morais em

151. BRASIL. Superior Tribunal de Justiça. Recurso especial nº 1334097/RJ. Recorrente: Globo Comunicações e Participações S/A. Recorrido: Jurandir Gomes de França. Relator: Luiz Felipe Salomão. Brasília, 28 de maio de 2013. Disponível em: < https://ww2.stj.jus.br/processo/revista/documento/mediado/?componente=ATC&sequencial=29381336&num_registro=201201449107&data=20130910&tipo=91&formato=PDF>. Acesso em: 12 mai. 2019.

razão de matéria jornalística veiculada na televisão cinquenta anos após o acontecimento do crime, o que acabou por abrir feridas já cicatrizadas pela exploração da tragédia ocorrida.

À vista disso, não foi conferido o direito ao esquecimento pelo Ministro, uma vez que se trata de um crime histórico, podendo ser considerado de domínio público, do qual a vítima não pode ser desvinculada sem tornar impraticável a atividade da imprensa. Também foi reconhecido que não houve abuso da imagem da mesma, de modo que o caso de condenação em indenização, "consubstancia desproporcional corte à liberdade de imprensa, se comparado ao desconforto gerado pela lembrança"[152].

Observa-se que ambos os casos tratam de veiculação em programa televisivo, o que vem a causar grande desconforto aos envolvidos. Essa situação é ainda mais gravosa quando os conteúdos encontram-se disponíveis *online*, em ambiente em que as informações se alastram em alta velocidade, impedindo a perspectiva do passado e permitindo que as informações sobre algum fato estejam presentes através de um simples clique.

Como é o exemplo do caso de uma freira que requereu a desindexação de URL's que vinculam o seu nome a crimes que fora acusada de cometer, como tortura a crianças e realização de adoções ilegais (dos quais fora extinta a sua punibilidade), que se deu há mais de 10 (dez) anos antes da propositura da Ação. Sob a égide da liberdade de expressão, o Google pugnou

152. BRASIL. Superior Tribunal de Justiça. Recurso especial nº 1335153/RJ. Recorrente: Nelson Curi e outros. Recorrido: Globo Comunicação e Participações S/A. Relator: Luiz Felipe Salomão. Brasília, 28 de maio de 2013. Disponível em: < https://ww2.stj.jus.br/processo/revista/documento/mediado/?componente=ATC&sequencial=29411308&num_registro=201100574280&data=20130910&tipo=91&formato=PDF>. Acesso em: 12 mai. 2019.

pela manutenção da vinculação das matérias jornalísticas toda vez que uma pesquisa com o nome da Autora era realizada, o que foi rechaçado pelo Tribunal de Justiça do Estado do Paraná, cuja decisão fora mantida pelo Superior Tribunal de Justiça, uma vez que não se tratava de fatos históricos e não havia mais interesse público nas informações[153].

Frisa-se que não houve a retirada do conteúdo das matérias jornalísticas online e sim, fora determinado que ao realizar a busca de tão somente o nome da Autora, não apareça na lista de resultados as referidas notícias, respeitando seu direito à privacidade na mesma medida em que é garantido o direito à informação, desde que a busca seja realizada através de outras palavras-chaves.

Um importante parâmetro para a aplicação da mencionada circunstância é apontada pelo doutrinador Tarcisio Teixeira, que defende que não deve ser aplicada a pessoas públicas e notórias, ou seja, políticos e artistas não devem contar com o direito de retirada de links de buscadores no que diz respeito à informações verídicas sobre si[154].

No ilustrado caso, a solução judicial pareceu razoável na ponderação dos direitos fundamentais. Ocorre que para a proteção integral da privacidade, honra e imagem do indivíduo, a consecução da proteção somente após mandamento judicial não se faz suficiente, principalmente pela demora do

---

153. BRASIL. Superior Tribunal de Justiça. Recurso especial nº 1.361.183. Agravante: Google Brasil Internet Ltda. Agravada: Anilse Terezinha Bianchini. Brasília, 05 de dezembro de 2018. Disponível em: <https://ww2.stj.jus.br/processo/revista/documento/mediado/?componente=MON &sequencial=90448820&num_registro=201802340116&data=20181211>. Acesso em: 16 jun. 2019.

154. Idem, p. 106.

Poder Judiciário frente a informações disseminadas na internet, cujo acesso aumenta e se alastra a cada minuto em que estão disponíveis. Outrossim, a partir da análise de diversos julgados, como maneira de solucionar o desrespeito ao direito ao esquecimento, verifica-se a adoção da condenação em indenização por danos morais, o que é altamente ineficaz, pois não possibilita o retorno ao *status quo ante,* de modo que pode "apenas ser compensado com a obrigação pecuniária imposta ao causador do dano, sendo esta mais uma satisfação do que uma indenização"[155].

Obviamente, não se mostra razoável a exigência de que todo provedor de internet ou todo mecanismo de busca realize a análise prévia de todo conteúdo publicado, no entanto, tendo em vista que se trata de risco de próprio negócio, que por sinal é altamente lucrativo, se mostra plausível a sua responsabilidade em caso de prejuízo causado a alguém.

O artigo 19 do Marco Civil da Internet estabelece que a responsabilização do provedor de internet sobre conteúdo postado por terceiros somente poderá ocorrer se após determinação judicial, o mesmo não tomar medidas que tornem o conteúdo indisponível.[156] E ainda, determina em seu artigo 21 que o provedor será responsabilizado subsidiariamente por violação de intimidade quando, após o recebimento de notificação extrajudicial sobre imagem, vídeo ou outros materiais contendo cenas de nudez ou sexo de caráter privado que tenha sido divulgado sem a autorização de algum participante, não torne o conteúdo indisponível[157].

---

155. CAVALIERI FILHO, Sérgio. Programa de responsabilidade civil. 3 ed. São Paulo: Malheiros, 2002. p. 85.

156. Idem.

157. Idem.

Ainda assim, o STJ tem decidido no sentido de que se houver notificação extrajudicial do ofendido de que qualquer tipo de conteúdo, imagem ou mensagem divulgada é ilícita ou ofensiva, o provedor deve proceder com sua retirada preventivamente do ar em até 24 horas, e após a análise da veracidade das informações, definir se o conteúdo deverá ser restabelecido ou excluído definitivamente[158].

Embora esta pareça ser uma solução coerente para a problemática apresentada, não há previsão legal que assim determine, sendo aplicado de acordo com o entendimento do julgador, que muitas vezes possui outra visão sobre o assunto.

7. Conclusões

O excesso de informações disponíveis e a facilidade ao seu acesso, principalmente em meio virtual, pode vir a acarretar prejuízos aos titulares de dados pessoais, que muitas vezes são rcjeitados em vagas de empregos, excluídos socialmente ou expostos em situações íntimas. Como uma tentativa de solução para esta problemática, a Lei nº 13.709/2018 determina aos controladores e operadores de dados pessoais que promovam a eliminação de dados pessoais na ocorrência do término de seu tratamento, salvaguardando algumas hipóteses de exceção.

No entanto, é inegável que o exercício do direito de eliminação de dados por si só não será suficiente à tutela da

158. BRASIL. Superior Tribunal de Justiça. Recurso especial nº 1.328.1706. Agravante: W Porto Alegre Bar Ltda. Agravada: Juliana Garcia Faleiro. Brasília, 04 de setembro de 2018. Disponível em: < https://ww2.stj.jus.br/processo/revista/documento/mediado/?componente=MON& sequencial=86432742&num_registro=201801781490&data=20180904>. Acesso em: 19 jun. 2019.

privacidade do titular de dados pessoais, principalmente quando se trata de crianças e adolescentes, uma vez que a LGPD não prevê a eliminação de seus dados de maneira facilitada, sendo necessária a atuação exacerbada do Poder Judiciário através da aplicação do direito ao esquecimento.

O referido direito, quando bem aplicado, não possui o escopo de colocar a privacidade em um patamar de direito absoluto e ilimitado, pois evidente que em muitas situações o direito individual deve ceder ao direito coletivo, desde que haja interesse público, ou seja, que a privacidade do indivíduo esteja sendo mitigada em face do combate mais eficiente à criminalidade, governo mais organizado, saúde com mais qualidade, boas relações de consumo, entre tantos outros aspectos.

Além disso, é necessário que haja legislação clara e objetiva sobre o assunto, diminuindo o ativismo judicial e a insegurança jurídica que ocorre atualmente quanto ao direito ao esquecimento, modificando o atual cenário de observância de decisões opostas a respeito de casos similares, até mesmo quando oriundas de um mesmo Tribunal.

Assim, é importante que o direito ao esquecimento seja aplicado sob uma ótica responsável, para que não o transforme em direito de reescrever a própria história, eliminando do mundo tudo aquilo que desgosta sobre si, falsificando a realidade e limitando a livre pesquisa.

8. Referências bibliográficas

BRANCO, Sérgio. *Memória e esquecimento na internet.* Porto Alegre: Arquipélago Editorial, 2017.

BRASIL. [Constituição] (1988). Constituição da República Federativa do Brasil.

______. Lei nº 10.406, de 10 de janeiro de 2002. *Institui o Código Civil.* Diário Oficial da União: Brasília, DF, 11 jan. 2002.

______. Decreto nº 10.474, de 26 de agosto de 2020. *Aprova a Estrutura Regimental e o Quadro Demonstrativo dos Cargos em Comissão e das Funções de Confiança da Autoridade Nacional de Proteção de Dados e remaneja e transforma cargos em comissão e funções de confiança.* Diário Oficial da União: Brasília, DF, 27 ago. 2020.

______. Decreto-Lei nº 2.848, de 7 de dezembro de 1940. *Código Penal.* Diário Oficial da União: Brasília, DF, 31 dez. 1940.

______. Lei nº 12.965, de 23 de abril de 2014. *Estabelece princípios, garantias, direitos e deveres para o uso da Internet no Brasil.* Diário Oficial da União: Brasília, DF, 24 abr. 2014.

______. Lei nº 8.078, de 11 de setembro de 1990. *Dispõe sobre a proteção do consumidor e dá outras providências.* Diário Oficial da União: Brasília, DF, 12 set. 1990.

______. Lei nº 13.709, de 14 de agosto de 2018. *Dispõe sobre a proteção de dados pessoais e altera a Lei nº 12.965, de 23 de abril de 2014 (Marco Civil da Internet).* Diário Oficial da União: Brasília, DF, 15 ago. 2018.

______. Superior Tribunal de Justiça. *Recurso especial nº 1335153/RJ.* Recorrente: Nelson Curi e outros. Recorrido: Globo Comunicação e Participações S/A. Relator: Luiz Felipe Salomão. Brasília, 28 de maio de 2013. Disponível em: < https://ww2.stj.jus.br/processo/revista/documento/mediado/?componente=ATC&sequencial=29411308&num_registro=201100574280&data=20130910&tipo=91&formato=PDF>. Acesso em: 12 mai. 2019.

______. Superior Tribunal de Justiça. *Recurso especial nº 1.361.183.* Agravante: Google Brasil Internet Ltda. Agravada: Anilse Terezinha Bianchini. Brasília, 05 de dezembro de 2018. Disponível em: < https://ww2.stj.jus.br/processo/revista/documento/mediado/?componente=MON&sequencial=90448820&num_registro=201802340116&data=20181211>. Acesso em: 16 jun. 2019.

______. Superior Tribunal de Justiça. *Recurso especial nº 1334097/RJ.* Recorrente: Globo Comunicações e Participações S/A. Recorrido: Jurandir Gomes de França. Relator: Luiz Felipe Salomão. Brasília, 28 de maio de 2013. Disponível em: < https://ww2.stj.jus.br/processo/revista/documento/mediado/?componente=ATC&sequencial=29381336&num_registro=201201449107&data=20130910&tipo=91&formato=PDF>. Acesso em: 12 mai. 2019.

______. Superior Tribunal de Justiça. *Recurso especial nº 1334097/RJ.* Recorrente: Globo Comunicações e Participações S/A. Recorrido: Jurandir Gomes de França. Relator: Luiz Felipe Salomão. Brasília, 28 de maio de 2013. Disponível em: < https://ww2.stj.jus.br/processo/revista/documento/mediado/?componente=ATC&sequencial=29381336&num_registro=2012

01449107&data=20130910&tipo=91&formato=PDF>. Acesso em: 12 mai. 2019.

______. Superior Tribunal de Justiça. *Recurso especial nº 1.328.1706.* Agravante: W Porto Alegre Bar Ltda. Agravada: Juliana Garcia Faleiro. Brasília, 04 de setembro de 2018. Disponível em: < https://ww2.stj.jus.br/processo/revista/documento/mediado/?componente=MON&sequencial=86432742&num_registro=201801781490&data=20180904>. Acesso em: 19 jun. 2019.

CASTELLS, Manuel. *A Sociedade em Rede.* 6 ed. São Paulo: Paz e Terra, 1999.

CAVALIERI FILHO, Sérgio. *Programa de responsabilidade civil.* 3 ed. São Paulo: Malheiros, 2002.

CONSALTER, Zilda Mara. *Direito ao esquecimento: proteção da intimidade e ambiente virtual.* Curitiba: Juruá, 2017.

CONSELHO DA JUSTIÇA FEDERAL. *Enunciado nº 531 da VI Jornada de Direito Civil.* Disponível em: < https://www.cjf.jus.br/enunciados/enunciado/142 >. Acesso em: 29 jun. 2019.

JESUS, Damásio de; MILAGRE, José Antonio. *Marco Civil da Internet: comentários à Lei n. 12.965, de 23 de abril de 2014.* São Paulo: Saraiva, 2014.

LUCCA, Newton de; SIMÃO FILHO, Adalberto; LIMA, Cíntia Rosa Pereira de (coords.) *Direito e Internet III – Tomo II: Marco Civil da Internet (Lei n. 12.965/2014).* São Paulo: Quartier Latin, 2015.

_______. *Direito e Internet III – Tomo I: Marco Civil da Internet (Lei n. 12.965/2014).* São Paulo: Quartier Latin, 2015.

MAGALHÃES, Guilherme Martins; LONGHI, João Victor Rozatti (coords). *Direito Digital: direito privado e internet.* 2. ed. Indaiatuba: Editora Foco, 2019.

MALDONADO, Viviane Nóbrega. *Direito ao Esquecimento.* São Paulo: Novo Século, 2017.

MORAES, Melina Ferracini. *Direito ao esquecimento na internet: das decisões judiciais no Brasil.* Curitiba: Juruá, 2018.

PAESANI, Liliana Minardi. *Direito e Internet: liberdade de informação, privacidade e responsabilidade civil.* 3 ed. São Paulo: Atlas, 2006.

PIETRO, Maria Sylvia Zanella di; RIBEIRO, Carlos Vinicius Alves (coords). *Supremacia do interesse público e outros temas relevantes do direito administrativo.* São Paulo: Atlas, 2010.

PINHEIRO. Patrícia Peck. *Proteção de Dados Pessoais: Comentários à Lei N. 13.709/2018 (LGPD).* São Paulo: Saraiva Educação, 2018.

PINHEIRO, Patrícia Peck (coord.). *Direito Digital Aplicado 3.0*. São Paulo: Thomson Reuters Brasil, 2018.

TEIXEIRA, Tarcísio. *Curso de direito e processo eletrônico: doutrina, jurisprudência e prática*. 2 ed. São Paulo: Saraiva, 2014.

______. *Direito Digital e Processo Eletrônico*. 5 ed. São Paulo: Saraiva Educação, 2020.

______; ARMELIN, Ruth Maria Guerreiro da Fonseca. *Lei Geral de Proteção de Dados Pessoais: Comentada artigo por artigo*. Salvador: Editora JusPodivum, 2019.

UNIÃO EUROPEIA. *Regulamento UE 2016/679 do Parlamento Europeu e do Conselho, de 27 de abril de 2016*. Relativo à proteção das pessoas singulares no que diz respeito ao tratamento de dados pessoais e à livre circulação desses dados e que revoga a Diretiva 95/46/CE (Regulamento Geral sobre a Proteção de Dados. Disponível em: https://publications.europa.eu/pt/publication-detail/-/publication/3e485e15-11bd-11e6-ba9a-01aa75ed71a1. Acesso em: 14 jun. 2019.

4

O TRATAMENTO DE DADOS PESSOAIS PELO PODER PÚBLICO A PARTIR DA PERSPECTIVA DA LGPD

Ana Paula Martins Regiolli Pereira[159]

Sumário: 1. Introdução; 2. A era da informação e dos dados pessoais; 3. Organização Administrativa Brasileira; 4. Os princípios constitucionais incidentes na LGPD; 5. O tratamento de dados pessoais pelas "estatais"; 5.1. Espécies de empresas públicas e de sociedades de economia mista; 6. Empresas públicas e sociedades de economia mista na LGPD; 6.1 Políticas públicas e as redes de sistemas governamentais; 7. Conclusões; 8. Referências bibliográficas.

1. Introdução

Os dados pessoais podem reportar à vida pública, privada ou profissional de uma pessoa, seja por meio de fotos, vídeos, áudios, imagens de câmeras, localização do GPS, mídias sociais, interações, visitas a sites, dentre diversos outros meios,

159. Aluna especial do Programa de Mestrado em Direito Negocial e Pós-graduada em Direito do Estado pela Universidade Estadual de Londrina (UEL). Contato: anapaula.anpp@gmail.com.

sendo esses dados relativos a uma pessoa singular identificada ou identificável[160].

As inovações tecnológicas permitem que computadores e *softwares* processem uma grande quantidade de dados pessoais e obtenham informações com valor econômico e mercadológico. Nesta esteira, como modo de precaver e resguardar a privacidade das pessoas, alguns países já buscam criar legislações protetivas quanto ao tratamento dos dados pessoais.

No Brasil, a Lei Geral de Proteção de Dados, visa regular as relações virtuais, em especial ao permitir que o titular dos dados consinta de forma livre e informada, qualquer aspecto relacionado a coleta, a utilização, o processamento e o armazenamento dos dados, sempre ciente da finalidade que será dada aos seus dados pessoais.

Está regulamentação também se estende ao Poder Público, em especial as empresas públicas e sociedades de economia mista, que recebem tratamento distinto a partir do regime de atuação, seja pela exploração de atividade econômica ou execução de políticas públicas.

Trazer ao debate o tratamento de dados pelo Poder Público é reconhecer que a máquina pública possui em seu poder grande parte das informações pessoais de seus cidadãos e que as redes de sistemas governamentais, algumas ainda muito precárias, podem sofrer vazamentos maciços de dados pessoais.

---

160. RAIMUNDO, João Pedro Sargaço Dias. UMA NOVA FRENTE DA PROTEÇÃO DE DADOS PESSOAIS: a (im)possibilidade de assegurar um eventual direito ao esquecimento. 2012. p. 5.

2. A era da informação e dos dados pessoais

Ao longo da História diversas inovações proporcionaram ao homem mudanças de paradigmas, a exemplo das televisões, rádios, telefones, máquinas fotográficas, computadores, entre outras. Dentre estas estão as inovações tecnológicas que inauguraram a era digital, a partir da noção de sociedade da informação, sendo esta utilizada para gerar conhecimento.[161]

Na Era da Informação a comunicação eletrônica trouxe novos parâmetros de coleta, processamento e de aplicabilidade da informação, tendo os computadores e a Internet estreado um novo paradigma tecnológico. Neste contexto, informação e dados ganham nova roupagem.

Os dados produzidos pelas pessoas têm fundamental importância no debate contemporâneo, pois as informações de consumo e comportamentos individuais adquirem expressivo valor econômico, visto que são armazenados em banco de dados e processados cada vez de forma mais sistemática, onde *softwares* são capazes de processarem grande quantidade de dados em curto espaço de tempo, otimizando assim o agrupamento e classificação dos dados.[162]

Por isto o tratamento de dados é uma preocupação de muitos países, por apresentar relevante papel político, social e econômico. Em razão disso a União Europeia, em busca de um equilíbrio entre a proteção da pessoa e dos interesses

---

161. SARDETO, Patricia Eliane da Rosa. Proteção de dados pessoais: conhecendo e construindo uma nova realidade. Londrina: Gradual Comunicação, 2011. p. 14.

162. CASTRO, Luiz Fernando Martins. Proteção de dados pessoais - panorama internacional e brasileiro. Revista Cej: Direitos e Tecnologias da Informação, Brasília, v. 6, n. 19, p. 40-45, dez. 2002. p. 41.

econômicos, implementou em 2018 uma regulamentação detalhada quanto aos principais aspectos do tratamento de dados em seu território.[163]

A Regulamentação Geral de Proteção de Dados, também conhecida como GDPR da União Europeia, regulamenta assuntos concernentes à proteção de dados de seus cidadãos, este regulamento busca conferir ao titular maior controle sobre seus dados e fomentar o desenvolvimento econômico e tecnológico, a partir de regras flexíveis para lidar com as diversas nuances do mercado tecnológico, sem o sacrifício dos direitos dos cidadãos.

No Brasil, a discussão referente à proteção de dados iniciou com o Projeto de Lei nº 4060/2012, proposto pelo deputado Milton Antonio Casquel Monti – PR/SP, na Câmara dos Deputados, sendo a este anexado, posteriormente, o Projeto de Lei nº 5276/2016, que também tratava da proteção de dados pessoais, com enfoque na dignidade da pessoa humana.

Em 14 de agosto de 2018, a Lei nº 13.709 foi promulgada pela Câmara dos Deputados e ficou conhecida como Lei Geral de Proteção de Dados – LGPD que faz alterações a Lei 12.965/2016, o Marco Civil da Internet e traz disposições sobre a proteção de dados pessoais no âmbito nacional, que se tornarão vigentes a partir de fevereiro de 2020.

A LGPD é composta por 65 artigos, que regulam de forma direta ou indireta a proteção à privacidade e aos dados

163. GEDIEL, José Antônio Peres; CORRÊA, Adriana Espíndola. PROTEÇÃO JURÍDICA DE DADOS PESSOAIS: A Intimidade Sitiada entre o Estado e o Mercado. Revista da Faculdade de Direito: UFPR, Curitiba, v. 47, p.141-153, 2008. p. 142.

pessoais no Brasil, traz disposições acerca ao tratamento de dados de pessoas naturais ou de pessoas jurídicas de direito público ou privado, pelo meio físico ou digital, de modo a garantir que a tutela dos dados embasados em fundamento como a privacidade, a autodeterminação informativa, a liberdade de expressão, de informação, de comunicação e de opinião, entre outras proteções garantidas nos incisos do art. 1º da LGPD.[164]

Dentre as disposições da LGPD, o artigo 23 inaugura o tratamento de dados pessoais pelo Poder Público e até o artigo 32 da LGPD ocorrerá a regulamentação das pessoas jurídicas de direito público, observados os princípios constitucionais e aqueles dispostos na própria Lei.

3. Organização Administrativa Brasileira

O art. 23 da Lei Geral de Proteção de Dados prevê que o tratamento de dados pessoais pelo Poder Público será realizado pelas Pessoas Jurídicas de Direito Público referidas no art. 1º da Lei nº 12.527/2011, isto é, a Lei de Acesso à Informação. Esta previsão engloba toda a organização administrativa brasileira, de modo que se faz imprescindível tratar da Administração Pública para compreender a abrangência da Lei Geral de Proteção de Dados na esfera pública.

A organização político-administrativa do Brasil coloca a Administração Pública como a responsável pela ordem, direção e controle dos serviços a serem prestados pelo Poder Público, no âmbito federal, estadual e municipal. Assim, a Adminis-

164. MONTEIRO, Renato Leite. Existe um direito à explicação na Lei Geral de Proteção de Dados do Brasil? Instituto Igarapé: a think and do tank, Rio de Janeiro, n. 39, p.1-27, dez. 2018. p. 9.

tração, ao prestar um serviço público, pode fazê-lo de modo centralizado ou descentralizado, onde a forma de execução será, executada, direta ou indiretamente, em qualquer dos entes federados[165].

Quando a prestação de serviços pelo Poder Público for exercida de forma direta, tem-se a atividade administrativa direta ou centralizada, na qual o Estado desempenhará a figura de titular e prestador do serviço. A atuação estatal será por meio de seus órgãos, ou seja, por repartições internas em que não há distinção de titularidade[166].

Conforme o inciso I, do art. 4º do Decreto-Lei nº 200/67, os órgãos inseridos na estrutura administrativa da Presidência da República e dos Ministérios compõem a estrutura da esfera administrativa federal. Este tipo de organização administrativa serve de parâmetro para a estruturação da administração estadual e municipal. Assim, os Estados terão o chefe de poder Executivo e o Governador, que serão auxiliados pelos Secretários de Estado e suas secretárias. O Município terá como poder executivo o Prefeito que exerce a função geral da administração e é auxiliado pelas secretárias municipais. Por fim, o Distrito Federal, que em razão do art. 32 da Constituição Federal não pode se dividir em municípios, mas possui um Poder Executivo, cargo exercido pelo Governador que é auxiliado pelas secretarias. Vale ressaltar ainda, que a principal característica da administração direta é o vínculo hierárquico

165. SILVA, Rogério Marques da. Administração Pública Direta e Indireta. In: HARGER, Marcelo. Curso de Direito Administrativo. Rio de Janeiro: Editora Forense, 2008. p. 54.

166. MELLO, Celso Antônio Bandeira de. Curso de Direito Administrativo. 17. ed. São Paulo: Malheiros Editores Ltda., 2003. p. 139.

e a subordinação dos órgãos, aqui não há qualquer autonomia dos subordinados.[167]

Cabe ainda acrescentar que existe a figura da *desconcentração*, que compõe a atividade administrativa executada de modo centralizado, mas que, ao contrário da Administração Direta, é distribuída a vários órgãos da mesma entidade, sendo esta técnica administrativa que visa dar maior simplificação e celeridade aos processos administrativos.[168]

Para Maria Sylvia Zanella Di Pietro[169], a *desconcentração* é a distribuição interna de competências a vários órgãos dentro da mesma hierarquia, de modo que se cria uma relação de coordenação e subordinação entre os órgãos. Desta forma, pode-se dizer que há distribuição interna das competências para a mesma pessoa jurídica.

Por sua vez, a prestação de serviço público descentralizado irá corresponder à atividade administrativa indireta, onde o Poder Público transfere sua titularidade, delega ou outorga a execução de suas atribuições para outro ente dotado de personalidade.[170]

A Administração indireta brasileira é composta por autarquias, empresas públicas, sociedades de economia mista e

---

167. SILVA, Rogério Marques da. Administração Pública Direta e Indireta. In: HARGER, Marcelo. Curso de Direito Administrativo. Rio de Janeiro: Editora Forense, 2008. p. 58-60.

168. MEIRELLES, Hely Lopes; ALEIXO, Délcio Balestero; BURLE FILHO, José Emmanuel. Direito Administrativo Brasileiro.41. ed. São Paulo: Malheiros Editores Ltda., 2014. p. 426.

169. PIETRO, Maria Sylvia Zanella di. Direito Administrativo. 29. ed. Rio de Janeiro: Forense, 2016. p. 516.

170. MEIRELLES, Hely Lopes; ALEIXO, Délcio Balestero; BURLE FILHO, José Emmanuel, op. cit.,. p. 427.

fundações. Estas entidades possuem personalidade jurídica própria, assim como vínculo direto com o órgão da Administração direta. O vínculo com a Administração Direta determina a especialidade de atuação das entidades, de modo que para viabilizar o exercício de sua competência é destinado patrimônio, pessoal, estrutura administrativa e autonomia.[171]

Trazendo o exposto à luz do art. 1º da Lei de Acesso à Informação se verifica que Administração Pública direta é composta por todos os órgãos dos Poderes Executivo, Legislativo, incluindo as Cortes de Contas, o Judiciário e o Ministério Público. Da mesma maneira a referida Lei estabelece que a Administração Pública Indireta será composta pelas autarquias, fundações públicas, empresas públicas, sociedades de economia mista e demais entidades controladas direta ou indiretamente pela União, Estados, Distrito Federal e Municípios.

Assim, infere-se que o Poder Público pode ser encontrado nos poderes da União, Distrito Federal, Estados e Municípios, por meio dos serviços e das atividades desempenhadas, a partir das competências designadas pela estrutura administrativa. Por isto, o art. 23 da Lei Geral de Proteção de Dados, ao condicionar as regras de tratamento de dados pessoais dispostas na Lei, a todas as pessoas jurídicas de direito público está vinculando toda a Administração Pública Direta e Indireta ao seu regramento.

4. Os princípios constitucionais incidentes na LGPD

Ao tratar do Poder Público a Lei Geral de Proteção de Dados faz algumas referências às finalidades da Administração Pública. Por este motivo será levantado as principais caracterís-

171. MEDAUAR, Odete. Direito Administrativo Moderno. 15. ed. São Paulo: Editora Revista dos Tribunais, 2011. p. 73-76.

ticas dos princípios constitucionais da Administração Pública, para adiante elencá-lo ao art. 23 da LGPD.

O art. 37, caput da Constituição Federal prevê que a Administração Pública direta ou indireta, em qualquer dos Poderes da União, Estados, Municípios e Distrito Federal, deverá obedecer aos princípios da legalidade, impessoalidade, moralidade, publicidade e eficiência.

Daí que o Poder Público, além de observar as normas da LGPD, também necessita ponderar os princípios da Administração Pública em sua atuação, dada sua natureza constitucional. Por tal razão, cada um dos princípios acima mencionados será brevemente abordado adiante.

De início, o princípio da legalidade somente irá considerar legítima a atuação do ente público, se está for pautada na lei, isto é, o agente público ou a Administração Pública somente exercerá atividade administrativa se a mesma estiver prevista em lei. Por este motivo a legalidade é considerada o princípio basilar do regime jurídico-administrativo.[172]

Por sua vez, o princípio da impessoalidade, também conhecido como princípio da finalidade administrativa, exige que o ato praticado pelo administrador público esteja em consonância com a finalidade pública, de modo que o administrador fica impedido de visar qualquer outro objetivo, seja em interesse próprio ou de terceiro.[173]

172. PINTO, Alexandre Guimarães Gavião. Os Princípios mais Relevantes do Direito Administrativo. Revista da Emerj: Escola da Magistratura do Estado do Rio de Janeiro, Rio de Janeiro, v. 11, n. 42, p.130-141, jun. 2008. p. 133.

173. MEIRELLES, Hely Lopes; ALEIXO, Délcio Balestero; BURLE FILHO, José Emmanuel. Direito Administrativo Brasileiro. 41. ed. São Paulo: Malheiros Editores Ltda., 2014. p. 95.

O princípio da moralidade busca evitar que a atuação administrativa contrarie a moral, de modo que a atuação administrativa deve ser pautada nos princípios éticos da boa-fé, lealdade, probidade e deveres de boa administração.[174]

A Carta Magna traz ainda o princípio da publicidade, cujo principal objetivo é garantir ao povo a publicidades dos atos administrativos, seja para fiscalização ou exercício do poder democrático.[175] Por último, tem-se o princípio da eficiência que deve ser entendido como uma exigência a toda atividade administrativa, visto que a atividade administrativa visa atender as necessidades coletivas, sendo, portanto, inadmissível a ineficiência, este princípio busca ressaltar a aptidão do administrador para alcançar os resultados pretendidos.[176]

O art. 23 da LGPD trata das regras para o tratamento de dados pelo Poder Público. Neste dispositivo é possível encontrar algumas referências aos princípios constitucionais da legalidade, da finalidade e da publicidade, que estão dispostos no Art. 37 da Constituição Federal. O art. 23, caput e inciso I da LGPD, assim preveem:

> Art. 23. O tratamento de dados pessoais pelas pessoas jurídicas de direito público referidas no parágrafo único do art. 1º da Lei nº 12.527, de 18 de novembro de 2011 (Lei de Acesso à Informação), **deverá ser realizado para**

---

174. PINTO, Alexandre Guimarães Gavião, op. cit., p. 134.

175. PLATT NETO, Orion Augusto et al. Publicidade e Transparência das Contas Públicas: obrigatoriedade e abrangência desses princípios na administração pública brasileira. Contabilidade Vista & Revista, Minas Gerais, v. 8, n. 4, p.75-94, mar. 2007. p. 78.

176. MODESTO, Paulo. Notas para um debate sobre o principio constitucional da eficiência. A & C: Revista de Direito Administrativo & Constitucional, Curitiba, v. 2, n. 7, p.34-46, jan. 2002. p. 40.

> **o atendimento de sua finalidade pública**, na persecução do interesse público, com o objetivo de executar as competências legais ou cumprir as atribuições legais do serviço público, desde que:
>
> I - sejam informadas as hipóteses em que, no exercício de suas competências, realizam o tratamento de dados pessoais, **fornecendo informações claras e atualizadas sobre a previsão legal, a finalidade, os procedimentos e as práticas utilizadas para a execução dessas atividades**, em veículos de fácil acesso, preferencialmente em seus sítios eletrônicos; (grifo nosso).

Conforme a norma acima, o tratamento de dados deverá ser realizado para o atendimento da finalidade pública, na persecução do interesse público. Nota-se que o princípio da finalidade ou da impessoalidade exige que o objeto do ato administrativo, que no caso é o tratamento de dados, esteja em consonância com o interesse público.[177] Em geral, o interesse público é um mandamento genérico e por isto, ao ser interpretado deve levar em consideração outros direitos protegidos pelo ordenamento jurídico.[178]

Na sequência, o princípio da legalidade aparece ainda no caput do art. 23 da LGPD, ao incumbir ao Poder Público que o tratamento de dados pessoais esteja em conformidade com as suas competências legais ou cumpra com suas atribuições legais ao prestar um serviço público. Aqui a Administração Pública somente poderá fazer o que a lei lhe permitir, ou seja,

177. MEIRELLES, Hely Lopes; ALEIXO, Délcio Balestero; BURLE FILHO, José Emmanuel. Direito Administrativo Brasileiro. 41. ed. São Paulo: Malheiros Editores Ltda., 2014. p. 95.

178. GABARDO, Emerson; REZENDE, Maurício Corrêa de Moura. O conceito de interesse público no direito administrativo brasileiro. Revista Brasileira de Estudos Políticos, Belo Horizonte, n. 115, p.267-318, dez. 2017. p. 281.

o Poder Público não poderá conceder direitos, criar obrigações ou impor vedações, a assuntos relacionados ao tratamento de dados, sem que haja previsão em lei.[179]

E, por último, o princípio da publicidade aparece no inciso I do art. 23 da LGPD, quando é exigido que a Administração Pública preste informações sobre as hipóteses de realização do tratamento de dados pessoais, de modo claro e atual, especificando a finalidade, os procedimentos e as práticas utilizadas, tudo isto vinculado a um veículo de comunicação de fácil acesso para o titular dos dados pessoais.

Além dos princípios constitucionais, o art. 6º da LGPD, traz em seus incisos os princípios da finalidade, da adequação, da necessidade, do livre acesso, da qualidade, da transparência, da segurança, da prevenção, da não discriminação e da responsabilização e prestação de contas.

5. O tratamento de dados pessoais pelas "estatais"

Conforme visto acima, as empresas públicas e as sociedades de economia mista, também conhecidas pela denominação de "estatais", constituem parte da Administração Pública Indireta. Assim, para a sequência do estudo é imprescindível entender as principais características desses dois institutos dentro do regramento da Administração Pública, para então os analisar à luz do art. 24 da LGPD.

Na visão de Celso Antônio Bandeira de Mello (2003, p. 172) a empresa pública pode ser entendida como:

179. PIETRO, Maria Sylvia Zanella di. Direito Administrativo. 29. ed. Rio de Janeiro: Forense, 2016. p. 96.

> Pessoa jurídica criada por força de autorização legal como instrumento de ação do Estado, dotada de personalidade de Direito Privado, mas submetida a certas regras especiais decorrentes de ser coadjuvante da ação governamental, constituída sob quaisquer das formas admitidas em Direito e cujo capital seja formado unicamente por recursos de pessoas de Direito Público interno ou de pessoas de suas Administrações indiretas, com predominância acionária residente na esfera federal.

Já as sociedades de economia mista são conceituadas por Hely Lopes Meirelles (2014, p. 458) como:

> pessoas jurídicas de Direito Privado, com participação do poder público e de particulares no seu capital e na sua administração, para a realização de atividade econômica ou serviço público outorgado pelo Estado.

Nesta linha de pensamento, as empresas públicas e as sociedades de economia então os analisar à luz do poderão ser criadas mediante autorização por lei específica, conforme previsão do inciso XIX do art. 37 da Constituição Federal. Neste caso as estatais dependem de lei especifica autorizadora e não dependem da lei para a sua criação, somente precisa de autorização, cabendo ao Executivo outorgar sua instituição.[180]

Segundo Maria Sylvia Zanella Di Pietro, a empresa pública e a sociedade de economia mista apresentam semelhanças, como o fato de: a criação e a extinção das empresas públicas e as sociedades de economia mista devem ser autorizadas por

180. MEIRELLES, Hely Lopes; ALEIXO, Délcio Balestero; BURLE FILHO, José Emmanuel. Direito Administrativo Brasileiro.41. ed. São Paulo: Malheiros Editores Ltda., 2014. p. 450.

lei; a personalidade jurídica de ambas é de direito privado; estão sujeitas ao controle estatal; ambas possuem derrogação parcial do regime de direito privado por normas de direito público; apresentam vinculação direta aos fins definidos na lei que as instituirão; e por fim, devem apresentar desempenho de atividade de natureza econômica.[181]

Por outro lado, as empresas públicas e as sociedades de economia mista também apresentam distinções, no que diz respeito à forma de organização e na composição de capital. Os incisos II e III do art. 5º do Decreto-Lei nº 200/1967, tratam a respeito da forma de organização das estatais que diferem quanto a sua forma de estruturação, vez que as empresas públicas poderão ser sob qualquer das formas admitidas em Direito, por outro lado as sociedades de economia mista, deverão ser estruturadas sob a forma de sociedade anônima.

Ademais, quanto à composição de capital as empresas públicas terão capital exclusivamente público, mas não unicamente federal, ou seja, é admitido participação no capital da empresa pública de outras pessoas jurídicas de direito público, desde que a maioria do capital seja da União, conforme art. 5º do Decreto-Lei 600/69.

Já as sociedades de economia mista, por estarem revestidas de sociedade anônima, têm o seu capital dividido em ações. Assim, nas sociedades de economia mista federais, estaduais ou municipais, as ações com direito a voto devem pertencer obrigatoriamente ao ente público: União, Estados ou Municípios, com o escopo de garantir o controle do poder público nas decisões da estatal.

181. PIETRO, Maria Sylvia Zanella di., op. cit., p. 553/554.

5.1. Espécies de empresas públicas e de sociedades de economia mista

Conforme visto, as empresas públicas e as sociedades de economia mista são integrantes da Administração Pública Indireta e por isso consideradas instrumentos de atuação do Estado na consecução de seus fins. Assim, ao serem criadas devem observar exigências estabelecidas por Lei, bem como garantir o controle estatal no que tange ao interesse público.

Isto ocorre porque os objetivos do Estado são diferentes dos interesses privados, uma vez que o Poder Público, obrigatoriamente, possui o dever de garantir o bem estar coletivo. Por assim dizer, é compreensível que o regime de jurídico das estatais apresente diferenças na execução de suas atividades quando comparado às empresas privadas. As atividades desempenhadas pelas estatais podem ser tanto a prestação de serviços público, quanto a execução de atividade econômica. Conforme o art. 173, §1º, II da Constituição Federal, as empresas públicas e sociedades de economia mista que atuarem explorando atividades econômicas deverão se sujeitar ao regime jurídico das empresas privadas. Neste regime jurídico de exploração de atividade econômica a necessidade da aplicação do Direito Privado é necessária para garantir a igualdade de tratamento entre as estatais e as empresas privadas, bem como a natureza do objeto de sua atuação na economia.[182]

Quando a exploração da atividade econômica pelo Poder público não se enquadrar no art. 170 da Constituição Federal seu exercício somente será admitido quando houver imperativos da segurança nacional ou relevante interesse público. Assim, a

182. MELLO, Celso Antônio Bandeira de. Curso de Direito Administrativo. 17. ed. São Paulo: Malheiros Editores Ltda., 2003. p. 181/184.

estatal poderá ter sua atuação pautada na prestação de serviços públicos ou executar qualquer atividade com a índole pública.

6. Empresas públicas e sociedades de economia mista na LGPD

De acordo com as espécies de empresas públicas e sociedades de economia mista se verificou que as estatais podem explorar atividades econômicas ou prestar serviços públicos. Nesta esteira, a Lei Geral de Proteção de Dados, ao abordar o tratamento de dados pelo Poder Público, também distingue o regime de atuação das estatais.

O art. 24 da LGPD disciplina o tratamento de dados pessoas para empresas públicas e sociedades de economia mista, vez que estas possuem atividade de natureza econômica. No caput do artigo, as estatais que exploram atividade econômica nos termos do art. 173 da Constituição Federal, estão dentro do regime da concorrência com o setor privado. Já no parágrafo único do art. 24, as estatais estarão prestando serviços públicos, ou seja, executando políticas públicas.

A tabela abaixo busca trazer a essência do art. 24, caput e parágrafo único da LGPD, mostrando que a partir do regime de atuação o tratamento de dados se dará de determinada forma:

Art. 24	Regime de atuação	Tratamento dado pela LGPD
Caput	Concorrência com o setor privado	O tratamento dos dados pessoais deverá ser idêntico ao do poder privado.
Parágrafo Único	Executando políticas públicas	O tratamento de dados pessoais será aquele exclusivo dos órgãos e entidades do Poder Público.

Tabela 1 - O tratamento de dados pelas estatais: Regimes de atuação

O caput do art. 24 da Lei Geral de Proteção de Dados, determina que quando as empresas públicas ou sociedades de economia mista estiverem explorando atividades econômicas (art. 173, CF), ou seja, concorrendo com o setor privado, o tratamento de dados pessoais deverá se dar de maneira idêntica ao exigido do setor privado.

Por sua vez, quando as empresas públicas ou sociedade de economia mista, estiverem executando políticas públicas o tratamento de dados pessoais se dará de forma idêntica à aplicada pelos órgãos e entidades do Poder Público. A título de exemplo, tem-se o consentimento do titular para a realização do tratamento de seus dados pessoais pelo controlador, visto que nesta temática é possível verificar como difere o consentimento a partir do regime de atuação das empresas públicas e sociedades de economia mista, seja explorando atividades econômicas ou executando políticas públicas.

O consentimento na LGPD deve ser de livre, informado e inequívoco, de modo que o titular dos dados pessoais deve concordar com o tratamento de seus dados para uma determinada finalidade, ou seja, o consentimento deverá atender as exigências do art. 5º, XII da LGPD. Paralelamente, tratando-se de dados sensíveis, o titular ou o responsável legal deverão consentir de forma especifica e a previsão a respeito do tratamento de dados terá que ser destacada, bem como a sua finalidade, de modo a atender as especificações do art. 11, I da LGPD.

Desse modo, a empresa pública ou sociedade de economia mista que estiver explorando atividade econômica em concorrência com o setor privado somente poderá realizar o tratamento de dados pessoais mediante o consentimento do titular, levando em consideração tudo aquilo que é disposto ao setor privado, tais como as previsões do art. 5º, XII, art. 7º, I, art. 8º e art. 11, I da LGPD.

Entretanto, quando as empresas públicas ou sociedades de economia mista estiverem exercendo políticas públicas o tratamento de dados poderá ocorrer sem consentimento, conforme previsão do inciso II, "b" do art. 11 da LGPD, o que constitui exemplo de flexibilização na aplicabilidade da Lei frente à finalidade e o interesse público.

O tratamento de dados pessoais pelo Poder Público ocorrerá de forma distinta conforme o regime de atuação estatal. Por isto, a elaboração ou execução de políticas públicas proporcionarão ao controlador dos dados pessoais prerrogativas cujo objetivo é facilitar a sua promoção.

6.1 Políticas públicas e as redes de sistemas governamentais

O estudo das políticas públicas tem caráter multidisciplinar, visto que engloba diversas áreas do conhecimento para o seu desenvolvimento e execução. Por assim dizer, as políticas públicas podem ser definidas como diretrizes gerais para a atuação conforme os interesses coletivos da esfera pública e sua função corresponde a prover orientações, a partir de valores e finalidades, para então se elaborar estratégias, programas e planos com determinados fins.[183]

Os tipos de políticas públicas podem ser diversos, tais como, políticas sociais, políticas macroeconômicas, políticas administrativas e políticas específicas ou setoriais. Já a natu-

183. PROCOPIUCK, Mario. Políticas Públicas e Fundamentos da Administração Pública: Análise e Avaliação, Governança e rede de Políticas, Administração Judiciária. São Paulo: Editora Atlas S. A., 2013, p. 139.

reza das políticas públicas pode abarcar as áreas decisórias, as finalidades e o alcance de ações de políticas públicas.[184]

No Brasil a União, os Estados e os Municípios possuem competências para desenvolver políticas governamentais atribuídas pela Constituição Federal. Na União as pautas de políticas sociais condizem com o primeiro nível, sua atuação é em nível macro, tais como segurança nacional, tratados de livre comércio, diretrizes gerais nas áreas da saúde e da educação, previdência social, entre outros. Já aos Estados e Municípios competem à execução de políticas públicas de segundo nível, em planos regionais ou locais, que compõem temas como proteção ao meio ambiente, captações de investimentos, turismo, intercâmbio cultural, educação básica e ensino fundamental, transporte, creches, dentre tantas outras políticas sociais.[185]

No atual contexto social, em que computadores e *softwares* compõem ponto estratégico na atuação do Poder Público, os avanços tecnológicos possibilitam que a Administração Pública esteja estruturada e articulada em uma rede de sistemas governamentais. Esses sistemas governamentais são alimentados por dados pessoais e sensíveis, relacionados à saúde, a educação, a previdência, ao imposto de renda, a assistência social, a informação bancária, dentre tantas outras informações pessoais que estão em poder da Administração Pública.[186]

É justamente por este motivo que o tratamento de dados pessoais pelo Poder Público é tão emblemático, vez que a Administração Pública possui em seu poder uma gama de informações acerca da vida privada de seus cidadãos. Essas

184. DIAS, Reinaldo; MATOS, Fernanda. *Políticas Públicas:* Princípios, Propósitos e Processos. São Paulo: Atlas, 2012, p. 17.

185. Ibidem, p. 29/30.

186. PROCOPIUCK, Mario, op. cit., p. 171.

informações, quando utilizadas para a elaboração e execução de políticas públicas, possibilitam resultados mais precisos e atualizados, sendo este um fator relevante para justificar o tratamento com maiores facilidades, nos termos da LGPD.

7. Conclusões

A era informacional mudou a gestão pública, tirou as informações pessoais do papel e as depositou em sistemas eletrônicos. Com isto, os dados pessoais em poder da Administração Pública estão distribuídos em sua rede de sistemas e possibilitam que o Estado preste serviços públicos e explore atividades econômicas.

As prerrogativas dispostas no artigo 24 da LGPD, para as empresas públicas e sociedades de economia mista que possuem atividade de natureza econômica, além de distinguir o tratamento de dados pessoais a partir do regime de atuação das estatais, visam garantir o equilíbrio entre o poder público e o privado na exploração de atividades econômicas. Isto decorre, porque as empresas públicas e as sociedades de economia mista que estiverem explorando atividade econômica estarão sujeitas ao regime próprio das empresas privadas, de modo que o tratamento de dados pessoais pelas estatais deverá ocorrer de forma idêntica àquela praticada pelo setor privado.

Já quando a finalidade pública visar a promoção de políticas públicas o tratamento de dados pessoais pelas as empresas públicas e sociedades de economia mista poderá se valer das prerrogativas dispostas na LGPD, ao exemplo da exigência de consentimento do titular, que pode ser dispensado para a execução de políticas públicas.

No mais, o legislador busca garantir à Administração Pública, seja Direta ou Indireta, a possibilidade de executar políticas públicas de forma facilitada, célere e atualizada, conforme a finalidade pública atribuída ao órgão competente, respeitados os direitos do titular e a proteção de seus dados pessoais e exigindo do Poder Público maior cautela e perícia no tratamento de dados e em seus sistemas operacionais.

8. Referências bibliográficas

BRASIL. Constituição (1988). *Constituição da República Federativa do Brasil, de 05 de agosto de 1988*. Brasília. Disponível em: <http://www.planalto.gov.br/ccivil_03/constituicao/constituicao.htm>. Acesso em: 28 maio 2019.

_______. *Decreto-lei nº 200, de 26 de fevereiro de 1967. Brasília, 25 fev. 1967.* Disponível em: <http://www.planalto.gov.br/ccivil_03/decreto-lei/del0200.htm>. Acesso em: 28 maio 2019.

_______. *Decreto-lei nº 900, de 29 de setembro de 1969. Brasília, 29 set. 1969.* Disponível em: <http://www.planalto.gov.br/ccivil_03/decreto-lei/del0900.htm>. Acesso em: 28 maio 2019.

_______. *Lei nº 12527, de 18 de novembro de 2011*. Brasília, 18 nov. 2011. Disponível em: <http://www.planalto.gov.br/ccivil_03/_ato2011-2014/2011/lei/l12527.htm>. Acesso em: 28 maio 2019.

_______. *Lei nº 13.709, de 14 de agosto de 2018*. Brasília, 14 ago. 2018. Disponível em: <http://www.planalto.gov.br/ccivil_03/_Ato2015-2018/2018/Lei/L13709.htm>. Acesso em: 28 maio 2019.

_______. Lei nº 6404, de 15 de dezembro de 1976. Brasília. 15 dez. 1976. Disponível em: <http://www.planalto.gov.br/ccivil_03/leis/l6404compilada.htm>. Acesso em: 28 maio 2019.

CASTRO, Luiz Fernando Martins. *Proteção de dados pessoais - panorama internacional e brasileiro.* Revista Cej: Direitos e Tecnologias da Informação, Brasília, v. 6, n. 19, p.40-45, dez. 2002. Disponível em: <http://www.jf.jus.br/ojs2/index.php/revcej/article/viewArticle/506>. Acesso em: 28 maio 2019.

DIAS, Reinaldo; MATOS, Fernanda. *Políticas Públicas:* Princípios, Propósitos e Processos. São Paulo: Atlas, 2012.

GABARDO, Emerson; REZENDE, Maurício Corrêa de Moura. *O conceito de interesse público no direito administrativo brasileiro*. Revista Brasileira de Estudos Políticos, Belo Horizonte, n. 115, p.267-318, dez. 2017. Disponível em: <https://pos.direito.ufmg.br/rbep/index.php/rbep/issue/view/32/showToc>. Acesso em: 28 maio 2019.

GEDIEL, José Antônio Peres; CORRÊA, Adriana Espíndola. *Proteção Jurídica de Dados Pessoais*: A Intimidade Sitiada entre o Estado e o Mercado. Revista da Faculdade de Direito: UFPR, Curitiba, v. 47, p.141-153, 2008. Disponível em: <https://revistas.ufpr.br/direito/issue/view/913>. Acesso em: 28 maio 2019.

MEDAUAR, Odete. *Direito Administrativo Moderno*. 15. ed. São Paulo: Editora Revista dos Tribunais, 2011.

MEIRELLES, Hely Lopes; ALEIXO, Délcio Balestero; BURLE FILHO, José Emmanuel. *Direito Administrativo Brasileiro*.41. ed. São Paulo: Malheiros Editores Ltda., 2014.

MELLO, Celso Antônio Bandeira de. *Curso de Direito Administrativo*. 17. ed. São Paulo: Malheiros Editores Ltda., 2003.

MODESTO, Paulo. *Notas para um debate sobre o principio constitucional da eficiência*. A & C: Revista de Direito Administrativo & Constitucional, Curitiba, v. 2, n. 7, p.34-46, jan. 2002. Disponível em: <http://www.revistaaec.com/index.php/revistaaec/article/view/767/574>. Acesso em: 28 maio 2019.

MONTEIRO, Renato Leite. *Existe um direito à explicação na Lei Geral de Proteção de Dados do Brasil?* Instituto Igarapé: a think and do tank, Rio de Janeiro, n. 39, p.1-27, dez. 2018. Disponível em: <https://igarape.org.br/publicacoes/publicacoes-do-igarape/>. Acesso em: 28 maio 2019.

PIETRO, Maria Sylvia Zanella di. *Direito Administrativo*. 29. ed. Rio de Janeiro: Forense, 2016.

PINTO, Alexandre Guimarães Gavião. *Os Princípios mais Relevantes do Direito Administrativo*. Revista da Emerj: Escola da Magistratura do Estado do Rio de Janeiro, Rio de Janeiro, v. 11, n. 42, p.130-141, jun. 2008. Disponível em: <http://www.emerj.tjrj.jus.br/revistaemerj_online/edicoes/revista42/Revista42.pdf>. Acesso em: 28 maio 2019.

PLATT NETO, Orion Augusto et al. *Publicidade e Transparência das Contas Públicas:* obrigatoriedade e abrangência desses princípios na administração pública brasileira. *Contabilidade Vista & Revista*, Minas Gerais, v. 8, n. 4, p.75-94, mar. 2007. Disponível em: <https://revistas.face.ufmg.br/index.php/contabilidadevistaerevista/issue/view/52>. Acesso em: 28 maio 2019.

PROCOPIUCK, Mario. *Políticas Públicas e Fundamentos da Administração Pública:* Análise e Avaliação, Governança e rede de Políticas, Administração Judiciária. São Paulo: Editora Atlas S. A., 2013.

RAIMUNDO, João Pedro Sargaço Dias. *Uma Nova Frente da Proteção de Dados Pessoais*: a (im)possibilidade de assegurar um eventual direito ao esquecimento. 2012. 70 f. Dissertação (Mestrado) - Curso de Mestrado em Direito, Área de Ciências Jurídico-políticas, Universidade do Porto, Porto, 2012. Disponível em: <https://repositorio-aberto.up.pt/bitstream/10216/75966/2/24685.pdf>. Acesso em: 28 maio 2019.

SARDETO, Patricia Eliane da Rosa. *Proteção de dados pessoais*: conhecendo e construindo uma nova realidade. Londrina: Gradual Comunicação, 2011.

SILVA, Rogério Marques da. Administração Pública Direta e Indireta. In: HARGER, Marcelo. *Curso de Direito Administrativo*. Rio de Janeiro: Editora Forense, 2008.

5

ÔNUS E BÔNUS DA EVOLUÇÃO TECNOLÓGICA NO TRATAMENTO DE DADOS POR SERVENTIAS NOTARIAIS E REGISTRAIS

Rodrigo Ichikawa Claro Silva[187]
Ana Cláudia Corrêa Zuin Mattos do Amaral[188]

Sumário: 1. Introdução; 2. Serviços notariais e registrais; 3. Internet, tecnologia e novas tendências; 4. Adequação às normativas contemporâneas; 5. Conclusões; 6. Referências Bibliográficas.

---

187. Mestre (bolsista CAPES) em Ciências Jurídicas pelo Centro Universitário de Maringá (UNICESUMAR). Mestre em Direito Negocial pela Universidade Estadual de Londrina (UEL). Pós-Graduado em Direito Notarial e Registral pela LFG-Anhanguera. Pós-Graduado em Direito Civil e Empresarial pelo Damásio Educacional. Pós-Graduando na área de Advocacia Extrajudicial pela Faculdade Legale. Advogado. Professor. Contato: r.rodrigosilva01@gmail.com.

188. Doutora em Direito Civil Comparado pela Pontifícia Universidade Católica de São Paulo (PUC-SP). Mestre em Direito Negocial pela Universidade Estadual de Londrina (UEL). Professora Adjunta do Curso de Direito e Docente Permanente do Programa de Mestrado em Direito Negocial da Universidade Estadual de Londrina (UEL). Coordenadora do projeto de pesquisa "Autonomia privada, Direitos Humanos e Fundamentais: em Defesa da Dignidade e Concretização da Tutela da Pessoa por Meio da Responsabilidade Civil". Contato: anaclaudiazuin@live.com.

1. Introdução

Hodiernamente os serviços notariais e registrais são prestados por particulares habilitados que, com a chancela do Poder Público, detêm fé e atribuições bastantes para conferir legitimidade, legalidade, autenticidade, publicidade, segurança jurídica, valor probatório e eficácia aos atos por eles executados nos formatos e padrões de sua devida configuração pública.

Pela essência e relevância de suas atuações, figuram como mecanismos imprescindíveis às múltiplas relações jurídicas que, dia-a-dia, são ajustadas pelos indivíduos no seio do contexto social em que inseridos. Todo cidadão, ademais, em determinado momento de sua (con)vivência, precisa do intermédio de alguma das Serventias Notariais e Registrais para a formalização ou o registro de fatos e atos fulcrais à substância dos papeis e relações que assume em sociedade.

Compreendendo, assim, a prestação de serviços essenciais à satisfação das necessidades e demandas pessoais e sociais, as Serventias devem constantemente evoluir para adequarem-se às novas realidades que, diuturnamente, são construídas e (re)formuladas, notadamente em sede da mutabilidade que caracteriza sociedades tão fluidas, dinâmicas e plurais como as modernas.

Nesta via, considerando-se a evolução da Internet e dos mecanismos tecnológicos que a cada dia inovam e influenciam as interações dos indivíduos em suas relações sociais diárias, seria paradoxal não aprofundar estudos sobre os efeitos da incidência prática destes instrumentos no próprio direcionamento e trato da evolução das relações humanas, notadamente em razão da intensidade, complexidade e amplitude de seu impacto na vida de todas as pessoas.

Mais especificamente, aduz-se à conjugação das atividades prestadas pelas Serventias notariais e registrais para com as normativas que atualmente se referem à proteção de dados e informações, bem como aos padrões mínimos então relacionados ao uso dos novos aparatos tecnológicos. Exemplificativamente, pontua-se as Leis n.os 6.015/1973, 8.935/1994, 13.709/2018 e os Provimentos n.os 18/2012, 39/2014, 46/2015, 74/2018, 87/2019, 89/2019[189], 100/2020, 106/ 2020, 107/2020, 109/2020[190] do CNJ, dentre outras normativas relacionadas aos temas em apreço.

Ademais, em razão da essencialidade de toda a gama de serviços e atividades conferidos às referidas Serventias, além de sua grande responsabilidade sobre a própria integridade humana e a essência protetiva que paira sobre as informações e os dados pessoais por elas tratados, infere-se pela necessidade de uma informatização coordenada de tais Ofícios, para que assim sejam asseguradas prestações mais céleres, seguras e efetivas, ao mesmo tempo em que se garanta a intimidade, integridade e desenvolvimento pessoal dos envolvidos. Outrossim, é oportuno que seja afastada uma oneração excessiva quanto à sua adequação aos novos parâmetros instituídos.

Por conseguinte, na via de aferir-se os reflexos advindos das expostas conjunturas, em especial quanto à efetivação dos referidos instrumentos no trato das relações humanas operadas na sociedade ("física ou digital"), com o sopesamento de suas possíveis consequências - benéficas ou maléficas -, o presente texto é desenvolvido pelo método dedutivo, através de pesquisa bibliográfica em escritos atinentes ao campo do Direito, por

---

189. Que, especificamente, estabelece diretrizes ao estatuto do Operador Nacional do Sistema de Registro Eletrônico ONR.

190. Que, especificamente, disciplina a atuação da Corregedoria Nacional de Justiça como Agente Regulador do ONR - Operador Nacional do Registro Imobiliário Eletrônico e dá outras providências.

meio da análise e interpretação documental do material abaixo relacionado, com o devido enfoque e abordagem na presente temática, para o estabelecimento das especificas considerações e explanações até então possíveis.

2. Serviços notariais e registrais

Os titulares dos Ofícios extrajudiciais, nominados como "cartorários" - tabeliães/notários e registradores/oficiais de registro -, são profissionais do Direito que operam atribuições públicas, com a chancela e a fé estatal, mormente por meio de assessoria intelectual e jurídica para todos os que vindicam suas atuações a fim de, então, formalizar e efetivar juridicamente as vontades manifestadas, dessarte equilibrando as partes no intuito de tutelar pessoas e constituir, modificar ou transferir direitos, torná-los eficazes e evitar vícios que possam afetar as relações jurídico-sociais, assim ensejando segurança jurídica e a conseguinte pacificação social[191]. Por destaque:

> das características supra apontadas, logo se percebe que o notário e o registrador não são funcionários públicos em sentido estrito e tampouco um profissional liberal do Direito: são *tertium genus*, uma vez que se posicionam entre o jurista estatal (magistrado, promotor de justiça, etc.) e o jurista privado (advogado, consultor jurídico)[192].

191. Oportuno salientar a plausível mudança na forma de provimento das serventias, que não mais se dá por indicação e hereditariedade, mas sim por aprovação em democrático concurso público de provas e títulos, o que permite o ingresso de pessoas dotadas com grande conhecimento e preparo, em grau suficiente e adequado para o devido atendimento das necessidades e pretensões da sociedade, em forma proba e imparcial.
192. LOUREIRO, Luiz Guilherme. *Registros públicos*: teoria e prática. 7. ed., rev., atual. e ampl. Salvador: Juspodivm, 2016, p. 54.

De fato, por razão da sua primordialidade no trato das (inter)relações que compõem a (con)vivência humana em sociedade, é logicamente ampla a capilaridade das estruturas notariais e registrais[193]. Ponto este que beneficia toda a sociedade em razão da grande disseminação e variedade na distribuição das sedes extrajudiciais pelo país, ao passo que atualmente se configuram instituídas em praticamente todos municípios brasileiros. Devem, pois, atender a qualquer pessoa nas mais diversas e longínquas localidades, pois imprescindíveis à vida do cidadão. Ora: "todos nós, em alguns momentos da vida, precisamos fazer uso de serviços cartoriais, desde o registro de nascimento, compra de imóveis, casamento, divórcio, protesto de título entre outros, até o óbito".[194]

Aliás, já o primeiro passo para o exercício da cidadania, bem como de variados outros direitos, advém de uma serventia registral a qual, pelo registro de nascimento e emissão da certidão respectiva, muito contribui para que não ocorram situações de exclusão social. Ademais, o assento de nascimento é o componente medular da vida social de uma pessoa, pois permite a esta ingressar no universo jurídico de determinada sociedade, o que lhe garante o devido reconhecimento gerador de seus correspondentes direitos e deveres fundamentais.

---

193. Segundo dados do Conselho Nacional de Justiça (CNJ), há quase 14.000 serventias no Brasil. Disponível em: <http://www.cnj.jus.br/noticias/65383-justiaberta-disponibiliza-acesso-a-cadastro dos-carts>. Acesso em: 20 jun. 2019.

194. GRETTER Elton Giovani; LEHMANN, Wagner Walter. SANTOS, Anderson Silveira dos. *A gestão da tecnologia da informação nas Serventias Extrajudiciais.* Centro Universitário Leonardo da Vinci-UNIASSELVI. Maiêutica Cursos de Gestão. ISSN: 2525-8346. v.1, n.1, 2014, p. 241. Disponível em: <https://publicacao.uniasselvi.com.br/index.php/GESTAO_EaD/article/view/1235> Acesso em: 20 jun. 2019.

> Nada é mais assustador para um jurista do que uma pessoa sem registro. É um fantasma pairando no mundo natural com o qual não se sabe como lidar. O único e imediato conselho é providenciar o seu devido e necessário registro de nascimento, que é seu documento mais elementar e essencial, sem o qual a pessoa não é indivíduo. Sem individualidade, dilui-se na mais primitiva e bruta humanidade, deixando de ser pessoa, ao menos para o mundo dos direitos.[195]

Atuando, pois, na materialização efetiva de direitos fundamentais às pessoas e instituições, bem como na segurança jurídica das relações jurídico-sociais pela garantia da fé pública e a conferência de valor probatório, força executiva e eficácia a determinados atos tornados públicos pelas referidas Serventias, tais atividades são devidamente regidas por normas próprias. Com efeito, e consonante ao regime constitucional que lhes esteia, são estas regulamentadas - entre outras disposições - especificamente pelas leis federais n°s 6.015/1973, 8.935/1994[196] e 9.492/1997.

Apesar de atuarem com certa independência, sem subordinação hierárquica, sujeitam-se à fiscalização e ao controle do Judiciário[197] (e inclusive aos atos normativos e funções

195. CAMARGO NETO, Mário de Carvalho; OLIVEIRA, Marcelo Salaroli de. *Registro civil das pessoas naturais I*: parte geral e registro de nascimento. São Paulo: Saraiva, 2014, p. 19.
196. Esta Lei regulamentou o artigo 236 da Constituição Federal de 1988 e nesta forma, por dispor sobre os serviços notariais e registrais, ficou conhecida como "Lei dos Cartórios".
197. Observe-se que, o artigo 236 da Constituição Federal de 1988 – principal diretriz constitucional acerca das disposições relativas aos notários e registradores –, não foi incluído no capítulo III – o qual se reporta pormenorizadamente ao Poder Judiciário –, mas sim no título IX da mesma, o qual traça Disposições

correcionais do CNJ), visto que a organização institucional do sistema notarial e registral brasileiro resta, em certa medida, adjacente a referido Poder. Ademais, porquanto inseridas no âmbito das atividades estatais públicas, são também alcançadas pelos princípios concernentes à Administração, ao exemplo daqueles extraídos do artigo 37, *caput*, da Constituição Federal.

Para mais, a decorrência de vícios ou faltas pode gerar a anulação dos atos praticados, bem como a responsabilização do respectivo tabelião ou registrador, principalmente na forma do artigo 22 da Lei nº 8935/94[198], sem prejuízo das demais sanções cabíveis em âmbito civil, administrativo e criminal. Decorre então, desta soma de deveres e responsabilizações, a garantia de que se tem por devidamente observado o ordenamento jurídico-legislativo e fomentada a eficiência e o equilíbrio das relações que perpassam pela prestação dos serviços extrajudiciais no vislumbre da segurança jurídica que é tida como uma das principais finalidades de nossa sistemática atual. É, também:

> daí que o Estado possui um poder de controle que é irrenunciável, sobre qualquer função pública ou serviço público delegado para seu exercício independente porque forma parte do aparato ou da estrutura estatal. Este poder tem controle que se dá em dois níveis: passivo e ativo.

Constitucionais Gerais. Daí é possível evidenciar, ainda mais, a não vinculação direta destas atividades ao Judiciário.

198. Que traz a seguinte determinação: "os notários e oficiais de registro são civilmente responsáveis por todos os prejuízos que causarem a terceiros, por culpa ou dolo, pessoalmente, pelos substitutos que designarem ou escreventes que autorizarem, assegurado o direito de regresso.". BRASIL. *Lei nº 8.935, de 18 de novembro de 1994.* Regulamenta o art. 236 da Constituição Federal, dispondo sobre serviços notariais e de registro. Brasília, 18 de novembro de 1994. Diário Oficial da República Federativa do Brasil. Disponível em: <http://www.planalto.gov.br/ccivil_03/leis/l8935.htm>. Acesso em: 20 jun. 2019.

> No âmbito passivo, o controle do Estado sobre a função notarial se dá pela informação e vigilância. No âmbito ativo, pela regulamentação normativa[199].

Em complemento, observa-se que a Constituição Federal é expressa em dispor que ao CNJ compete o controle da atuação administrativa e financeira do Poder Judiciário, bem como do cumprimento dos deveres funcionais de seus membros, cabendo-lhe inclusive o recebimento e conhecimento das reclamações contra os membros ou órgãos do Judiciário e de seus serviços auxiliares, além das serventias e órgãos prestadores de serviços notariais e de registro, que sejam oficializados ou atuem por delegação do poder público (artigo 103-B, §4º, III, CF/88).

Incontroversa, pois, a autoridade do Conselho para a expedição das normativas que serão cumpridas pelas Serventias extrajudiciais. Dentro de suas atribuições[200], destaca-se a edição de atuais Provimentos - abaixo descritos -, os quais se mostram contemporaneamente oportunos à perspectiva de que os serviços notariais e registrais, por sua própria natureza como arcabouço de registro das relações interpessoais e reais,

199. LOUREIRO, Luiz Guilherme. *Registros públicos*: teoria e prática. 7. ed., rev., atual. e ampl. Salvador: Juspodivm, 2016, p. 64.

200. O art. 8º, X, do Regimento autoriza ao Corregedor Geral: "expedir Recomendações, Provimentos, Instruções, Orientações e outros atos normativos destinados ao aperfeiçoamento das atividades dos órgãos do Poder Judiciário e de seus serviços auxiliares e dos serviços notariais e de registro, bem como dos demais órgãos correicionais, sobre matéria relacionada com a competência da Corregedoria Nacional de Justiça". BRASIL. Conselho Nacional de Justiça. *Regimento Interno*. Disponível em: <http://www.cnj.jus.br/files/conteudo/arquivo/2015/10/b8953e0554207c0f4fb95a29e9326532.pdf>. Acesso em: 20 jun. 2019.

também centram atividades no âmbito do tratamento de dados considerados pessoais sob a definição da Lei n.º 13.709/2018[201].

Cabe ainda reputar que os arquivos e livros - eletrônicos ou não -, de tais Ofícios, ostentam a inquestionável qualidade de base de dados, também sob o teor das definições trazidas pela referida Lei[202]. E, por razão da publicidade que sustém o campo público, seu conteúdo pode ser conhecido - mesmo imotivadamente - desde que observados direitos e garantias fundamentais[203], pelos particulares e Poder Público, o qual inclusive detém acesso direto e gratuito aos registros[204]. Mas, "além do mais, ainda que em geral se trate de dados públicos, o acesso indiscriminado do Estado às informações contidas nos bancos de dados pode implicar violação à privacidade; já vários dados podem ter natureza personalíssima ou de interesse meramente individual.".

Por oportuno, cumpre pontuar que os notários e registradores apenas detêm os livros e papéis sob sua guarda, como

201. A qual, em seu art. 5º, I, determina que: "para os fins desta Lei, considera-se: I - dado pessoal: informação relacionada a pessoa natural identificada ou identificável; [...]". Disponível em: < http://www.planalto.gov.br/ccivil_03/_Ato2015-2018/2018/Lei/L13709.htm>. Acesso em: 20 jun. 2019.

202. A qual, em seu art. 5º, IV, determina que: "para os fins desta Lei, considera-se: [...] IV - banco de dados: conjunto estruturado de dados pessoais, estabelecido em um ou em vários locais, em suporte eletrônico ou físico; [...]". Disponível em: < http://www.planalto.gov.br/ccivil_03/_Ato2015-2018/2018/Lei/L13709.htm> Acesso em: 20 jun. 2019.

203. LOUREIRO, Luiz Guilherme. *Registros públicos*: teoria e prática. 7. ed., rev., atual. e ampl., Salvador: Juspodivm, 2016, p. 494

204. Nestas diretrizes, o art. 41 da Lei nº 11.977/2009 prevê que: "a partir da implementação do sistema de registro eletrônico de que trata o art. 37, os serviços de registros públicos disponibilizarão ao Poder Judiciário e ao Poder Executivo federal, por meio eletrônico e sem ônus, o acesso às informações constantes de seus bancos de dados, conforme regulamento.". Disponível em: <http://www.planalto.gov.br/ccivil_03/_ato2007-2010/2009/lei/l11977.htm>. Acesso em: 20 jun. 2019.

depositários que são. Ora, em verdade, tais instrumentos pertencem ao Estado que, no caso, é representado por delegatários por ele responsáveis, temporariamente, aos quais cabe cumprir o dever de manter os arquivos e documentos em local seguro e conservado, ao fim de diminuir-se o risco de extravios e deteriorações[205], seja com o suporte físico do formato papel ou o plano eletrônico/digital, por meio inclusive de *backups* e "arquivos reservas" localizados em outras localidades e servidores.

Dessarte, em suma, os Ofícios extrajudiciais figuram como instituições juridicamente qualificadas e socialmente necessárias à formalização pública de certos fatos, atos e negócios, ao fim de conferir, com segurança, legitimidade e autenticidade, a devida eficácia almejada pela sociedade em suas relações jurídicas. E, por sua configuração como centros registrais dos elementos fundantes da personalidade, abarcam dados pessoais de milhões de pessoas em bancos circundados pela chancela estatal e confiança social. Para manter sua integridade, devem também cumprimento às normativas atinentes ao tópico da proteção das elementares que dizem respeito ao fomento dos registros pessoais que constroem a personalidade humana e toda a sociedade.

3. Internet, tecnologia e novas tendências

Por introito, relembrando que no pretérito os serviços extrajudiciais não se utilizavam das tecnologias atualmente comuns em suas atividades, porque em determinado tempo não houve, por exemplo, telefone, computador, *scanner*, *Internet*

205. Ademais: "a conservação deverá ser feita de forma que impeça sua destruição. Em caso de destruição das escrituras originais e demais documentos arquivados, deve-se proceder à sua restauração nos termos do Código de Processo Civil.". LOUREIRO, Luiz Guilherme. *Registros públicos*: teoria e prática. 7 ed, rev, atual., Salvador: Juspodivm, 2016, p. 105-106.

e outras facilidades modernas, é palpável que as tecnologias evoluem e influenciam as múltiplas formas das atividades judiciais e extrajudiciais alterando, pois, os parâmetros e vias de atuação. Contemporaneamente, ademais: "com a generalização do comércio eletrônico e da multimídia, a humanidade presencia nova revolução, tão ou mais importante que a Revolução Industrial do século XIX.".[206]

Tendência esta que se mostra progressivamente mais forte e intensa no que toca as atividades notarias e registrais visto que estas são, em muito, atingidas pelos avanços da tecnologia da informação e de outras inovações tecnológicas, a exemplo da *blockchain*, biometria, malotes digitais e digitalização de documentos, bem como a configuração de centrais, bases de dados, livros, registros e documentos eletrônicos, além das remessas, notificações e envios realizados, via Internet e Intranet, a diversos órgãos, entidades e sistemas.

Ora, a (r)evolução da Internet, conjugada com as novas tecnologias que todos os dias evoluem e incidem sobre a fluidez das novéis redes interacionais que compõem a formação das configurações sociais, também detém o condão de estear a mutação dos institutos jurídicos porque, como elementares do arcabouço regulador das relações jurídico-sociais, visam atender as mutáveis demandas da sociedade, e assim devem progredir ao propósito de adequarem-se à atual realidade para comporem padrões de respostas suficientes à ordem social, sem perder sua gênese.

> Com efeito, a informatização dos serviços notariais e registrais tem o propósito de compatibilizar esses serviços à rapidez que marca o fluxo de informações na sociedade

---

206. LOUREIRO, Luiz Guilherme. *Registros públicos*: teoria e prática. 7. ed., rev., atual. e amp.., Salvador: Juspodivm, 2016, p. 488.

hodierna, evitando assim um excessivo dispêndio de tempo e um desnecessário deslocamento físico para a obtenção de informações perante as serventias[207].

A modernização, em verdade, não parece configurar mera tendência, mas uma necessidade improtelável. É também complexa, extensa e abarcante, por exemplo, de um quadro de tecnologias, protocolos e códigos que viabilizam a conexão de pessoas, coisas, dados e informações[208] em uma rede interacional materializada pelas bases e estruturas fornecidas por computadores, programas, sensores e outros mecanismos de processamento e transmissão.

Idem, o potencial de amplitude de Serventias profícuas e atuais decorre da vastidão dos elementos, estruturas e agentes que podem ser atingidos pela enorme rede de interações viabilizada por referido sistema, o qual se apresenta muito mais abrangente e influente das relações pessoais, reais e sociais do que os outros meios de compartilhamento de dados e informações. Como exemplo da utilização dos instrumentos de compartilhamento e comunicação tem-se que: "cada computador pode conter e

---

207. FERRARI, Carla Modina; KÜMPEL, Vitor Frederico. *Tratado notarial e registral:* ofício de registro civil das pessoas naturais. São Paulo: YK, 2017, p. 415.

208. Acerca dos dados e informações cabe apontar que distinguem-se mormente por sua significância e propósito, pois os dados são tidos como os elementos, em estado bruto, dos quais podem então ser obtidas informações, as quais se configuram quando, com alocação dos devidos tratamentos, os dados colhidos ficam aptos a gerar profícuos efeitos a quem deles se utilizar em determinado campo. SILVA, Rodrigo Ichikawa Claro. *Documentação instrumentalizadora da vinculação estatal do indivíduo, fomentadora do digno desenvolvimento da personalidade e estabilizadora das estruturas sociais.* Dissertação apresentada no curso de pós-graduação em Direito - Mestrado em Ciências Jurídicas. UNICESUMAR. Maringá-PR, 2018, p. 30.

fornecer, a pedido do usuário, uma infinidade de informações que dificilmente seria obtida por meio de telefonemas[209].

Nesta seara, aliados os serviços extrajudiciais à dinamicidade e pluralidade das conexões possibilitadas pela evolução das tecnologias e da Internet decorre que, cada vez mais, a amplitude do acesso afeta a vida pessoal de todo e cada indivíduo, e torna-se indispensável às múltiplas atividades humanas, seja qual for sua nominação ou configuração. Portanto: "em lugar de perder tempo com questões semânticas, é mais importante reconhecer que a influência da Internet na vida humana é irreversível".[210]

Para mais, pode-se compreender que, aos titulares das Serventias extrajudiciais também se mostra propício tal cenário inovativo, porquanto há um potencial engrandecimento de seu ofício ao passo que poderão ser concedidas novas atribuições realizáveis pelas vias eletrônicas, além do consequente fomento da própria confiança sobre elas depositada pelo Estado e a sociedade. Como decorrência lógica, advém ainda a provável melhoria das condições destas instituições em razão de um presumível aumento da renda advinda de novas atividades e formatos tecnológicos[211] que poderão por elas ser devidamente manejadas.[212]

---

209. PAESANI, Liliana Minardi. *Direito e Internet:* liberdade de informação, privacidade e responsabilidade civil. São Paulo: Atlas, 2013, p. 12.

210. LEONARDI, Marcel. *Tutela e privacidade na internet.* São Paulo: Editora Saraiva, 2012, p. 37.

211. Exemplificativamente, o Provimento n.º 100/2020, do CNJ, dispôs sobre a prática de atos notariais eletrônicos com a utilização do sistema 'e-Notariado', e criou a 'Matrícula Notarial Eletrônica-MNE', além de outras providências.

212. Registre-se que, em contraposição a poucas serventias bem rentáveis, há muitas (aliás a grande maioria) que dificultosamente subsistem.

Pragmaticamente, já não mais há necessidade de que os livros, certidões, títulos e documentos se materializem em suporte papel, pois atualmente podem ser concebidos, desde que em conforme às disposições legais, integralmente por meios eletrônicos. Outrossim, atos como envio e recebimento de documentos, protocolos, registros, averbações, expedição de certidões, dentre outros, podem ser realizados, assinados e conferidos digitalmente porquanto, além de perfeitamente factíveis numa confecção eletrônica segura, favorecem inclusive a economia dos aportes (de material, pessoal e dinheiro) e do tempo que seriam gastos.

Com esta configuração informatizada alcança-se, também, um maior potencial à satisfação dos usuários, bem como à facilitação do exercício das atividades pelos titulares e auxiliares das Serventias, que poderão prestar serviços mais céleres, acessíveis, econômicos e seguros[213]. Ademais interessa ao próprio interesse público, tanto que: "da mesma forma, é cada vez mais frequente o recurso à Internet e às tecnologias de informação na relação dos cidadãos com as Administrações Públicas, junto como o crescente número de documentos públicos eletrônicos.[214]

213. Nesta seara: "a certificação digital também contribui com a confiabilidade e integridade das informações digitalizadas, de forma que podem ser conferidos eletronicamente quanto à autenticidade, pelos seus protocolos digitais. Dessa forma, os atos passam a ter validade digital também.". GRETTER Elton Giovani; LEHMANN, Wagner Walter. SANTOS, Anderson Silveira. *A gestão da tecnologia da informação nas Serventias Extrajudiciais.* Centro Universitário Leonardo da Vinci-UNIASSELVI. Maiêutica Cursos de Gestão. ISSN: 2525-8346. v.1, n.1, 2014, p. 246. Disponível em:<https://publicacao.uniasselvi.com.br/index.php/GESTAO_EaD/article/view/1235>. Acesso em: 20 jun. 2019.

214. LOUREIRO, Luiz Guilherme. *Registros públicos*: teoria e prática. 7. ed., rev., atual. e ampl. Salvador: Juspodivm, 2016, p. 471.

Como exemplo, na sede dos atos normativos que reforçam a passagem de um patamar a outro - dos dados analógicos aos digitais - pode-se referenciar, por exemplo, o Provimento n.º 46/2015, do CNJ, que dispôs sobre a Central de Informações de Registro Civil das Pessoas Naturais (CRC). Esta Central - além de outras (como a CENSEC tratada pelo Provimento n.º 18/2012 do CNJ) - funciona como um repositório de dados e informações formatados em plataforma própria, a qual pode ser acessada por qualquer usuário habilitado, bem como pelo Poder Público, assim interligando pessoas, órgãos e instituições para com os Ofícios de Registro Civil do país, através de serviços oferecidos por via eletrônica. Aqui cabe observar que:

> em verdade, a criação dessas centrais insere-se no bojo de uma tendência mundial à incorporação de novas tecnologias na prestação de serviços públicos não apenas por imperativo de eficiência, mas por uma verdadeira necessidade operacional, na medida em que o intenso fluxo de informações, que marca a sociedade globalizada, exige uma adequação das instituições públicas, sob pena de anacronismos do sistema e inefetividade da prestação de serviços[215].

Esta ordenação condiz com a propensão atual que visa o acrescimento do acesso da população às Serventias extrajudiciais, bem como um encurtamento de distâncias territoriais pelo uso da Internet e das novas tecnologias. Visa-se, outrossim, viabilizar a imediata localização e apresentação de documentos, papéis e registros, com redução de custos e otimização de tempo na prestação das respectivas atividades.

---

215. FERRARI, Carla Modina; KÜMPEL, Vitor Frederico. *Tratado notarial e registral:* ofício de registro civil das pessoas naturais. São Paulo: YK, 2017, p. 415.

Idem, a informatização detém ainda um condão de tornar os dados bastante acessíveis e confiáveis, através de uma base dotada de grande segurança e credibilidade. Além do mais, a padronização dos serviços também descomplexifica a atuação correcional das Corregedorias e demais órgãos de fiscalização ou normatização, o que gera uma melhor e mais célere correção de eventuais falhas. Para mais, pode-se pontuar que, quanto maior o número de dados e documentos digitalizados, menos papéis serão utilizados, fato este que consequentemente também eleva o nível de sustentabilidade atingido.[216]

Em síntese, a gestão das Serventias extrajudiciais deve concatenar o inevitável uso da Internet e das novas tecnologias para com a estrutura disponível e a renda arrecadada por cada unidade, visando sempre a maior segurança dos dados e informações armazenados e transacionados por meio de suas redes de serviços, principalmente porquanto envolventes de dados pessoais que, por sua própria essência, devem ser assegurados por um alto padrão de inviolabilidade e incorruptibilidade, sem prejuízo da devida prestação contínua das atividades notariais e registrais que são pautadas, ao mesmo tempo, pela publicidade[217] e a segurança jurídica das relações, a urbanidade

216. GRETTER Elton Giovani; LEHMANN, Wagner Walter. SANTOS, Anderson Silveira dos. *A gestão da tecnologia da informação nas Serventias Extrajudiciais.* Centro Universitário Leonardo da Vinci-UNIASSELVI. Maiêutica Cursos de Gestão. ISSN: 2525-8346. v.1, n.1, 2014, p. 246. Disponível em: <https://publicacao.uniasselvi.com.br/index.php/GESTAO_EaD/article/view/1235> Acesso em: 20 jun. 2019.

217. No entanto: "estas informações devem estar acessíveis em um rígido controle de acesso e utilização, dentro de um ambiente certificado e confiável, que conte com criptografia.". GRETTER Elton Giovani; LEHMANN, Wagner Walter. SANTOS, Anderson Silveira dos. *A gestão da tecnologia da informação nas Serventias Extrajudiciais.* Centro Universitário Leonardo da Vinci-UNIASSELVI. Maiêutica Cursos de Gestão. ISSN: 2525-8346.

nos serviços e a modicidade nas cobranças, além do devido cumprimento de deveres e garantias fundamentais previstos em nosso ordenamento.

4. Adequação às normativas contemporâneas

O amplíssimo alcance e a vertiginosa evolução inovadora das recentes tecnologias, e da própria Internet, cada vez mais influencia as relações humanas, demandando assim a responsável implementação de limites, bem como de um controle efetivo sobre sua utilização. De toda forma, em consonância às responsabilidades e deveres atinentes à observância dos direitos e garantias fundamentais, e por razão da grande gama de serviços extrajudiciais que atingem elementos vitais à pessoa, tem-se por certo que a manutenção da integridade e confidencialidade de determinados dados e informações há de se afigurar imperativa.

Por decorrência, não obstante na teoria seguir-se a regra de que os tabeliães e registradores não devem questionar o cunho da intenção daquele que vindica informações[218], é certo

v.1, n.1, 2014, p. 247. Disponível em: <https://publicacao.uniasselvi.com.br/index.php/GESTAO_EaD/article/view/1235> Acesso em: 20 jun. 2019.

218. Por complementação, numa síntese evolucional observa-se que: "a promoção da informação é um fenômeno jurídico geral que se traduziu de duas maneiras. Em primeiro lugar, por um aumento das obrigações de informação e de "transparência", que afetam de agora em diante todos os contratos e modificam a concepção tradicional de inúmeros vínculos sociais [...]. Depois, por uma patrimonialização da informação, que é cada vez mais amiúde tratada como um bem imaterial apropriável. [...]. Ativamente defendida pela maioria dos juristas, essa patrimonialização é contrária às opiniões dos primeiros teóricos da sociedade da informação, que defendiam com

que em determinados casos são devidas algumas restrições em prol da devida proteção, individual e coletiva, das pessoas. Fator este revelado notadamente em âmbito do tratamento de dados pessoais atrelados a elementos essenciais da pessoa, seja o requerente da seara pública ou privada, pois "da mesma forma que instituições privadas devem apresentar finalidade clara e transparente para a realização do tratamento de dados pessoais, a pessoa jurídica de direito público deve adotar a finalidade pública e o interesse público para a realização de tratamento de dados[219].

Na salvaguarda das atuações públicas e privadas, não obstante a dinamicidade social dificilmente ser acompanhada pela evolução legislativa, é necessário que seja buscada a devida regulamentação das atividades que atingem dados pessoais e, mesmo que indiretamente, afetam a tutela humana. Até porque, sem disciplina legislativa e jurídica suficiente, o quadro das relações eletrônicas além de não alcançar seu máximo potencial quanto ao benefício do maior número de pessoas, também se torna falho na tutela dos prejudicados por eventuais excessos e omissões.

E, justamente visando-se evitar ou ao menos remediar possíveis quadros catastróficos é que: "a tecnologia, por sua vez, pode e deve ser moldada pelo sistema jurídico. Desde a descoberta do fogo, a Humanidade estipulou normas para lidar

---

virulência o princípio da livre circulação da informação e salientavam os efeitos devastadores de sua apropriação privada.". SUPIOT, Alain. *Homo juridicus*: ensaio sobre a função antropológica do direito. São Paulo: WMF Martins Fontes, 2007, p. 156.

219. PINHEIRO, Patrícia Peck. *Proteção de Dados Pessoais:* comentários à Lei nº 13.709/2018. São Paulo: Saraiva, 2019, p. 12.

com os problemas[220] oriundos de suas invenções"[221]. Também no âmbito da necessária preocupação para com a segurança das pessoas é que os instituidores do ordenamento jurídico e legislativo empreendem, cada vez mais, esforços sobre as normativas que abarcam e regulamentam o campo da Internet, tecnologia e plataformas eletrônicas, principalmente em prol da proteção de dados e informações pessoais.

Exemplificativamente, há importantes Provimentos do CNJ relacionados à informatização dos serviços extrajudiciais, como o de n.º 13/10 que abrange unidades interligadas, registro de nascimento e certidão eletrônica; o de n.º 25/12 quanto ao uso do Malote Digital; o de n.º 18/12 sobre CENSEC; o de n.º 46/15 sobre CRC; o de nº 48/16 sobre o sistema eletrônico do Registro Civil de Pessoas Jurídicas e Títulos e Documentos; o de n.º 74/18 sobre padrões mínimos de tecnologia da informação para a segurança, integridade e disponibilidade de dados; o de n.º 87/19 sobre CENPROT; o de n.º 89/19 sobre SREI, SAEC e ONR; o de n.º 100/20 sobre a prática de atos notariais eletrônicos pelo e-Notariado, e a Matrícula Notarial Eletrônica; o de n.º 106/20 sobre o sistema eletrônico da APOSTIL; o de n.º 107/20 sobre a proibição de cobrança dos consumidores dos serviços das centrais cartorárias; o de n.º 109/20 sobre a atuação da Corregedoria Nacional de Justiça

220. Ilustra-se que: "exemplos não faltam: limitações de acesso a tecnologias perigosas, mediante habilitação prévia ou utilização restrita a cientistas, militares e governos; diferentes níveis de responsabilidade, proporcionais ao potencial danoso de determinada tecnologia; normas especiais para o trânsito de veículos e aeronaves; diplomas legais específicos para as atividades de imprensa e de telecomunicações; teorias jurídicas a respeito dos ricos do desenvolvimento, e assim por diante.". LEONARDI, Marcel. *Tutela e privacidade na internet.* São Paulo: Editora Saraiva, 2012, p. 27.

221. LEONARDI, Marcel. *Tutela e privacidade na internet.* São Paulo: Editora Saraiva, 2012, p. 27.

como Agente Regulador do Operador Nacional do Registro Imobiliário Eletrônico; dentre outras normativas circundantes.

Também, a Seção II do CPC/2015 (artigos 193 e ss.) trata da prática eletrônica de atos processuais, abrangendo inclusive os atos notariais e registrais. Além do mais, o Decreto n.º 8.270/2014 instituiu o Sistema Nacional de Informações de Registro Civil (SIRC). E, a MP n.º 2.200-1/01 - reeditada pela MP n.º 2.200-2/01, em conjugação ao Decreto n.º 3996/01 e à Lei n.º 11.419/06, dispõem sobre documentos e processos eletrônicos, assinaturas digitais e, principalmente, a instituição da denominada Infraestrutura de Chaves Públicas Brasileiras (ICP-Brasil), com a finalidade de garantir autenticidade e integridade aos documentos concernentes.

Idem, os artigos 37 e ss. da Lei n.º 11.977/09 determinam que aos serviços de registros públicos seja instituído o sistema eletrônico, com atendimento aos requisitos da ICP e da Arquitetura dos Padrões de Interoperabilidade do Governo Eletrônico (e-PING), conforme seu regulamento próprio. Nesta seara, aos serviços de registros públicos restou imperativa a obrigação de que sejam disponibilizadas plataformas seguras, conforme os padrões determinados, para a prestação de seus serviços pela via eletrônica.

Mais especificamente à tutela dos dados e informações pessoais, tem-se a Lei n.º 13.709/18 que disciplina o grau de proteção e as garantias sobre a segurança da informação e da proteção de dados pessoais, na configuração de um regramento mais rígido sobre o acesso, tratamento e divulgação destes[222].

222. Referida Lei brasileira seguiu a tendência do Direito comparado e inspirou-se no denominado "*General Data Protection Regulation*" (GDPR) europeu, que é o regulamento adotado pela União Europeia sobre a proteção dos dados e da privacidade dos indivíduos lá residentes.

Com a implementação desta, todas as empresas e entes que detêm dados pessoais - incluindo as serventias extrajudiciais - precisam adequar-se ao novo quadro paradigmático que atualmente paira sobre a coleta, armazenamento, tratamento, divulgação, integridade e segurança de tais elementos.

Irradiado pelo espírito desta diretriz legislativa o CNJ editou o Provimento nº 74 de 31 de julho de 2018[223], assim externando sua preocupação com a proteção de dados pessoais em conforme às intenções protetivas da referida lei geral de proteção. No entanto, apesar da plausível intenção de tais normativas, e sem embargo da real utilidade em se estabelecer diretrizes objetivas sobre segurança informacional e proteção de dados, é cediço que também precisam ser sopesados os custos necessários para seu devido cumprimento prático.

Isso porque em determinadas medidas o referido Provimento, a pretexto de assegurar higidez e boas práticas sobre o acervo eletrônico das Serventias, instituiu demasiados requisitos os quais podem acabar inviabilizando seu próprio cumprimento, principalmente no que toca à real existência de estruturas pequenas, limitadas, e retribuídas com rendimentos de pouca monta, ou até mesmo de arrecadação deficitária[224]. Ademais,

223. Em sede de Pedido de Providências instaurado de ofício pela Corregedoria Nacional de Justiça em desfavor das Corregedorias gerais de Justiça dos Estados, Distrito Federal e Territórios, para o monitoramento do cumprimento do Provimento n.º 74/18 do CNJ, o Corregedor Nacional de Justiça Ministro Humberto Martins, em 18/12/2018, determinou a suspensão dos efeitos do referido Provimento pelo prazo de 90 dias ou até a efetiva instalação do chamado COGETISE.

224. Com efeito, conforme apuração do CNJ, cerca de 51% das serventias extrajudiciais existentes no Brasil têm renda mensal não superior a cinco mil reais, o que as coloca, não raro, em estado de insuficiência econômico-financeira e força a adoção de mecanismos de repasse estatal mínimo, como sucede por exemplo no Estado de São Paulo onde, por força da Lei estadual nº 11.331/2002, há

ressalte-se que o Provimento 107/2020, do CNJ, trouxe a proibição de cobrança de quaisquer valores dos consumidores finais dos serviços prestados pelas Centrais cartorárias em todo o território nacional, ou seja, o custo todo recairá sobre o titular do serviço que não poderá repassar tais gastos, que acabam por onerar ainda mais as Serventias extrajudiciais (notadamente as menores) já assoberbadas por grandes ônus e custos.

No próprio teor do Provimento 109/2020, entretanto, constam estimativas sobre as faixas de rendimento das serventias brasileiras, em conjugação a um quadro diferenciado de exigências feitas em conforme à estrutura atinente a cada unidade, que detém suas possibilidades e perspectivas próprias. Nos traços da divisória apresentada observa-se que, a massiva parte das delegações -30,1%- recai sobre a denominada 'Classe 1' que, descrita nos anexos do Provimento, compreende aquelas que possuem arrecadação semestral de até R$ 100.000,00 (cem mil reais). Para estas são exigidas, como pré-requisito, estruturas e instalações - físicas e eletrônicas (inclusive de hardware e software)[225] - mais pretensamente acessíveis.

---

complementação da receita bruta mínima das serventias deficitária. RECIVIL. *Pesquisa realizada pelo CNJ revela concentração de faturamento no eixo Rio-São Paulo.* Disponível em: <http://www.recivil.com.br/noticias/noticias/view/clipping-pesquisa-realizada-pelo-cnj-revela concentracao-de-faturamento--no-eixo-rio-sao-paulo.html>. Acesso em: 20 jun. 2019.

225. São eles: Energia estável, rede elétrica devidamente aterrada e link de comunicação de dados mínimo de 2 megabits; Endereço eletrônico (e-mail) da unidade para correspondência e acesso ao sistema Malote Digital; Local técnico (CPD) isolado dos demais ambientes preferencialmente por estrutura física de alvenaria ou, na sua impossibilidade, por divisórias. Em ambos os casos, com possibilidade de controle de acesso (porta com chave) restrito aos funcionários da área técnica; Local técnico com refrigeração compatível com a quantidade de equipamentos e metragem; Unidade de alimentação ininterrupta (nobreak) compatível com os servidores instalados, com autonomia de pelo menos 30 minutos; Dispositivo de armazenamento (*storage*), físico

Tal levantamento é importante para a devida adequação dos requisitos e exigências à realidade das Serventias individualizadas para que, assim, as imposições não se afigurem desgraçadamente incompatíveis com as possibilidades de cada unidade estrutural. De toda forma, ainda que haja a pesquisa prévia e uma pretensa adequação normativa relevantíssima, em verdade as estruturas de pequeno porte, que em sua grande parte não ostentam receita mínima à sua própria subsistência, não detêm condições bastantes para satisfatoriamente arcarem com os investimentos necessários à instalação e manutenção das indicadas infraestruturas - de pessoal e equipamentos - para a consecução dos padrões designados.

Mostra-se preocupante a referida conjuntura não apenas pela possibilidade de punição -porquanto a transgressão dos termos postos é motivo o bastante para a instauração de procedimento administrativo disciplinar, além das possíveis responsabilizações complementares em âmbito civil e criminal (conforme art. 9º do Provimento n.º 74/18, CNJ) -, mas também pelo fato de que os dados armazenados e tratados por referidas Serventias não restarão alcançados pelos padrões de segurança almejados para a devida proteção de sua higidez, assim prejudicando pessoas, instituições e relações jurídico-sociais.

---

ou virtual; Serviço de cópias de segurança na internet (backup em nuvem); Servidor com sistema de alta disponibilidade que permita a retomada do atendimento à população em até 15 minutos após eventual pane do servidor principal; Impressoras e scanners (multifuncionais); Switch para a conexão de equipamentos internos; Roteador para controlar conexões internas e externas; Softwares licenciados para uso comercial; Software antivírus e antissequestro; Firewall; Proxy; Banco de dados; Mão de obra: pelo menos 2 funcionários do cartório treinados na operação do sistema e das cópias de segurança ou empresa contratada que preste o serviço de manutenção técnica com suporte de pelo menos 2 pessoas.

No entanto, cabe ressalvar o fato de que os eventuais descumprimentos das referidas determinações normativas, para além de mera má vontade ou embirrenta insubordinação, revela na verdade uma impossibilidade técnico-estrutural e financeira de adequação dos pequenos cartórios a certas exigências demasiadamente onerosas. Até porque, referido inadimplemento é prejudicial inclusive à própria confiabilidade depositada pela sociedade sobre a Serventia afetada.

Por isto mesmo que, doutro lado, constata-se visível o cumprimento das normativas pelos Ofícios mais estruturados, ou seja uma desejada infrequência de transgressões às regras pelas unidades dotadas com boas bases econômicas e estruturais. Ora pois: "na prática, as serventias de maior porte já mantêm sistemas eletrônicos de registros e remetem os dados para o Governo e outras unidades de serviço (*por exemplo*, para fins de anotações) por meio eletrônico e por redes fechadas (intranet)"[226].

Aliás, na perspectiva das próprias Serventias, é indubitável que a instauração dos requisitos técnico-estruturais mínimos, orientações de segurança, sistemas operacionais e quadros de colaboradores qualificados asseguram o melhor funcionamento das atividades, a mais eficiente prestação dos serviços e a maior proteção dos dados, informações e arquivos constantes de seus acervos, além de evitar fatalidades e falhas que possam ensejar duras sanções ou graves consequências. Assim, se afigura totalmente desejável o adimplemento por todas elas.

No entanto, sem embargo dos óbvios benefícios de tal iniciativa, pesa que o dito Provimento impõe, a pretexto do cumprimento de suas diretrizes, grandes investimentos em

---

226. LOUREIRO, Luiz Guilherme. *Registros públicos*: teoria e prática. 7. ed., rev., atual. e ampl. Salvador: Juspodivm, 2016, p. 156.

termos de aquisição, instalação e manutenção de estruturas, pessoal e equipamentos voltados à garantia da integralidade do acervo eletrônico das serventias extrajudiciais. Tais investimentos representam elevado ônus àquelas de menor porte e com pouca - senão deficitária - arrecadação, cuja receita já é estreita para sua própria manutenção. Também por Provimento, foi vedado o repasse do custo das Centrais Eletrônicas aos consumidores, e não há ajuda financeira do Estado.

Daí decorre a inevitável necessidade de que sejam empreendidas projeções as quais efetivamente contrabalanceiem os ônus e bônus, as despesas e rendimentos, as realidades e perspectivas, as possibilidades e impossibilidades práticas de cada Serventia singularizada. Isto pois, não obstante a plausibilidade da tentativa de padronização e atendimento de faixas diferenciadas, a realidade de cada uma é díspar e demanda trato personalizado - caso a caso.

5. Conclusões

Para além da apreensão sobre a ideia de que alguns institutos atuais pretensamente poderiam afetar e tornar obsoletas as Serventias notariais e registrais cabe reforçar que, em verdade, é inviável, insensata e inconcebível sua eliminação, porquanto tratam-se de serviços vitais a inúmeros atos e fatos que sustentam a própria (con)vivência das pessoas em sociedade.

Aliás, mais plausível se apresenta a concepção de que certas inovações, a exemplo da denominada *blockchain* ou das centrais de dados eletrônicos, devem ser compreendidas apenas como elementos complementares à melhoria da prestação dos referidos serviços. Até porque, não alcançam os atributos inerentes à condição dos titulares das Serventias, como a fé pública e a notória qualificação técnico-jurídica.

Doutro lado, ante a enorme dinamicidade das relações jurídico-político-sociais hodiernas, é imprescindível que, inclusive para a devida efetivação dos direitos e garantias fundamentais, também os tradicionais mecanismos de tutela sejam atualizados, porquanto não devem ser tidos por imutáveis, sob pena de tornarem-se obsoletos e ineficazes.

Seguindo, pois, as ondas inovadoras em adjunção ao reclamo geral pela maior qualificação e modernização dos serviços prestados à população, constantemente são adotados e ampliados mecanismos tecnológicos dotados com o condão de garantir mais efetividade, atualidade e segurança na satisfação das demandas da contemporânea sociedade.

Por comporem o quadro de instituições que diretamente atendem as necessidades das sociedades em geral, também as Serventias notariais e registrais devem se adaptar às novas realidades - como a (r)evolução culminada pela passagem do suporte físico para o eletrônico/digital -, pois as conjunturas sociais apresentam-se cada vez mais nutridas pelas tecnologias e a Internet, o que acaba ensejando a necessidade pela maior implementação de parâmetros de segurança e vias de padronização, ordenação e responsabilização.

Para tanto eclodem normativas regulamentares as quais são editadas justamente para o estabelecimento de parâmetros de segurança, sobretudo no que se concerne à autenticidade, integridade e eficácia dos títulos notariais e registrais circulados eletronicamente, bem como dos dados e informações que são tratados e armazenados pelas Serventias extrajudiciais, notadamente quando se configuram como dados pessoais, a exemplo dos arrolados pela Lei Geral de Proteção de Dados (nº 13.709/2018).

Entretanto, sem embargo da indubitável necessidade pela adoção de diretrizes objetivas de segurança, deve ser sopesado o fato de que, mesmo a pretexto de se assegurar a integralidade dos dados e informações, bem como o cumprimento de boas práticas quanto ao acervo eletrônico dos Cartórios, a exigência exacerbada de requisitos demasiadamente onerosos, principalmente às unidades de pequena estrutura e baixos rendimentos - como é a realidade da maior parte destas -, pode até mesmo inviabilizar o cumprimento das atividades mais básicas e essenciais a elas atreladas, caso não haja a devida contraprestação por algum mecanismo compensatório.

Infere-se então que, na ordem atual e nas futuras não há como se desvencilhar do uso da Internet e tecnologias, conjuntamente aos instrumentos e meios de sua materialização, mas é imperativo ressalvar-se que estes devem ser utilizados com cautela, e sempre na diretriz benéfica da maior correção prática das condutas humanas. Embate este que abarca a indispensável adequação dos institutos jurídicos às mudanças sociais, em contraponto aos perigos de sua mutação excessiva.

Para tanto, vindica-se a análise e a definição do melhor plano para a composição de padrões de respostas mais adequados e suficientes à ordenação social. Ora, a tarefa hercúlea que se apresenta neste feixe de estudos recai justamente sobre a imperativa definição dos parâmetros mais objetivos e seguros para que, na prática, seja possível alcançar-se o devido equilíbrio entre a necessária ampliação, redefinição e classificação de certos institutos e serviços jurídico-sociais, para com a também necessária cautela que sustenta uma apreensão mais cuidadosa sobre seus possíveis impactos econômicos e sociais.

De toda forma, a essência geral das estruturas delineadas pelo ordenamento pátrio parece invariavelmente desaguar sobre a busca por melhorias na prestação dos serviços tanto judiciais quanto extrajudiciais, notadamente pela superação de eventuais falhas e erros humanos, mormente com o auxílio da Internet e tecnologias que viabilizam novas possibilidades e asseguram maior eficiência, produtividade e segurança a tais atividades vitais. Mas, não cabe forçar-se o cumprimento das novas disposições postas a todo custo, sobe pena de derruimento da própria higidez de um sistema ainda custoso.

6. Referências Bibliográficas

BRASIL. *Lei nº 8.935, de 18 de novembro de 1994*. Regulamenta o art. 236 da Constituição Federal, dispondo sobre serviços notariais e de registro. Brasília, 18 de novembro de 1994. Diário Oficial da República Federativa do Brasil. Disponível em: <http://www.planalto.gov.br/ccivil_03/leis/l8935.htm>. Acesso em: 20 jun. 2019.

BRASIL. *Lei nº 11.977, de 07 de julho de 2009*. Dispõe sobre o Programa Minha Casa, Minha Vida e regularização fundiária de assentamentos localizados em áreas urbanas; altera o Decreto-Lei 3.365, de 21 de junho de 1941, as Leis 4.380, de 21 de agosto de 1964, 6.015, de 31 de dezembro de 1973, 8.036, de 11 de maio de 1990, e 10.257, de 10 de julho de 2001, e a MP 2.197-43, de 24 de agosto de 2001; e dá outras providências. Brasília, 07 de julho de 2009. Diário Oficial da República Federativa do Brasil. Disponível em: <http://www.planalto.gov.br/ccivil_03/_ato2007-2010/2009/lei/l11977.htm>. Acesso em: 20 jun. 2019.

BRASIL. Conselho Nacional de Justiça. *Provimentos Normativos*. Disponível em:<https:/www.cnj.jus.br/atos_normativos/>. Acesso em: 20 jun. 2019.

BRASIL. *Lei nº 13.709, de 14 de agosto de 2018*. Dispõe sobre a proteção de dados pessoais e altera a Lei nº 12.965, de 23 de abril de 2014 (Marco Civil da Internet). Diário Oficial da República Federativa do Brasil. Disponível em: <http://www.planalto.gov.br/ccivil_03/_Ato2015-2018/2018/Lei/L13709.htm >. Acesso em: 20 jun. 2019.

CAMARGO NETO, Mário de Carvalho; OLIVEIRA, Marcelo Salaroli de. *Registro civil das pessoas naturais I*: parte geral e registro de nascimento. São Paulo: Saraiva, 2014.

FERRARI, Carla Modina; KÜMPEL, Vitor Frederico. *Tratado notarial e registral:* ofício de registro civil das pessoas naturais. São Paulo: YK, 2017.

GRETTER Elton Giovani; LEHMANN, Wagner Walter. SANTOS, Anderson Silveira dos. *A gestão da tecnologia da informação nas Serventias Extrajudiciais*. Centro Universitário Leonardo da Vinci-UNIASSELVI. Maiêutica Cursos de Gestão. ISSN: 2525-8346. v.1, n.1, 2014, p. 241-254. Disponível em: <https://publicacao.uniasselvi.com.br/index.php/GESTAO_EaD/article/view/1235> Acesso em: 20 jun. 2019.

LEONARDI, Marcel. *Tutela e privacidade na internet.* São Paulo: Editora Saraiva, 2012.

LOUREIRO, Luiz Guilherme. *Registros públicos:* teoria e prática. 7. ed., rev., atual. e ampl. Salvador: Juspodivm, 2016.

PAESANI, Liliana Minardi. *Direito e Internet:* liberdade de informação, privacidade e responsabilidade civil. São Paulo: Atlas, 2013.

PINHEIRO, Patrícia Peck. *Proteção de Dados Pessoais*: Comentários à Lei n.º 13.709/2018 (LGPD). São Paulo: Saraiva, 2019.

RECIVIL. *Pesquisa realizada pelo CNJ revela concentração de faturamento no eixo Rio-São Paulo.* Disponível em: <http://www.recivil.com.br/noticias/noticias/view/clipping-pesquisa-realizada-pelo-cnj-revela-concentracao--de-faturamento-no-eixo-rio-sao-paulo.html>. Acesso em: 20 jun. 2019.

ROCHA, Maria Luiza de Souza; SILVA, Rodrigo Ichikawa Claro; SIQUEIRA, Dirceu Pereira. *Atividades notariais e registrais, judicialização e acesso a justiça:* o impacto da desjudicialização para a concretização dos direitos da personalidade. Revista Jurídica Cesumar - Mestrado, v. 18, n. 1, p. 305-335, janeiro/abril 2018 - ISSN 1677-6402.

SILVA, Rodrigo Ichikawa Claro. *Documentação instrumentalizadora da vinculação estatal do indivíduo, fomentadora do digno desenvolvimento da personalidade e estabilizadora das estruturas sociais.* Dissertação apresentada no curso de pós-graduação em direito - mestrado em ciências jurídicas. UNICESUMAR. Maringá-PR, 2018.

SUPIOT, Alain. *Homo juridicus*: ensaio sobre a função antropológica do direito. São Paulo: WMF Martins Fontes, 2007.

6

REFLEXÕES SOBRE SEGURANÇA, BOAS PRÁTICAS, GOVERNANÇA E *COMPLIANCE* NA PROTEÇÃO DE DADOS PESSOAIS

André Pedroso Kasemirski[227]

Sumário: 1. Introdução; 2. Proteção dos Dados Pessoais: Governança, Boas Práticas e *Compliance*; 2.1 Dados Pessoais e o Vazamento de Informações; 2.2 Governança Corporativa e Governança de TI; 2.3 Governança: Medidas técnicas e administrativas; 3. Autoridade Nacional, Boas Práticas e *Compliance*; 3.1 Incidentes de segurança e Boas Práticas; 3.2 Comunicação à Autoridade Nacional; 3.3 Governança, Boas Práticas e *Compliance*; 4. Conclusões; 5. Referências bibliográficas.

1. Introdução

A Lei Geral de Proteção de Dados nº. 13.709/18 é um novo marco legal brasileiro, tanto para os titulares dos dados pessoais, quanto para as às instituições que realizam o

227. Mestrando em Direito Negocial pela Universidade Estadual de Londrina (UEL)Pós-graduado em Direito Empresarial pela Universidade Estadual de Londrina (UEL). Pesquisador e bolsista CAPES. Advogado. E-mail: andre.kasemirski@uel.br.

tratamento de dados. Nesses termos, o tratamento de dados é compreendido como toda operação, seja coleta, produção, utilização, reprodução, transmissão, armazenamento, dentre outras, conforme dispõe o art. 5, inciso X da LGPD.

Projetando até o campo constitucional dos direitos fundamentais, indubitavelmente a LGPD tem seu primeiro fundamento na doutrina internacional dos direitos humanos. O capítulo dos direitos do titular está centralmente ligado à doutrina internacional, via OCDE e, depois, via União Europeia, e se dedica exclusivamente à proteção da pessoa natural, à pessoa humana; e, no quadro constitucional brasileiro, à sua dignidade[228].

Nesse sentido, o tratamento da proteção de dados pessoais de forma autônoma é uma tendência fortemente enraizada em diversos ordenamentos jurídicos. Essa evolução recente reflete tanto a busca de uma tutela mais eficaz na proteção dos dados pessoais, como a constatação de que a proteção da pessoa na sociedade da informação passa cada vez mais a depender diretamente da intervenção estatal, a qual está em harmonia com a legislação internacional[229].

Viktor Mayer-Schönberger conceitua a existência de quatro gerações de normas referentes à proteção de dados. Nesses termos, a primeira geração de leis era composta por normas que refletiam o estado da tecnologia e pretendiam apenas regular um cenário no qual centros de tratamentos de dados, de grande porte, concentrariam a coleta e gestão dos

228. CUNHA, Mauro Leonardo. Comentários à Lei de Proteção de dados Pessoais. Brasília: Edição Própria. 2018. Não paginado. Edição do Kindle. Local 1054.

229. MARTINS, Guilherme Magalhães; LONGHI, João Victor Rozatti (Org.). Direito Digital: Direito Privado e Internet. Indaiatuba, SP: Editora Foco. 2019. p. 42.

dados. Assim, as leis se resumiam a tratar da concessão de autorizações para a criação desses bancos de dados e do seu controle *a posteriori* por órgãos públicos[230].

Já a segunda geração teve como marco a Lei Federal da República Federativa da Alemanha (*Bundesdatenschutzgesetz*) sobre a proteção de dados de 1977 e a lei francesa de 1978 intitulada *"informatique et libertées"*, as quais não estavam mais preocupadas com os fenômenos computacionais em si, mas com a privacidade[231].

Destarte uma terceira geração de leis surgiu na década de 1980 e se preocupava em mais do que a liberdade de fornecer ou não os dados pessoais, mas em garantir a efetividade dessa liberdade, demandando participação do indivíduo e autodeterminação informativa, de forma que o tratamento de dados não se encerrava na simples permissão, se preocupando com as fases sucessivas.

Por fim, a quarta geração[232], iniciada com a Diretiva 95/46/CE, verificou que uma minoria dos cidadãos se utilizava de tais prerrogativas, suportando os custos econômicos, sendo identificado um caráter exclusivista da legislação. Assim, a quarta geração se propôs a suprimir as desvantagens do enfoque individual, presumindo-se que não se pode basear a tutela dos dados pessoais simplesmente na escolha individual, sendo necessários instrumentos que elevem o padrão coletivo de proteção. Dessa forma, optou por fortalecer a posição do titular em relação às entidades que tratam os dados pessoais.

---

230. MAYER-SCHÖNBERGER, Viktor. 1997, p. 219-242 apud MARTINS, Guilherme Magalhães; LONGHI, João Victor Rozatti (Org.). op. cit. p. 42.

231. Idem.

232. MAYER-SCHÖNBERGER, Viktor. 1997, p. 219-242 apud MARTINS, Guilherme Magalhães; LONGHI, João Victor Rozatti (Org.). op. cit. p. 42.

Destarte, o espírito da LGPD foi proteger os direitos fundamentais de liberdade e de privacidade e o livre desenvolvimento da personalidade da pessoa natural, tendo como premissa a boa fé para todo e qualquer tipo de tratamento de dados pessoais[233].

Nesses termos, é imperioso compreender a recente Lei Geral de Proteção de Dados, a qual foi espelhada no Regulamento Europeu, GDPR, de forma que sejam apontadas as semelhanças e principalmente as diferenças, relacionando-as com alguns casos emblemáticos, especialmente do ponto de vista da segurança, governança e *compliance*.

2. Proteção dos Dados Pessoais: Governança, Boas Práticas e *Compliance*

2.1 Dados Pessoais e o Vazamento de Informações

Inegável a que a LGPD trouxe mudanças significativas para a pessoa natural, titular dos dados pessoais, trazendo inclusive como regra de ouro o consentimento, conforme art. 7, inciso I da LGPD, dentre outras bases legais de tratamento de dados.

Assim, dentro deste recente cenário, os controladores, dentre eles especialmente as empresas que realizam o tratamento de dados pessoais necessitam se adequar, atendendo às exigências na nova legislação, principalmente no quesito segurança.

É verdade que, se por um lado o legislador trouxe a definição clara do que consiste o tratamento de dados, por outro lado não foi muito preciso ao conceituar e definir "dado pessoal".

233. PINHEIRO, Patrícia Peck. Proteção de Dados Pessoais: Comentários à Lei n. 13.709/2018 LGPD. São Paulo: Saraiva. 2018. Não paginado. Edição Kindle. Local 185.

A LGPD, no art. 5, inciso I, define dado pessoal como informação, por outro lado o conceito de informação não é encontrado na LGPD. Parte da doutrina, diferentemente, entende que "informação" e "dados" são conceitos distintos, vez que os dados, consistem em algo primitivo, fragmentado, podendo ser caracterizado como uma fase de pré-informação ou de informação em estado potencial[234].

Nessa ótica, a LGPD não deixa expresso se dado pessoal consiste somente o conteúdo textual, palavras e códigos, ou se podem ser considerados como dados pessoais às imagens, áudios e vídeos, ainda que comprimidas ou fragmentadas.

Isto posto, tendo em vista que a LGPD não diferencia dado pessoal de informação, conceituando o primeiro como "informação relacionada a pessoa natural identificada ou identificável" (art. 5, inciso I), é medida que se impõe buscar a definição de "informação".

Destarte, a Lei de acesso à informação nº. 12.527/11 em seu art. 4, inciso I conceitua informação como "dados, processados ou não, que podem ser utilizados para produção e transmissão de conhecimento, contidos em qualquer meio, suporte ou formato".

Nesse sentido, a informação pode ser considerada como qualquer dado, processado ou não contido em qualquer meio, suporte ou formado, independente da forma da mídia digital, seja áudio, vídeo ou imagem.

Sob esse mesmo raciocínio, a autoridade nacional de proteção de dados da França (*Comission Nationale de L'Infor-*

---

234. MARTINS, Guilherme Magalhães; LONGHI, João Victor Rozatti (Org.). op. cit. p. 37.

matique et des Libertés – CNIL) decidiu em sessão realizada em 30.03.2005 que a imagem de um indivíduo deve ser considerada um dado pessoal[235].

Dessa forma os controladores, a exemplo de um operador de website, terão que respeitar, quando publicarem ou divulgarem imagens individuais, as regras e princípios da lei francesa sobre tratamento de dados pessoais.

É verdade que a lei geral francesa de proteção das liberdades e processamento automatizado de dados (conhecida como *la loi "informatique et libertés"*), é anterior ao GDPR, Regulamento Geral da União Europeia, pois existe desde janeiro de 1978 e garante os direitos fundamentais das pessoas físicas no que tange ao tratamento de seus dados pessoais.

Assim, nos termos da lei francesa, somente se considera dado pessoal àquele que se refere a uma pessoa identificada ou "identificável". Isto posto, como a imagem é um dado capaz de identificar uma pessoa, o seu processamento (coleta, digitalização, distribuição) somente pode ser feito observando-se os princípios e regras da lei geral de proteção de dados. Logo, a difusão ou publicação de uma imagem individual, por constituir processamento automatizado de dado pessoal, fica sujeita à observância da lei de proteção de dados pessoais.

Realizadas estas considerações, quando se fala em proteção de dados e segurança, é importante lembrar-se das diversas situações envolvendo o vazamento de informações que vieram

235. FILHO, Demócrito Reinald Filho. A imagem do indivíduo é dado pessoal: A decisão da autoridade francesa de proteção de dados e suas consequências. Disponível em: <https://www.boletimjuridico.com.br/doutrina/artigo/713/a-imagem-individuo-dado-pessoal-decisao-autoridade-francesa-protecao-dados-consequencias>. Acesso em: 29.04.2019.

a público e culminaram na demissão de lideranças executivas pelos sócios e acionistas de grandes empresas, a fim de mitigar os danos e evitar abalo de confiança de seus clientes, motivo pelo qual uma análise do tema sob o enfoque dos institutos da governança e *compliance,* é medida que se impõe. Como exemplos de situações envolvendo a vazamento de informações, pode-se citar o caso "Renault", o caso "Target" e o mais emblemático, o caso "Nasdaq e comércios norte-americanos".

2.2 Governança Corporativa e Governança de TI

O caso Renault, não se trata diretamente de vazamento de dados pessoais, mas do vazamento de informações sobre o desenvolvimento do carro elétrico pela Renault, o que culminou na demissão de três diretores[236].

Já o caso da empresa Target Corporation, segunda maior loja de departamento dos Estados Unidos, ocorreu em 2013, em que a empresa sofreu um grande vazamento de dados, inclusive pessoais, que impactou 70 milhões de consumidores e resultou na queda de 46% dos lucros. O *cyber attack* resultou na demissão da diretora de tecnologia de informação e também do diretor presidente[237].

Por último, o caso mais emblemático ocorreu entre 2005 e 2012, em que um anel de *crackers* foi responsável pelo maior vazamento de dados já registrado até então. Foram cinco russos e um ucraniano os responsáveis por roubar mais de 160 milhões

236. TEXEIRA, Tarcisio; LOPES, Alan Moreira (Coord.). Startups e Inovação: Direito no Empreendedorismo. Barueri, SP: Manole, 2017. p. 9.

237. GUSMÃO, Gustavo. Os 15 maiores vazamentos de dados da década. Disponível em: <https://exame.abril.com.br/tecnologia/os-15-maiores-vazamentos-de-dados-da-ultima-decada/>. Acesso em: 01.07.2019.

de números de cartões de crédito e débito, além de acessar mais de 800 mil contas de bancos e invadir servidores usados pela bolsa de valores Nasdaq. Dessa forma, além dos titulares dos números de cartões de crédito, o ataque atingiu bancos, empresas de pagamento e redes de lojas pelos Estados Unidos[238].

Isto posto, é inegável a importância da adoção de medidas de segurança pelos controladores, especialmente as empresas e seus agentes de tratamento. Ademais, o tema ganha maior relevância, pois a LGPD entrou em vigência em 19/09/2020, no entanto, as sanções administrativas, que podem chegar a até R$ 50.000.000,00 (cinquenta milhões) de reais, somente terão vigência a partir de 01/08/2021, conforme art. 65, inciso I-A e art. 52, ambos da LGPD, com as alterações da Lei 14.010/2020.

Nessa ótica, dispõe a LGPD de um capítulo VII intitulado "da segurança e das boas práticas", composto de duas seções, a primeira "da segurança e do sigilo de dados", disposta entre os artigos 46 e 49 e a segunda "das boas práticas e governança", artigos 50 e 51.

A primeira questão a ser enfrentada reside na própria nomenclatura do capítulo, pois é preciso compreender se há um motivo específico para o legislador adotar na LGPD apenas a palavra governança, e não a expressão governança corporativa, e qual seria a diferença entre ambas, conforme art. 50 disposto no capítulo VII, seção 2.

Dessa forma é preciso compreender o conceito de governança corporativa, que nas palavras de João Bosco Lodi[239] consiste em "um novo nome para o sistema de relacionamento

---

238. Idem.

239. SILVIA, Edson Cordeiro. Governança Corporativa nas Empresas. 2006. Não paginado. Edição do Kindle.

entre acionistas, auditores independentes, e executivos da empresa, liderado pelo conselho de administração".

Já para o pioneiro no assunto, Sir. Adrian Cadbury, quem desenvolveu um código com as melhores práticas, aponta que "a governança corporativa é o sistema e a estrutura de poder que regem os mecanismos através dos quais as companhias são dirigidas e controladas"[240].

Por sua vez, o Instituto Brasileiro de Governança Corporativa, IBGC, de forma mais abrangente conceitua governança corporativa como "o sistema pelo qual as sociedades são dirigidas e monitoradas, envolvendo os relacionamentos entre acionistas/ cotistas, conselho de administração, diretoria, auditoria independente e conselho fiscal"[241].

Independente do conceito, as boas práticas de governança corporativa têm a finalidade de aumentar o valor da sociedade, facilitar seu acesso ao capital e contribuir para sua perenidade.

Um dos motivos que podem ter levado o legislador a não indicar a expressão governança corporativa na LGPD, é que possivelmente tenha buscado diferenciar o termo do conceito Governança em Tecnologia da Informação, ou ainda Governança em TI.

Igualmente, outra possibilidade é que talvez o legislador tenha optado por não dispor especificamente sobre qual governança os agentes de tratamento das empresas deveriam adotar, justamente por desconhecer as especificidades do ramo

240. Idem.

241. INSTITUTO BRASILEIRO DE GOVERNANÇA CORPORATIVA. Código das melhores práticas de governança corporativa. 13. ed. São Paulo: IBGC, 2018. p. 219.

e não dispor no momento de regras concretas, já que caberá à Autoridade Nacional de Proteção de Dados, editar normas e procedimentos sobre a proteção de dados, conforme art. 55-J da LGPD.

Cumpre apontar também que desde o projeto inicial, PL 53/2018, a expressão governança se faz presente, não existindo emendas e justificativas no projeto de lei, diferenciando governança corporativa e governança de TI, bem como apontando qual o legislador estaria se referindo no texto legal.

Realizadas tais considerações, é preciso apontar que a governança de TI[242] é uma parte da governança corporativa que cuida especificamente da tecnologia da informação, ou melhor, cuida dos resultados obtidos pela tecnologia da informação. Assim, a governança de TI garante instrumentos e ferramentas para que as diretrizes estabelecidas pela governança corporativa sejam cumpridas.

Dentre as principais razões para se governar TI, está o quesito segurança. Se não bastasse, é comum nas empresas de médio e grande porte a existência de vários departamentos e diretores, podendo citar o departamento de marketing, financeiro e tecnologia da informação.

Assim, cada área tem profissionais capacitados para gerir projetos tecnológicos, como é o caso do marketing digital, mapeando a base de clientes, porém se o departamento de TI não prestar o suporte necessário para a realização dos projetos das demais áreas, não atendendo às expectativas, o marketing e os outros departamentos não irão aguardar TI, mas buscarão pelas vias próprias gerir todos os proje-

242. SILVA, Pamela. Governança e Estratégia de TI para Negócios. Não Paginado. Edição do Kindle. Local 683.

tos, muitas vezes sem o conhecimento técnico específico de segurança em TI.

Destarte, é cada vez é mais difícil controlar TI de forma centralizada, com profissionais com amplo conhecimento geral, mas sem conhecimento das especificidades de sistema, como ocorre com a plataforma *mobile*, que é diferente da acessada pelos computadores, os aplicativos, "*apps*" os sistemas em nuvem, *cloud*, e as redes sociais, *social medias*.

Outrossim, é preciso que as empresas adotem modelos de governança descentralizados, porém com padrões definidos, mapeando os graus de tomada de decisão em relação a TI. Cabe também às empresas estimular através de padrões de bom uso de TI os *stakeholders*, até porque, os negócios serão cada vez mais digitais[243].

2.3 Governança: Medidas técnicas e administrativas

A LGPD dispõe no art. 46, caput que os agentes de tratamento devem adotar medidas de segurança, técnicas e administrativas, de forma que estas sejam aptas para proteger os dados pessoais de acesso não autorizado, de situações acidentais ou ilícitas.

Primeiramente, é preciso compreender quem são os agentes de tratamento, se neste rol está o operador, o encarregado e o controlador.

Nestes termos, o controlador é aquele em que compete às decisões referentes ao tratamento de dados, o operador, por sua vez, é aquele que executa o tratamento de dados em nome do controlador, já o encarregado é a pessoa indicada

243. Idem.

pelo controlador para atuar como canal de comunicação entre controlador e titular dos dados pessoais e a Autoridade Nacional de Proteção de Dados, conforme incisos VI, VII e VII do art. 5.

Por sua vez, os agentes de tratamento, conforme dispõe o art. IX, do art. 5 são controlador e operação, ou seja, não compete ao encarregado adotar medidas de segurança, conforme prevê o art. 46.

A norma do art. 46 da LGPD ainda diferencia as medidas de segurança em técnicas e administrativas, razão pela qual é preciso compreender em que consistem estas e quais suas respectivas diferenças.

Destarte, ao comparar a LGPD com a GDPR, Regulamento Europeu de Proteção de Dados, é preciso apontar que a GDPR não utiliza a expressão "administrativas", mas sim "organizativas", conforme art. 32 da GDPR.

A GDPR também não dispõe de um capítulo específico de "segurança e boas práticas", como ocorre com a LGPD no capítulo VII, porém a GDPR é muito mais completa e específica quanto a temática.

Assim, a LGPD dispõe de duas seções dentro do capítulo "da segurança e das boas práticas", a primeira seção disposta a partir do art. 46, com o subtítulo "da segurança e do sigilo de dados", a segunda seção, a partir do art. 49, com o subtítulo "das boas práticas e governança".

Já a GDPR, traz a temática a partir do art. 24, no capítulo IV, intitulado "responsáveis pelo tratamento e subcontratante". O respectivo capítulo é divido em 5 seções, recebendo a seção 2 e a seção 5, respectivamente os nomes da "segurança dos dados pessoais" e "códigos de conduta e certificação".

Não obstante, as medidas técnicas e administrativas/ organizativas, são indispensáveis para proteção dos dados pessoais, sendo as primeiras às técnicas de anonimização, utilização e configuração do *firewall*[244].

Dessa forma, o *firewall*, é uma ferramenta que consiste em uma barreira de proteção que controla o tráfego de dados entre o dispositivo e a internet, tendo como objetivo permitir somente a transmissão e a recepção de dados autorizados. Trata-se, portanto de uma política de segurança a um determinado ponto da rede, podendo ser do tipo filtros de pacotes, *proxy* de aplicações, dentre outros, de forma que estão geralmente associados a redes TCP/IP.

É importante ainda pontuar que a GDPR no ano de 2018 adotou algumas medidas técnicas de segurança, como as dispostas pela PCI-DSS, *Payment Card Industry – Data Security Standard*, como a exigência de autenticação multifator (PCI-DSS v3.2 - 8.3) e a exigências de atualização de Criptografia SSL (PCI-DSS v3.2 - 2.2.3, 2.3, 4.1) entre outras[245].

A PCI-DSS consiste em é um padrão de segurança voltado para a indústria de cartões de pagamento. Trata-se de uma certificação necessária para qualquer empresa que armazene, transmita ou processe informações sigilosas de portadores de cartões, como nome, número do cartão e código de seguran-

---

244. ALECRIM, Emerson. O que é firewall: Conceito, tipos e arquiteturas. Disponível em: <https://www.infowester.com/firewall.php>. Acesso em: 21.06.2019.

245. EGÍDIO, Célio. PCI-DSS: o que é? Como ser um PCI? É obrigatório? Quando implantar? Disponível em: <https://www.ecommercebrasil.com.br/artigos/pci-dss-o-que-e-como-ser-um-pci-e-obrigatorio-quando-implantar/>. Acesso em 21.06.2019.

ça, os quais devem ser criptografados para a segurança dos portadores de cartões[246].

Quanto às medidas de segurança administrativas, correspondem ao desenvolvimento de códigos de conduta, de forma que seja delimitado o que pode e o que não pode ser realizado no ambiente corporativo[247], bem como especificando como deve ser realizado determinado procedimento. Assim ocorre com os *login* e senhas, delimitando sempre que um usuário for acessar determinado computador ou dispositivo deverá fornecer suas credenciais, bem como quando for se ausentar, ainda que de forma rápida, deverá bloquear a plataforma com sua senha ou fazer *logoff*.

Nesse sentido, é comum ouvir de quem não está preparado para lidar com a proteção de dados, que a implementação passa exclusivamente pelo profissional de TI, vez que seria um nicho próprio para quem lida com tecnologia da informação.

Obviamente a equipe de TI deve estar envolvida e em *compliance* com a legislação, porém ela não pode e nem deve permanecer com o foco da atenção. Assim, a implementação da segurança e boas práticas passa por medidas técnicas, porém há necessidade de implementação de medidas administrativas, talvez até mais importantes do que os aspectos técnicos, como softwares de controle de acesso e *firewalls*.

Igualmente, de nada adianta implementar boas políticas de governança se, por exemplo, o aplicativo tiver sido desenvolvido repleto de vulnerabilidades do ponto de vista da privacidade. Diante do exposto, o sistema deve ser estruturado de modo

246. MOTA, Miguel. PCI-DSS: O que é e por que preciso dele? Disponível em:<https://www.mundipagg.com/blog/o-que-e-pci/>. Acesso em 21.06.2019.

247. PIMENTEL, Hélio. Código de Conduta. Edição do Kindle. 2017. L 923.ocal.

a "atender aos requisitos de segurança, aos padrões de boas práticas e de governança e aos princípios gerais previstos nesta Lei e às demais normas regulamentares", conforme dispõe o art. 49 da LGPD.

3. Autoridade Nacional, Boas Práticas e *Compliance*

3.1 Incidentes de segurança e Boas Práticas

Ainda analisando os art. 46 e art. 48 da LGPD, é preciso compreender o que é considerado um "incidente de segurança", pois não se trata apenas de um ataque *hacker*, mas qualquer fato que possa comprometer a integridade dos dados pessoais. Pode-se citar como exemplo o tratamento de dados por pessoa desautorizada ou até mesmo um incêndio, podendo ser os incidentes provenientes de falhas de sistema ou erros humanos[248].

Isto posto, a norma do art.46 da LGPD, aponta e diferencia algumas espécies de vulnerabilidades que os dados pessoais podem estar expostos, dentre elas o acesso não autorizado, situações acidentais e situações ilícitas.

Para o professor e pesquisador Eduardo Magrani, "tudo que é conectado é vulnerável", na medida em que os dispositivos muitas vezes não possuem o investimento adequado quanto ao quesito segurança, até porque as empresas não possuíam até o advento da lei uma real preocupação com a privacidade[249].

248. CUNHA, Mauro Leonardo. Op. cit. Não paginado. Edição do Kindle. Local 1.559.

249. MAGRANI, Eduardo. Tudo que é conectado é vulnerável. Disponível em: <http://eduardomagrani.com/tudo-que-e-conectado-e-vulneravel-diz-pesquisador/>. Acesso em 21.06.2019.

Logo, de nada adianta *softwares* avançados que demandam alto investimento se os colaboradores não estão envolvidos com a proteção à privacidade. Neste passo, os programas de governança em privacidade, são sempre construídos a partir do topo, conscientizando a alta gestão para depois ir conscientizando toda a equipe, para que de fato seja incorporado.

Nesse enlace, é preciso compreender que o Brasil almeja uma vaga como país membro na OCDE – Organização para a Cooperação e Desenvolvimento Econômico[250], pois atualmente atua apenas como país parceiro, razão pela qual havia urgência para na aprovação da LGPD. Assim há necessidade do reconhecimento de padrões mínimos internacionais de segurança para a realização de negócios, em especial com os países membros da União Europeia[251].

Dessa forma, será de competência da Autoridade Nacional de Proteção de Dados (ANPD), dispor e regulamentar quais serão os padrões mínimos de segurança, conforme § 1º do art. 46 da LGPD.

Outrossim, conforme art. 55-J da LGPD, compete a ANPD editar normas e procedimentos, bem como deliberar na esfera administrativa sobre a interpretação da LGPD, elaborando estudos sobre às práticas nacionais e internacionais de proteção de dados e privacidade e editando resoluções, quando necessário.

---

250. O ESTADO DE SÃO PAULO. Brasil da OCDE: bom ou ruim? Disponível em: <https://internacional.estadao.com.br/noticias/geral,brasil-na-ocde-bom-ou-ruim,70002761945>. Acesso em: 21.06.2019.

251. CUNHA, Mauro Leonardo. Op. cit. Não paginado. Edição do Kindle. Local 1.050.

Atualmente já existem algumas certificações internacionais, dentre elas o certificado IAPP, *Information Privacy Professional*, a qual consiste no maior prestador de serviços do mundo na área de segurança privada, e que está habilitado a atuar em todo o território norte-americano na área de consultoria em proteção de dados e segurança cibernética[252].

De igual forma, o *EXIN certified Privacy Data Protection Foundation* e o *EXIN Essentials* são certificações respectivamente para a GDPR quanto para a LGPD e incluem instruções acerca das leis internacionais de privacidade e proteção de dados, mediação entre diferentes protocolos e técnicas de aceleração de processos de *compliance*[253].

Igualmente, a ISO 27001 se mostra também uma ferramenta indispensável para as empresas se adequarem, vez que se trata de um padrão internacional reconhecido e validado para gestão e segurança da informação.

Assim, as grandes organizações, que adotam padrões mínimos de segurança, obrigam a que os seus fornecedores ou parceiros detenham certificações, como garantia do cumprimento dos princípios estabelecidos pelas mesmas, providenciando assim aos seus clientes e parceiros um nível extra de conforto no que concerne à Segurança da Informação[254].

---

252. SOPRANA, Paula. Cresce demanda por especialistas em privacidade. Disponível em: <https://www.aarb.org.br/cresce-demanda-por-especialistas-em-privacidade/>. Acesso em: 21.06.2019.

253. EXIN. Certificações. Disponível em: <https://www.exin.com/br-pt/certificacoes/>. Acesso em: 21.06.2019.

254. ISO. O que é a norma ISO 27001? Disponível em: <https://www.27001.pt/>. Acesso em: 21.06.2019.

3.2 Comunicação à Autoridade Nacional

Neste cenário, um controlador capacitado é indispensável para que as empresas tenham a segurança jurídica necessária na realização do tratamento de dados, até porque, nos termos do art. 48 da LGPD, será competência do controlador comunicar à autoridade nacional e ao titular sobre a ocorrência de incidentes de segurança que possam acarretar risco ou dano relevante aos titulares.

Ademais, a norma do art. 46 da LGPD dispõe sobre a necessidade de comunicação em caso de risco ou dano grave, porém há de se questionar, o caráter subjetivo da expressão gravidade, pois poderia justificar o controlador que não se trata de rico grave, motivo pelo qual não houve comunicação. Há de se questionar ainda se caso não houver risco ou dano grave, não será necessário à comunicação ao titular e a ANPD, ainda que tenha ocorrido algum incidente de segurança ou vulnerabilidade?

Ademais, não basta que o controlador faça a comunicação dos incidentes de segurança, quando exigidos por lei, vez que deverá informar as medidas técnicas e de segurança utilizadas, os riscos incidentes e quais medidas serão adotadas, conforme § 1º, inciso I ao VI do art. 48 da LGPD.

O § 1º e o inciso V do art. 48, ainda dispõe sobre a necessidade de comunicar em prazo razoável e indicar o motivo da demora, no entanto não há fixação de prazo para que ocorra a comunicação, ou seja, caberá ao julgador em caráter subjetivo determinar o que é prazo razoável.

Neste ponto, a GDPR difere da LGPD, na medida em que existe a fixação de prazo de 72 (setenta e duas) horas para a comunicação após conhecimento do incidente, conforme aponta o art. 33 do GDPR.

Ademais, a GDPR difere o procedimento de comunicação à autoridade nacional e ao titular, estando dispostos respectivamente nos art. 33 e art. 34 da norma mencionada. A LGPD prevê que devem ser comunicadas as medidas técnicas e de segurança que estavam sendo realizadas, porém há de se questionar se de fato o titular terá compreensão do que está sendo informado, já que se trata de conhecimentos técnicos específicos, conforme art. 48.

Sob essa ótica o art. 34 do GDPR é mais preciso ao apontar que a comunicação ao titular deve ser em linguagem simples e clara, indicando a natureza da violação, as consequências possíveis, quais medidas estão sendo adotadas para atenuar os eventuais danos, bem como indicando o nome e o contato do encarregado, *data protection officer*, DPO para que possam ser obtidas informações.

A LGPD ainda no art. 48 dispõe no § 3º que em eventual incidente, será avaliada a comprovação de que foram adotadas medidas técnicas adequadas, ou seja, ainda que a empresa e o controlador sejam responsabilizados, serão levadas em consideração as condutas que adotaram para tentar evitar ou mitigar o incidente[255].

A experiência prática vivida pela União Europeia com a GDPR, vigente desde 25.05.2018, demonstra que as autoridades não estão sendo tão rígidas na aplicação das sanções, conforme aponta os estudos da *DMA - Data & Marketing Association,* em que, apesar das multas terem somado cerca de 56 milhões de euros, somente a multa aplicada ao Google, em janeiro de 2019, foi de 50 milhões de euros, cerca de R$ 213 milhões.

---

255. PINHEIRO, Patrícia Peck. Op. cit., Não paginado. Edição Kindle. Local 1.506.

Assim, dos mais de 11 mil casos de violação ao regulamento, somente 29 foram aplicadas sanções pecuniárias[256].

O caso mais emblemático foi o do Google, pois conforme apontaram as autoridades não havia a transparência necessária quanto a forma que informava seus usuários sobre como os dados pessoais eram coletados em seus serviços de mecanismos de buscas, serviços *google maps* e *youtube*, para a apresentação de anúncios publicitários[257].

Dentre os casos que merecem análise está também o ocorrido com a empresa Sergic[258], que atua no ramo de venda, aluguel, compra e administração de imóvel via plataforma on-line e que disponibiliza pela internet o envio dos documentos necessários para que os candidatos concorram às locações de uma propriedade.

Em 12.08.2018 a empresa recebeu uma denúncia de um usuário do site afirmando que uma mudança na URL permitia o acesso aos documentos apresentados por todos os clientes, sendo possível acessar dados de terceiros, no entanto, a instrução do processo administrativo perante a autoridade nacional

---

256. LIMA, Caio. GDPR completa um ano e traz reflexões sobre dados pessoais no Brasil.. Disponível: <http://portaldaprivacidade.com.br/2019/05/27/gdpr-completa-um-ano-e-traz-reflexoes-sobre-dados-pessoais-no-brasil/>. Acesso em: 21.06.2019.

257. O GLOBO. Google é multado em US$ 56,8 milhões por violar lei de proteção de dados na Europa. Disponível em: <https://oglobo.globo.com/economia/tecnologia/google-multado-em-us-568-milhoes-por-violar-lei-de-protecao-de-dados-na-europa-23389682>. Acesso em: 21.06.2019.

258. VAINZOF, Rony. Falha de Segurança motiva sanção de 400mil Euros por Autoridade de Proteção de Dados francesa contra site de locação. Disponível em: <http://www.portaldaprivacidade.com.br/2019/06/10/falha-de-seguranca-motiva-sancao-de-400mil-euros-por-autoridade-de-protecao-de-dados-francesa-contra-site-de-locacao-como-lgpd-enxergaria-o-caso/>. Acesso em: 21.06.2019.

francesa comprovou que a empresa sabia da vulnerabilidade desde março de 2018, tentando implementar um plano de ação, porém sem sucesso no período de junho a setembro de 2018.

Ao final a autoridade nacional sancionou a empresa na multa de 400 mil euros, justificando ainda que, apesar da empresa ter ciência do ocorrido, não realizou a comunicação necessária, tentando esconder a vulnerabilidade da autoridade nacional e dos usuários.

Por fim, outro caso que merece destaque é o ocorrido com o Facebook[259], no escândalo *Cambridge Analytica*, em que foram coletados dados de usuários para as eleições presenciais norte-americanas. O Reino Unido multou o Facebook no valor máximo previsto à época, a quantia simbólica de 500 mil libras, cerca de 644 mil dólares. Assim, se o fato tivesse ocorrido na vigência da GDPR, a empresa poderia ter sido multada em até 4% do volume de seu negócio global, chegando a uma soma de até US$ 1,6 bilhão. Nestes termos, a adoção de boas práticas técnicas e administrativas pelas empresas é medida que se impõe.

3.3 Governança, Boas Práticas e *Compliance*

É verdade também que os controladores e operadores, no âmbito de suas competências poderão atuar individualmente ou por meio de associações, o que gera maior confiabilidade, conforme dispõe o art. 50 da LGPD.

A adoção de boas práticas e um programa de governança em privacidade é fator considerado na aplicação das sanções.

259. ÉPOCA. Reino Unido aplica multa máxima a Facebook por escândalo Cambridge Analytica. Disponível em: <https://epocanegocios.globo.com/Empresa/noticia/2018/10/reino-unido-aplica-multa-maxima-facebook-por--escandalo-cambridge-analytica.html>. Acesso em: 21.06.2019.

Dessa forma, um programa com tal escopo tem a capacidade de criar comportamentos adequados e seguros, bem como uma cultura de proteção à privacidade em uma organização[260].

Assim, é necessário que as empresas definam os procedimentos internos visando proteger esse valor, que passa a integrar os propósitos da companhia. Obviamente, deverá ser compatível com o porte da organização e com o tipo e o volume dos dados tratados.

Não há dúvidas que a comprovação das medidas implementadas é um fator extremamente relevante no atual cenário de proteção de dados. Dessa forma, todos os treinamentos e procedimentos devem ser documentados de forma que possam ser apresentados às autoridades, investidores e outros reguladores, como também aos próprios titulares de dados.

Isto posto, é preciso que as empresas adotem tanto procedimentos de governança, bem como estejam em *compliance* com a legislação. Ora, não há dúvida que *compliance* e governança são dois conceitos intimamente ligados, ganhando o primeiro, maior significância com o advento da lei anticorrupção.

Destarte, ser *compliance* é conhecer as normas da organização, bem como seguir os procedimentos recomendados, agindo em conformidade e sentir quanto é fundamental a ética e a idoneidade em todas as nossas atitudes. Igualmente, estar em *compliance* é estar em conformidade com leis e regulamentos internos e externos[261].

---

260. MARCIEL, Rafael. Manual prático sobre a Lei Geral de Proteção de Dados Pessoais: Atualizado com a Medida Provisória nº 869/18. Goiânia, GO: RM Digital Education. 2019. Edição do Kindle. Local 1.537.

261. PIMENTEL, Hélio. Código de Conduta. Edição do Kindle. 2017. Local 437.

Já o conceito de governança corporativa surgiu para defender os direitos dos acionistas minoritários e se expandiu com o passar do tempo, e atualmente voltada principalmente para o quesito transparência[262].

Dessa forma, a governança corporativa é o sistema pelo qual as empresas e demais organizações são dirigidas, monitoradas e incentivadas, envolvendo os relacionamentos entre sócios, conselho de administração, diretoria, órgãos de fiscalização e controle e demais partes interessadas[263].

Isto posto, a governança corporativa tem quatro princípios: transparência, não apenas das informações financeiras exigidas por lei; equidade, que correspondente ao tratamento justo e isonômico de todos os sócios e demais partes interessadas; prestação de contas clara, concisa, compreensível e tempestiva; e responsabilidade corporativa, zelando pela viabilidade de longo prazo das organizações[264].

Corroborando, o Instituto Brasileiro de Governança Corporativa, IBGC traz ferramentas úteis para as empresas no processo de estruturação, sendo possível mensurar os índices de governança no ambiente empresarial.

Dessa forma, com exemplo no quesito "compromisso com a governança corporativa", é possível mensurá-lo da seguinte forma[265]: O nível 01 correspondente às formalidades básicas

---

262. VALENTE, Paulo Gurgel. Governança Corporativa: Guia do Conselheiro para Empresas Familiares ou Fechadas. Rio de Janeiro: Alta Books. 2018. p. 1.
263. INSTITUTO BRASILEIRO DE GOVERNANÇA CORPORATIVA. Op. cit., p. 219.
264. PIMENTEL, Hélio. Op. cit., Edição do Kindle. 2017. L 454.
265. INSTITUTO BRASILEIRO DE GOVERNANÇA CORPORATIVA. Op. cit., p. 220.

de governança, se a empresa tem um conjunto de políticas ou códigos estabelecidos por escrito, que abordam, por exemplo, os direitos e o tratamento dos sócios/ acionistas, o papel do conselho, a transparência e a divulgação de informações. O nível 02 aponta se a empresa possui um executivo designado ou responsável por garantir com aderência o *compliance* e as polícias e códigos de conduta.

Já o nível 03 corresponde se a empresa cumpre todas as recomendações aplicáveis do código voluntário de melhores práticas do país e se o conselho possui um comitê de governança corporativa. Por fim, o nível 04 índica se a empresa é publicamente reconhecida como líder nacional e ainda reconhecida entre os líderes globais de governança corporativa[266].

Há ainda de se mencionar os níveis de governança corporativa utilizados pela BOVESPA[267], os quais são classificados em 04: Tradicional, Bovespa Mais, Nível 1, Nível 2, Novo Mercado, sendo o último o mais alto nível de governança.

Diante da necessidade das empresas adotarem uma gestão embasada na governança corporativa e no *compliance*, é imprescindível que estas insiram normas de ambos os institutos em seus códigos de conduta, estabelecendo diretrizes a respeito, tanto sobre o tratamento de dados pessoais, elaboração e disponibilização de documentos eletrônicos, desenvolvimento de treinamentos indicando os comportamentos esperados e os

266. Idem.
267. WAWRZENIEAK, Diego. Níveis de Governança Corporativa na Bovespa. Disponível em: <https://www.bussoladoinvestidor.com.br/niveis-governanca-corporativa-bovespa/>. Acesso em: 21.06.2019.

vedados por seus empregados e demais participantes, propondo e aplicando as penalidades, caso comprovadas as violações[268].

Neste passo, o Código de Conduta é um dos instrumentos corporativos que determinam quais são os princípios éticos e valores morais que a instituição espera que orientem a conduta de seus funcionários. Outrossim, ele deve ser o guia norteador do comportamento apropriado.

Dentre os temas que devem estar dispostos no código de conduta, podem se citar sete, os quais são: 01- Responsabilidade socioambiental; 02- Concorrência justa; 03- Comportamento dos colaboradores, em especial: a- quanto ao uso dos ativos da empresa; b- quanto ao uso da tecnologia; c- quanto ao conflito de interesses; 4- *Compliance*; 5- Governança corporativa; 6- Ambiente de trabalho adequado (respeito à diversidade); 7- Respeito à propriedade intelectual e gerenciamento das informações[269].

Quanto a governança corporativa, dentre as posturas das grandes empresas, chamam a atenção da Totvs, a qual segue os passos da Microsoft e da IBM, pois além de expressar o que fazer e o que não fazer aponta que os administradores, diretores e conselheiros devem zelar para que se crie e mantenha um ambiente de controle interno capaz de assegurar a exatidão e a confiabilidade de todas as informações que a Totvs divulga para o mercado de capitais em geral, e para os órgãos de regulação[270].

---

268. CARVALHO, André Castro; BERTOCCELLI, Rodrigo de Pinho; VENTURINI, Otavio, MARTINS (Org.). Manual de *Compliance*. Rio de Janeiro: Forense. 2019. Não Paginado. Edição Kindle. Local 8.303.

269. Idem.

270. PIMENTEL, Hélio. Op. cit., Edição do Kindle. 2017. L 719.

Já quanto ao comportamento dos colaboradores, é importante pontuar que são três as preocupações mais relevantes das empresas: o uso dos ativos da empresa para atividades que não dizem respeito ao trabalho, o uso da tecnologia, ou, mais especificamente, da internet e das redes sociais, e o conflito de interesses, de forma que nos três casos, a dificuldade é estabelecer limites.

Quanto ao uso de ativos, a Totvs adota uma postura forte, vez que é vedado o uso de bens, equipamentos e instalações para fins particulares, ainda que fora do horário de trabalho.

Ademais, o uso das redes sociais, inclusive fora do horário de expediente, também é um assunto complexo, pois mesmo que o empregado emita uma opinião pessoal, pode criar problemas para a empresa.

No que se infere ao respeito à propriedade intelectual e gerenciamento de informações a Microsoft pontua que não deve ser compartilhado informações confidenciais, seja com amigos, membros da família ou ex-colegas ou funcionários da Microsoft[271].

Igualmente, é vedada qualquer discussão ou conversa sobre informações confidenciais em locais públicos onde terceiros possam ouvir por acaso, incluindo restaurantes, elevadores e corredores não seguros. Também é proibido o trabalho com documentos que contenham informações confidenciais, cópias impressas ou eletrônicas, em locais públicos.

Ora, a adoção de comportamentos como os apontados, contribuem e muito para proteção dos dados pessoais, tratando-se eminentemente de técnicas administrativas que visam

271. Idem.

assegurar o sigilo das informações empresariais, dentre elas os dados pessoais dos titulares, sejam clientes, acionistas ou demais *stakeholders*.

Nesses termos, dispõe o art. 50, § 2º da LGPD que caberá ao controlador adotar processos e políticas internas que assegurem o cumprimento de forma abrangente das normas e boas práticas correspondentes à proteção de dados. Ademais, conforme § 3º da mesma norma, as regras de boas práticas e governança deverão ser atualizadas periodicamente e poderão ser reconhecidas pela autoridade nacional.

Analisando de forma paralela a GDPR, no art. 42 dispõe sobre a certificação e a emissão de selo europeu de proteção de dados para aquele que realiza o tratamento, levando em consideração inclusive as necessidades e as especificidades das micro, pequenas e médias empresas, o que poderá ser um caminho para a aplicação da LGPD, o que poderá ficar a cargo da autoridade nacional dispor e regulamentar.

4. Conclusões

Com base em todos os conceitos e reflexões apresentadas, é possível constatar que o termo governança utilizado na Lei 13.709/18 é amplo, e diz respeito não apenas à espécie, governança de TI, mas também o gênero, governança corporativa, de forma que estão inseridas as boas práticas e transparência na proteção de dados pessoais.

Dessa forma, a norma do art. 46 é expresso ao dispor que os agentes de tratamento devem adotar medidas de segurança, técnicas e administrativas. Logo, de nada adianta a implementação de softwares avançados e alta tecnologia, os quais exigem grande investimento, se os colaboradores não estão envolvidos com a proteção à privacidade. Outrossim, os programas de governança em privacidade são imprescindíveis e são construídos a partir do topo, iniciando-se na conscientização da alta gestão para depois ser incorporado em toda a equipe.

É possível concluir também que incidentes de segurança e vulnerabilidades, os quais consistem em acessos não autorizados, situações acidentais e situações ilícitas, conforme dispõe a LGPD, não são apenas decorrentes de ataques *hackers*, mas qualquer fato que possa comprometer a integridade dos dados, inclusive um incêndio.

Ademais, ainda que a LGPD seja expressa na necessidade de comunicação à Autoridade Nacional, em tempo razoável, não dispôs a norma jurídica de um prazo fixo, ou seja, caberá ao julgador em caráter subjetivo determinar o que é prazo razoável, ou ainda, caberá à Autoridade Nacional de Proteção de Dados, editar normas e procedimentos, bem como deliberar na esfera administrativa sobre a interpretação da LGPD, conforme art. 55-J da LGPD.

Isto posto, é preciso que as empresas adotem tanto procedimentos de governança, bem como estejam em *compliance* com a legislação, pois da mesma forma que a utilização da tecnologia e a manipulação dos dados pessoais podem trazer benefícios às empresas, inclusive para o aperfeiçoamento da gestão, há também os riscos e vulnerabilidades trazidos pela tecnologia apontada, com sanções que chegam até a R$ 50.000.000,00 (cinquenta milhões) de reais, conforme art. 52 da LGPD.

Assim, a temática da proteção de dados deve ser discutida pelos 03 (três) agentes, Estado; regulamentando de forma adequada os novos impasses criados pela tecnologia; Empresas, buscando melhorias e implementando boas práticas em governança, reduzindo problemas e aumentando a segurança dos dispositivos e da rede; e usuários, se informando sobre como seus dados estão sendo tratados e até que ponto estão dispostos a abrir mão da sua privacidade em prol da utilidade dos serviços tecnológicos.

5. Referências bibliográficas

ALECRIM, Emerson. *O que é firewall: Conceito, tipos e arquiteturas*. Disponível em: <https://www.infowester.com/firewall.php>. Acesso em: 15 jan. 2021.

CAMARGO, Coriolano Almeida; SANTOS, Cleórbete. Fundamentos do *Compliance*. Edição do Kindle. 2019.

CARVALHO, André Castro; BERTOCCELLI, Rodrigo de Pinho; VENTURINI, Otavio, MARTINS (Org.). *Manual de Compliance*. Rio de Janeiro: Forense. 2019.

CUNHA, Mauro Leonardo. *Comentários à Lei de Proteção de Dados Pessoais*. Brasília: Edição do Kindle. 2018.

DE LUCCA, Newton; SIMÃO FILHO, Adalberto; LIMA, Cíntia Rosa Pereira. Direito & Internet III: *Marco Civil da Internet*. São Paulo: Quartier Latin, 2015.

EGÍDIO, Célio. *PCI-DSS: O que é? Como ser um PCI? É obrigatório? Quando implantar?* Disponível em: <https://www.ecommercebrasil.com.br/artigos/pci-dss-o-que-e-como-ser-um-pci-e-obrigatorio-quando-implantar/>. Acesso em: 15 jan. 2021.

ÉPOCA. *Reino Unido aplica multa máxima a Facebook por escândalo Cambridge Analytica*. Disponível em: <https://epocanegocios.globo.com/Empresa/noticia/2018/10/reino-unido-aplica-multa-maxima-facebook-por-escandalo-cambridge-analytica.html>. Acesso em: 15 jan. 2021.

EXIN. *Certificações*. Disponível em: <https://www.exin.com/br-pt/certificacoes/>. Acesso em: 15 jan. 2021.

GUSMÃO, Gustavo. *Os 15 maiores vazamentos de dados da década*. Disponível em: <https://exame.abril.com.br/tecnologia/os-15-maiores-vazamentos-de-dados-da-ultima-decada/>. Acesso em: 15 jan. 2021.

INSTITUTO BRASILEIRO DE GOVERNANÇA CORPORATIVA. *Código das melhores práticas de governança corporativa*. 13. ed. São Paulo: IBGC, 2018.

ISO. O que é a norma ISO 27001? Disponível em: <https://www.27001.pt/>. Acesso em: 15 jan. 2021.

LIMA, Caio. *GDPR completa um ano e traz reflexões sobre dados pessoais no Brasil*. Disponível: <http://portaldaprivacidade.com.br/2019/05/27/

gdpr-completa-um-ano-e-traz-reflexoes-sobre-dados-pessoais-no-brasil/>. Acesso em: 15 jan. 2021.

MAGRANI, Eduardo. *Tudo que é conectado é vulnerável*. Disponível em: <http://eduardomagrani.com/tudo-que-e-conectado-e-vulneravel-diz-pesquisador/>. Acesso em 21.06.2019.

MALDONADO, Viviane Nóbrega. *Direito ao esquecimento*. Editora Novo Século: Barueri, SP. 2017.

MALDONADO, Viviane Nóbrega; BLUM, Renato Opice (Coord.). *Comentários do GDPR*: Regulamento Geral de Proteção de Dados da União Europeia. São Paulo: Thomson Reuters Brasil, 2018.

MARCIEL, Rafael. *Manual prático sobre a Lei Geral de Proteção de Dados Pessoais*: Atualizado com a Medida Provisória nº 869/18. Goiânia, GO: RM Digital Education. 2019.

MARTINS, Guilherme Magalhães; LONGHI, João Victor Rozatti (Org.). *Direito Digital: Direito Privado e Internet*. Indaiatuba, SP: Editora Foco. 2019.

MOTA, Miguel. PCI-DSS: *O que é e por que preciso dele?* Disponível em:<https://www.mundipagg.com/blog/o-que-e-pci/>. Acesso em: 15 jan. 2021.

O ESTADO DE SÃO PAULO. *Brasil na OCDE: bom ou ruim?* Disponível em: <https://internacional.estadao.com.br/noticias/geral,brasil-na-ocde-bom-ou-ruim,70002761945>. Acesso em: 15 jan. 2021.

O GLOBO. *Google é multado em US$ 56,8 milhões por violar lei de proteção de dados na Europa*. Disponível em: <https://oglobo.globo.com/economia/tecnologia/google-multado-em-us-568-milhoes-por-violar-lei-de-protecao-de-dados-na-europa-23389682>. Acesso em: 15 jan. 2021.

PIMENTEL, Hélio. *Código de Conduta*. Edição do Kindle. 2017.

PINHEIRO, Patricia Peck. *Direito Digital*. 6. ed. São Paulo: Saraiva, 2016.

PINHEIRO, Patrícia Peck. *Proteção de Dados Pessoais: Comentários à Lei n. 13.709/2018 LGPD*. São Paulo: Saraiva. 2018.

REINALDO FILHO, Demócrito. *A imagem do indivíduo é dado pessoal: A decisão da autoridade francesa de proteção de dados e suas consequências*. Disponível em: <https://www.boletimjuridico.com.br/doutrina/artigo/713/a-imagem-individuo-dado-pessoal-decisao-autoridade-francesa-protecao-dados-consequencias>. Acesso em: 15 jan. 2021.

ROSSETI, José Paschoal. *Governança Corporativa: fundamentos, desenvolvimentos e tendências*. 2. Ed. São Paulo: Saraiva, 2017.

SERPA, Alexandre da Cunha. *Compliance Descomplicado*. Edição do Kindle. 2016.

SILVA, Pamela. *Governança e Estratégia de TI para Negócios*. Edição do Kindle.

SILVIA, Edson Cordeiro. *Governança Corporativa nas Empresas*. Edição do Kindle. 2006.

SOPRANA, Paula. *Cresce demanda por especialistas em privacidade*. Disponível em: <https://www.aarb.org.br/cresce-demanda-por-especialistas-em-privacidade/>. Acesso em: 15 jan. 2021.

TEIXEIRA, Tarcisio. *Curso de Direito e Processo Eletrônico: doutrina, jurisprudência e prática*. 5. ed. São Paulo: Saraiva. 2018.

TEXEIRA, Tarcisio; LOPES, Alan Moreira (Coord.). *Startups e Inovação: Direito no Empreendedorismo*. Barueri, SP: Manole, 2017.

VAINZOF, Rony. *Falha de Segurança motiva sanção de 400mil Euros por Autoridade de Proteção de Dados francesa contra site de locação*. Disponível em: <http://www.portaldaprivacidade.com.br/2019/06/10/falha-de-seguranca-motiva-sancao-de-400mil-euros-por-autoridade-de-protecao-de-dados-francesa-contra-site-de-locacao-como-lgpd-enxergaria-o-caso/>. Acesso em: 15 jan. 2021.

VALENTE, Paulo Gurgel. *Governança Corporativa: Guia do Conselheiro para Empresas Familiares ou Fechadas*. Rio de Janeiro: Alta Books. 2018.

VIEIRA, Sônia Aguiar do Amaral. *Inviolabilidade da vida privada e da intimidade pelos meios eletrônicos*. São Paulo: Editora Juarez de Oliveira, 2002.

WAWRZENIEAK, Diego. *Níveis de Governança Corporativa na Bovespa*. Disponível em: <https://www.bussoladoinvestidor.com.br/niveis-governanca-corporativa-bovespa/>. Acesso em: 15 jan. 2021.

7

A ESTRUTURA E A NATUREZA JURÍDICA DA AUTORIDADE NACIONAL DE PROTEÇÃO DE DADOS COM BASE NA LEI Nº 13.853/19

Maria Eugênia Bordinassi de Castro[272]*

Sumário: 1. Introdução; 2. Desenvolvimento; 2.1. Da legislação europeia e requisitos a uma Autoridade de Proteção; 2.2. Da legislação brasileira; 2.2.1 Da natureza transitória da Autoridade de Proteção brasileira; 2.2.2 Da natureza de autarquia de regime especial; 3. Conclusões; 4. Referências bibliográficas.

1. Introdução

A sociedade do século XXI representa não só um marco de grandes mudanças, a exemplo da globalização e a crescente preocupação com o desenvolvimento sustentável. Consiste, também, na ruptura do modelo econômico tradicional até então vigente, simbolizado pelo capitalismo fordista, sendo este substituído pela era da economia informacional.

---

272. Aluna ouvinte do Programa de Mestrado em Direito Negocial da Universidade Estadual de Londrina (UEL). Advogada. Contato: mariaebc1@gmail.com.

Diz-se dessa forma pois, atualmente, os dados pessoais representam a nova mercadoria, consistindo em fonte de monetização pelas empresas, que investem cada vez mais no acesso às informações geradas pelos indivíduos no intuito de melhor entender seus clientes/consumidores e, dessa maneira, atingi-los de maneira mais assertiva.

Todavia, considerando que os dados pessoais representam extensão do indivíduo no processo de desenvolvimento de sua personalidade humana, e ressaltando a facilidade atual para o compartilhamento e distribuição desses dados devido à conectividade digital e a inexistência de barreiras eficazes, faz-se necessária a adequada tutela dessas informações, realizada por meio de legislações que contemplem os direitos devidos e as formas de robustecer e salvaguardar sua aplicação.

Nesse sentido, o presente trabalho visa analisar a formação da Autoridade Nacional de Proteção de Dados brasileira, por considerá-la essencial para a efetivação da proteção de dados pessoais, partindo-se, inicialmente, do disposto pelas legislações internacionais, diante de sua anterioridade, maturidade conceitual e influência frente a legislação nacional.

Para tanto, analisar-se-á, prioritariamente, o Regulamento Geral de Proteção de Dados da União Europeia (*General Data Protection Regulation* – RGPD, sigla em português), dispositivo elaborado no âmbito europeu pautado na proteção e privacidade dos dados pessoais, e que serve como fonte inspiradora a legislação brasileira. Seguidamente, tendo em vista os apontamentos a serem realizados, elencar-se-ão requisitos passíveis de serem considerados essenciais a uma Autoridade de Proteção e, portanto, devendo ser idealmente alcançados.

Por fim, apreciar-se-á a natureza jurídica e características atribuídas à Autoridade Nacional de Proteção de Dados

(ANPD), criada pela Lei nº 13.853/19 e destinada à fiscalização e regulamentação da Lei Geral de Proteção de Dados brasileira, Lei nº 13.709/18 (LGPD), analisando sua conformidade com os preceitos tidos como gerais a uma Autoridade de Proteção.

Para tanto, utiliza-se de método dedutivo para análise de legislações, doutrinas e referências interpretativas, majoritariamente no que tange à legislação europeia. Assim, objetiva-se a utilização de conceitos tratados pelas legislações supra e a sua aplicação, no âmbito da tutela de proteção dos dados pessoais.

2. Desenvolvimento

2.1. Da legislação europeia e requisitos a uma Autoridade de Proteção

Tendo em vista o desenvolvimento tecnológico, principalmente observado nas áreas de informação, comunicação e consumo, nota-se que tais fatores pré-dispuseram o nascimento de um novo setor na economia, pautado no capitalismo informacional. Ante esses avanços tecnológicos, intensificou-se a geração e o armazenamento em massa de dados de diferentes tipos, resultando no acesso, pelos entes de atuação no mercado econômico, de informações de cunho pessoal e, portanto, invadindo a esfera da privacidade dos indivíduos.

Sendo assim, passou-se a regular a proteção de direitos e garantias fundamentais acerca dos dados pessoais, a fim de coibir abusos, sendo feito, pioneiramente, pelas chamadas "Diretrizes da OCDE" (*Guidelines on the Protection of Privacy and Transborder Flows of Personal Data)*, em 1980.

Paralelamente, observou-se também a elaboração da Convenção de Estrasburgo, no ano de 1981, legislação esta que pontuou que a proteção de dados pessoais está atrelada a fiscalização, regulamentação e imposição de seus dispositivos, tendo já mencionado que isso ocorreria por meio de um órgão independente, nomeado de *Supervisory Authorities.*

Nesse sentido, no ano de 1995, promulgou-se a Diretiva nº 95/46/CE na União Europeia, legislação esta que versou sobre a proteção de dados pessoais e da sua livre circulação, oportunidade na qual postulou-se pela criação de uma "Autoridade de Controlo" para garantia da fiscalização da aplicação da lei, devendo esta dispor de independência em suas funções[273], com o fito de atuar de maneira livre e desinteressada.

Destaca-se, ainda, que a União Europeia assegura às informações pessoais a posição de direito humano fundamental, conforme consta em sua Carta dos Direitos Fundamentais[274] e no Tratado sobre o Funcionamento da União Europeia (TFUE).[275]

Seguidamente, considerando-se a legislação esparsa à época e com o fim de sanar a fragmentação das disposições acerca da proteção de dados, a persistência de riscos à privacidade e a insegurança jurídica ocasionadas pela Diretiva nº 95/46/UE, revogou-se a mencionada norma, ascendendo em seu lugar o Regulamento Geral sobre Proteção de Dados (Regulamento (UE) nº 2016/679 do Parlamento Europeu e do Conselho).

---

273. Artigo 28º - "Autoridade de controlo: 1. Cada Estado-membro estabelecerá que uma ou mais autoridades públicas serão responsáveis pela fiscalização da aplicação do seu território das disposições adoptadas pelos Estados-Membros nos termos da presente diretiva".

274. Artigo 8º - "Protecção de dados pessoais 1. Todas as pessoas têm direito à protecção dos dados de caracter pessoal que lhes digam respeito".

275. Artigo 16 (ex-artigo 286 TCE) - 1. "Todas as pessoas têm direito à proteção dos dados de caráter pessoal que lhes digam respeito".

No caso, a legislação supra reitera a natureza fundamental dos dados pessoais, bem como, em adequação ao contexto em que se situa, indica a finalidade de conciliar a proteção daqueles com as atuais necessidades econômicas[276], a exemplo da necessidade de tutela adequada quando da transferência de dados pessoais e os interesses de mercado nelas contidas.

Todavia, salienta-se que apenas a elaboração de dispositivos legais de tutela não se materializa como garantia efetiva na proteção desses direitos. Para tanto, faz-se necessária a segurança de que aqueles que regularão esses dados estarão aptos e livres de quaisquer influências ou pressões externas, atuando de maneira imparcial e desinteressada, assegurando sua concretização.

Isso porque, ante ao seu papel de proteção dos direitos individuais e sua atuação tanto em ambiente privado quanto público, as Autoridades de Proteção precisam se manter independentes do Estado de que fazem parte, caso contrário, a relação intrínseca entre eles não geraria a segurança e imparcialidade imprescindíveis a sua atuação em prol da tutela dos dados pessoais[277].

---

276. Consideranda 2: "Os princípios e as regras em matéria de proteção das pessoas singulares relativamente ao tratamento dos seus dados pessoais deverão respeitar, independentemente da nacionalidade ou do local de residência dessas pessoas, os seus direitos e liberdades fundamentais, nomeadamente o direito à proteção dos dados pessoais. O presente regulamento tem como objetivo contribuir para a realização de um espaço de liberdade, segurança e justiça e de uma união económica, para o progresso económico e social, a consolidação e a convergência das economias a nível do mercado interno e para o bem-estar das pessoas singulares".
277. BIEKER, Felix. Enforcing Data Protection Law- The Role of the Supervisory Authorities in Theory and Practice. Disponível em: https://hal.inria.fr/hal-01629167/document. Acesso em: 10 jul.2019.

Assim, em linhas gerais, para a efetiva proteção desses dados, de maneira similar a prevista pela Diretiva nº 95/46/CE, a RGPD indica que, quando da constituição da Autoridade de Controlo, está será independente na aplicação do regulamento, sendo essa independência financeira, estrutural e funcional, com o fim de salvaguardar os dados pessoais e facilitar a sua circulação pela União Europeia (art. 51 da RGPD).

Dessa maneira, para concretizar o primeiro ponto de independência, determinou-se ao Estado-Membro a obrigação de separação de orçamento especial à Autoridade de Controlo – inovação frente a revogada Diretiva nº 95/46/EU – destacando a necessidade da liberdade financeira para esse ente, objetivando-se pela inexistência de conflito de interesse ou subordinação da Autoridade ao Estado-Membro.

Ademais, quanto as hipóteses de influência na atuação desse ente pelo Estado-Membro, tendo em vista a relação econômica existente com os dados pessoais, há de se considerar que essa independência visa coibir eventuais intervenções do Estado em detrimento ou favorecimento dos interesses financeiros do setor privado.

Logo, tolhem-se espaços para a realização de controle estatal das decisões exaradas pela Autoridade, tanto no sentido de se beneficiar de informações privilegiadas no âmbito empresarial, bem como pela não concessão de privilégios, benefícios econômicos ou até a complacência com condutas ilegais do setor privado.

No que se refere à liberdade estrutural, o Regulamento assegura, também, que caberá a Autoridade de Controlo escolher e dispor sobre os membros que a comporão, ficando estes sob direção dos membros da referida Autoridade, medida que garante o afastamento de controles indevidos à sua atuação.

Concomitantemente, além das medidas estabelecidas para a garantia de independência da Autoridade de Controlo, no seu art. 58 da RGPD, prevê-se o alargamento dos poderes conferidos a essa Autoridade quando comparados àqueles concedidos anteriormente pela Diretiva nº 95/46/EU, o que reforça a concepção de uma estrutura autônoma e competência própria.

No caso em comento, foram outorgados, a exemplo, poderes de investigação, efetivados pela possibilidade de acesso às informações a fim de garantir a fiscalização e controle pela Autoridade. Dispôs, também, os poderes de correção, sob a forma de advertências ou repreensões ao responsável pelo tratamento dos dados, além de poderes consultivos e de autorização, como o de emissão de pareceres e certificações.

Por fim, outra inovação acrescida pela RGPD, refere-se à atribuição da Autoridade de tratar de reclamações endereçadas por titulares de direitos[278] – ou seus representantes – atuando na correta aplicação da legislação de proteção de dados.

Observa-se, por fim, a indicação de ferramentas a serem utilizadas na garantia da independência funcional das Autoridades, especialmente quanto aos membros que as comporão. Inicialmente, estipula-se que os integrantes da Autoridade não estarão sujeitos a influências de qualquer natureza no desempenho de suas funções, sendo elemento fundamental para a atuação de maneira imparcial e tutela de dados.

278. Artigo 57 (1) (f) Trata as reclamações apresentadas por qualquer titular de dados, ou organismo, organização ou associação nos termos do artigo 80º, e investigar, na medida do necessário, o conteúdo da reclamação e informar o autor da reclamação do andamento e do resultado da investigação ou de coordenação complementares com outra autoridade de controlo.

Dessa maneira, para a efetivação dessa "liberdade funcional", o Regulamento prevê a forma de ingresso desses membros e a necessidade de capacitação, especialmente quanto à temática de proteção de dados. Sendo assim, alcança-se a independência almejada, exemplificativamente, pela formação multissetorial dos membros a compor a Autoridade, como ocorre na Autoridade Francesa (*French Comission Nationale de l'Informatique et des Libertes*) ou pela eleição dos membros pelo parlamento federal ou regional, como ocorre na Alemanha.

Complementarmente, a RGPD preleciona regras específicas para o tempo de mandato dos membros e que sua demissão só poderá ocorrer em caso de falta grave ou em descumprimento das normas inerentes ao cargo, devendo essas serem elucidadas pelo Estado-Membro (art. 54 (1) da RGPD).

Dessa forma, com relação à antecessora Diretiva nº 95/46/UE, observa-se o fortalecimento na necessidade de proteção dos direitos fundamentais e nas liberdades das pessoas naturais, bem como a imperiosa concessão de atuação autônoma do ente regulador dessa norma, qual seja, a Autoridade de Controlo.

Nesse sentido, a legislação europeia se empenhou no fornecimento de características e estrutura àquela Autoridade, para que ela possa seguir seu papel precípuo, que se perfaz na garantia do direito fundamental à proteção de dados. Para tanto, estabelece de forma clara que se deve atribuir a ela independência financeira, estrutural e funcional, além de dispor sobre quais são as competências e funções dessa Autoridade, podendo-se ter tais normas como referências a serem alcançadas quando da estruturação de uma Autoridade de Proteção.

Portanto, quanto à sua atuação, via de regra, observa-se que a primeira competência a ser atribuída a uma Autoridade de Proteção é a de poder de controle e fiscalização, estando materializada pela faculdade da entidade em requisitar informações aos realizadores do tratamento de dados ou possuidores deste, além de promover diligências junto àqueles que realizam o tratamento de dados. Dessa forma, almeja-se assegurar a licitude no tratamento dos dados pessoais[279].

Ademais, à Autoridade deve ser assegurada a premissa de estabelecer padrões técnicos que garantam a segurança no tratamento de dados e que corroborem à proteção dos direitos relacionados à privacidade e personalidade do indivíduo, atribuição importante tendo em vista as constantes mudanças na informática e a necessidade de adequação da legislação ao mundo fático e o seu dinamismo.

Percebe-se, assim, que a atuação da Autoridade deve seguir em consonância ao princípio da prevenção e às necessidades inerentes ao ambiente digital, uma vez que uma postura remediadora se mostra menos eficaz em um cenário de pulverização veloz das informações e os danos causados, seguidos na mesma proporção.

Para tanto, urge a necessidade de concessão de capacidade de elaboração legislativa acerca de proteção de dados[280] – poder normativo –, competência importante uma vez que, estando os agentes de tratamento de dados em permanente contato com a temática em comento, e tendo em vista a constante adaptação dessa, estarão mais aptos a diagnosticar as regulamentações necessárias, em consonância aos avanços tecnológicos[281].

279. LIMA, 2015, p. 305.

280. Artigo 57(1) (m) RGPD.

281. LIMA, op. cit., 2015, p. 311.

Destaca-se ainda que, a fim de garantir a correta aplicação da lei de proteção de dados no ordenamento jurídico a ser tutelado, tendo em vista que a RGPD tem abrangência para os Estados-Membros da União Europeia, caberá à Autoridade de Proteção a elaboração de códigos de conduta[282] específicos para cada localidade.

Assenta-se a relevância da referida previsão pelo fato de a legislação de proteção de dados ser usualmente principiológica – para que sua continuidade permaneça e se ajuste à ascensão de novas tecnologias –, cabendo, assim, eventuais adequações a setores específicos, desde que não desrespeitem ás normas da legislação de proteção de dados ou os princípios gerais de direito.

Deverá, também, estar apta a resolução de conflitos de titulares cujos dados foram errôneos ou ilicitamente tratados. A importância dessa competência assenta-se na complexidade do tema e da necessidade de solução ágil desses anseios que, eventualmente, não seriam alcançados na resolução pela via judicial. Assim, com a possibilidade de endereçar-se as reclamações ao ente competente e especialista no tema, permitir-se-á a apreciação do conteúdo por agentes especializados na temática e em menor tempo, colaborando-se para a "desjudicialização" de conflitos de tamanha complexidade[283].

No que tange à sua coordenação interna, cumpre à Autoridade de Proteção a publicação dos seus relatórios de atividades, sendo tal fato importante para que se dê publici-

282. Artigo 40 (1) RGPD.

283. LIMA, Cintia Rosa Pereira de. A imprescindibilidade de uma entidade de garantia para a efetiva proteção dos dados pessoais no cenário futuro do Brasil. 2015.487 f. Tese (Livre Docência Direito Civil Patrimonial) - Faculdade de Direito de Ribeirão Preto, Ribeirão Preto, 2015, p. 151.

dade e transparência à sua atuação, servindo como exemplo no tratamento de suas informações e para que se monitore as eventuais violações perpetradas pelos agentes na operação desses dados.

Ainda, considerando especificamente o modelo europeu, constata-se a imprescindibilidade da Autoridade no que tange à garantia de circulação transfronteiriça de dados, uma vez que esse é requisito para a permissão de transferência de dados juntamente à União Europeia[284]. Desta feita, nota-se que se trata de relevante função a de fiscalização da operação de transferência de dados, devendo a Autoridade aferir os graus de proteção e a viabilidade dessa atividade.

Por fim, vale ressaltar a importância do papel de atuar na conscientização da população com políticas públicas voltadas a política de proteção e segurança de dados, educando os cidadãos pelo correto uso e gerenciamento de seus dados pessoais, bem como o incentivo àqueles que realizam o tratamento de dados de assim o fazer de acordo com a legislação pertinente[285], em consonância ao princípio da prevenção.

Portanto, para que uma Autoridade de Proteção possa atuar na proteção dos dados pessoais de maneira efetiva, deve-se usufruir de independência e autonomia, bem como exercer atribuições e poderes para garantir o cumprimento dos direitos dos titulares, a proteção dos princípios salvaguardados e auxiliar na transferência de dados pessoais.

Logo, com base nos elementos estruturantes contidos no ordenamento europeu supra elencados, aptos a serem considerados basilares à estruturação de uma autoridade de proteção

284. Artigo 45 (2) (b) RGPD.

285. Artigo 57(1) (b) RGPD.

de dados efetiva, passa-se agora à análise da Autoridade Nacional de Proteção de Dados, criada pela Lei nº 13.853/2019, especificamente no que tange às suas similitudes e diferenças existentes, apreciando-se, a partir desse ponto, a sua atuação no cenário brasileiro.

2.2. Da legislação brasileira

2.2.1 Da natureza transitória da Autoridade de Proteção brasileira

Ante a necessidade de encontrar-se em consonância ao cenário global, em âmbito nacional, houve a promulgação da Lei nº 13.709/18, intitulada "Lei Geral de Proteção de Dados" (LGPD) e da Lei nº 13.853/19, originária da Medida Provisória nº 869, de 2018.

Mantendo-se paridade com a descrição feita quanto à natureza dos dados pessoais no cenário europeu, nacionalmente justifica-se a necessidade de tutela dos dados pessoais por serem eles considerados direitos da personalidade autônomos[286], tendo a LGPD assegurado a necessidade de proteção dos dados como meio a proteger "o livre desenvolvimento da personalidade da pessoa natural"[287].

Desta forma, nota-se que os dados pessoais se encontram no rol dos direitos considerados como aptos a defesa da qualidade inerente do ser humano, bem como o seu desenvolvimento. São alçados a essa categoria direitos que garantam a fruição e disposição de atributos essenciais a personalidade

286. BIONI, Bruno Ricardo. Proteção de dados pessoais: a função e os limites do consentimento. Rio de Janeiro: Forense, 2019. p. 59.

287. Art.1º, LGPD.

do indivíduo, assegurando-lhe a integridade física, psíquica e moral. Assim, em que pese não restar denominado como direito da personalidade (arts. 11 a 21 Código Civil), observa-se que esse rol é exemplificativo. Ademais, tendo em vista a característica de propulsor ao desenvolvimento humano, não se faz crível a sua não inserção no rol dos direitos da personalidade por limitação de direitos àqueles redigidos na legislação, uma vez que sua construção deriva das necessidades dinâmicas dos indivíduos, sendo que, à época da confecção da legislação civilista, não se justificava a tutelava dos dados pessoais na supramencionada categoria.

Nesse sentido, em linhas gerais, observa-se que o conjunto de leis de proteção de dados trata de direitos do titular, dos agentes de tratamento de dados, os princípios a serem observados no tratamento de dados e da criação da Autoridade Nacional de Proteção de Dados (ANPD), em consonância à necessidade de uma autoridade reguladora trazida pelas legislações estrangeiras, devendo esse órgão zelar, implementar e fiscalizar a aplicação da referida lei (art. 5º, inc. XIX da LGPD).

Quanto à formação da Autoridade de Proteção, o artigo 55-A da LGPD postula que a ANPD é um órgão da Administração Pública Direta Federal (art. 37, caput, Constituição Federal e art. 4º do Decreto-Lei nº 200/67), confirmada pela Mensagem nº 288, de 8 julho de 2019[288], e integra a Presidência da República, possuindo natureza transitória, sendo

---

288. Quanto ao seu pertencimento à categoria de órgão da Administração Pública, sustenta-se baseado no seguinte trecho da Mensagem nº 288, de julho de 2019: Ante a natureza jurídica transitória de Administração Direta da Autoridade Nacional de Proteção de Dados (ANPD), não é cabível a cobrança de emolumentos por serviços prestados para constituição de sua receita, de forma que a Autoridade deve arcar, com recursos próprios consignados no Orçamento Geral da União, com os custos inerentes à execução de suas atividades fins,

possibilitada sua transformação em autarquia especial, vinculada à Presidência da República, devendo a referida conversão ser averiguada no prazo de dois anos.

Inicialmente, observa-se a adoção de sentido subjetivo da Administração Pública, compreendida em Entes Federativos (União, Estados, DF e Municípios) e seus respectivos órgãos, sendo que o Ente atua por meio de seus órgãos de forma centralizada. Nesse sentido, os órgãos estatais são originados da desconcentração interna dos deveres administrativos, atuando para a sua consecução[289]. Quanto à sua desconcentração, essa indica a especialidade de uma função da própria estrutura do Estado, a ser materializada em seus órgãos, figura cuja criação e extinção depende de lei (art. 48, XI, da CF).

No que se refere ao conceito do termo "órgãos", estes são unidades abstratas que sintetizam os vários círculos de atribuições do Estado, sendo que a sua manifestação se concretiza por meio da vontade dos sujeitos- agentes- atuantes à frente ao órgão, em consonância com a vontade estatal[290].

Constata-se, pois, que os órgãos integrantes da Administração Direta são canais para a manifestação de vontade do Estado, concretizando-se por seus agentes. No mesmo sentido, Hely Lopes Meirelles afirma que os órgãos são "centros de competência

---

sem a cobrança de taxas para o desempenho de suas competências, até sua transformação em autarquia."

289. OLIVEIRA, Rafael Carvalho Rezende. Organização administrativa: Administração Pública, concessões e terceiro setor. *In* OLIVEIRA, Rafael Carvalho Rezende. Curso de Direito Administrativo. 6. ed. São Paulo: Forense, 2018. p. 73.

290. MELLO, Celso Antônio Bandeira de. A organização administrativa. *In*: MELLO, Celso Antônio Bandeira de. Curso de Direito Administrativo. 30. ed. São Paulo: Malheiros Editores, 2013. p. 144.

instituídos para o desempenho de funções estatais, através de seus agentes, cuja atuação é imputada à pessoa jurídica a que pertence"[291]. Ao mesmo passo, tem-se que a ANPD, a partir de sua criação com a natureza de órgão, seria uma repartição à atuação da Presidência da República, uma vez que, em seu funcionamento, replicaria os comandos e diretrizes advindas do Poder Executivo Federal, dotada de autonomia técnica e decisória, porém sem independência (art. 55-B da LGPD).

Quanto às suas demais características, em que pese a natureza transitória da ANPD como um órgão da Administração Direta, observa-se que sua estruturação ocorreu como se autarquia especial fosse. Assim, no que tange à sua composição, constata-se que se dará nos moldes do art. 55-C da Lei nº 13.853/19[292], sendo os membros do Conselho Diretor nomeados após aprovação do Senado Federal e ocupando cargo em comissão, perdendo seus cargos apenas em caso de renúncia, condenação judicial transitada em julgado ou pena de demissão. Todavia, sustenta-se a proximidade com aspectos da autarquia especial ao se considerar a especificidade do cargo de comissão nessas estruturas, senão vejamos.

Conceitua-se cargo em comissão como sendo o cargo público de livre nomeação e exoneração, destinados às atribuições de direção, chefia, assessoramento, que pode ser ocupado tanto por pessoa sem vínculo com a Administração Pública Federal,

---

291. MEIRELLES apud ALEXANDRE, Ricardo; DEUS, João de. Organização da Administração Pública. *In:* ALEXANDRE, Ricardo; DEUS, João de. Direito Administrativo. 4. ed. São Paulo: Forense, 2018. p. 37.

292. Art. 55-C: A ANPD é composta de: I - Conselho Diretor, órgão máximo de direção; II - Conselho Nacional de Proteção de Dados Pessoais e da Privacidade; III - Corregedoria; IV - Ouvidoria; V - órgão de assessoramento jurídico próprio; e VI - unidades administrativas e unidades especializadas necessárias à aplicação do disposto nesta Lei.

quanto por servidor/ou empregado efetivo[293]. Constata-se, portanto, a ausência de estabilidade funcional.

No entanto, excepcionalmente, a Lei nº 9.986/2000, nos arts. 5º e 9º, relativizou esse conceito às agências reguladoras, determinando que a nomeação ocorrerá após aprovação do Senado e a demissão apenas será possível por meio de sentença judicial transitada em julgado ou processo administrativo com ampla defesa e contraditório. Logo, constata-se que a referida exceção, permitida às agências reguladoras, fora admitida à ANPD, órgão da Administração Direta.

Cumpre destacar, ainda, que os cargos em comissão e função de confiança – exercida exclusivamente por servidores estatutários, ocupantes de cargos efetivos[294]– serão preenchidos por remanejamento de outros setores do Executivo Federal (art. 55-H da Lei nº 13.853/19).

Quanto a previsão de recursos, nota-se que estes serão custeados por valores monetários autorizados pela lei de orçamento, podendo ser supridos por valores concedidos ante a falta de recursos, por aqueles em que não estejam na lei orçamentária ou pela realocação de recursos[295], conforme depreende-se art. 55-L da Lei nº 13.853/19.

Por fim, no que diz respeito às suas funções, em linhas gerais, restaram assegurados poderes de fiscalização – para o cumprimento da lei e para avaliação –, de aplicar sanções e

293. Disponível em: http://dados.gov.br/dataset/direcao-e-assessoramento-superiores-das. Acesso em: 13 jul. 2019.

294. OLIVEIRA, Rafael Carvalho Rezende. Agentes públicos. *In:* OLIVEIRA, Rafael Carvalho Rezende. Curso de Direito Administrativo. 6. ed. São Paulo: Forense,2018. p. 702.

295. ABRAHAM, Marcus. Curso de Direito Financeiro Brasileiro. 5. ed. Rio de Janeiro: Forense, 2018. p. 87.

estipular normas adicionais. Observa-se, ainda, a possibilidade de solucionar conflitos, com a ressalva de que se tenha tentado resolvê-lo, previamente, com o controlador dos dados. Cumpre ressaltar, também, que à Autoridade incumbe a autorização de transferência de dados internacionais (art. 33, inc. V da LGPD).

Paralelamente, no ano de 2020, o Decreto nº 10.474, de 26 de agosto, aprovou a estrutura da Autoridade Nacional, bem como dispôs sobre os cargos em comissão e função de confiança.

Com essa finalidade, junto ao Capítulo I do Anexo I, temos as disposições acerca da natureza, finalidade e das competências da Autoridade Nacional. Porém, nessa seção, pode-se notar a repetição dos dispositivos contidos junto à LGPD, com as características supramencionadas e com os poderes mantidos inalterados.

Ressalva-se a existência de novas disposições no decorrer do Decreto, porém, com vias à Estruturação da Autoridade, sua forma de atuação e poderes, nota-se que as alterações se tratam, apenas, de cumprimento de requisitos legais e não em uma inovação legislativa.

Ante ao exposto, considerando-se os requisitos elencados como gerais junto ao item 2.1, nota-se que a natureza transitória da Autoridade de Proteção como órgão da Administração Pública vai de encontro àqueles preceitos, uma vez que não restam salvaguardados os requisitos inerentes à atuação autônoma e independente da ANPD, o que a prejudica em seu papel de tutela dos dados pessoais. Ademais, constata-se uma aparente dissonância entre a natureza jurídica de órgão e os ditames legais atribuídos à Autoridade de Proteção, eis que parecem destinadas a uma autarquia de regime especial.

Pode-se observar que, estruturalmente, nesse período inicial de vigência, a Autoridade de Proteção não dispõe de elementos para uma atuação independente e autônoma. Isso porque será uma repartição da Administração Pública Direta, estando submetida a determinação de vontades e comandos do ente criador. Pontua-se, também, em que pese determinação de estabilidade aos membros nomeados para cargos de comissão, o preceito normativo diz respeito às agências reguladoras, sendo passível de questionamento, admitindo-se a possibilidade de figurarem nesse cargo agentes que não possuam estabilidade funcional, o que inviabiliza a sua atuação independente. Em igual sentido, questionável a determinação de cargo em comissão e função de confiança para compor a entidade, tanto pela sua característica instabilidade, quanto a sua proveniência do Poder Executivo Federal, novamente prejudicando a independência do órgão.

No entanto, positiva é a determinação de orçamento à Autoridade, tendo em vista a necessidade de assegurar-lhe autonomia financeira, bem como a atribuição de poderes fiscalizador, sancionador, normativo e de autorizadora da transferência internacional de dados. Porém, quanto ao caráter decisório, nota-se a imposição de apresentação inicial da reclamação à figura do controlador e, apenas após preenchido esse requisito, admitir-se-ia a análise pela Autoridade. Desta feita, cria-se uma barreira ao exercício do seu poder decisório, bem como à "desjudicialização" de conflitos, potencializando a probabilidade de ingresso da temática ao Poder Judiciário – ante o princípio da inafastabilidade da jurisdição (art. 5, XXXV da CF) – de modo que se dificulta a resolução especializada e célere, conforme sustentado junto ao item 2.1.

Logo, ante o exposto em lei, observa-se que não restaram atribuídos os requisitos imprescindíveis à atuação integral da Autoridade de Proteção como protetora dos dados pessoais.

Ressalta-se que, de forma análoga, é o entendimento da Organização para a Cooperação e Desenvolvimento Econômico (OCDE), tendo em vista o relatório "A Caminho da Era Digital no Brasil", publicado em 26 de outubro de 2020, oportunidade em que a OCDE analisa as políticas digitais do Brasil.

Nessa oportunidade, o Secretário Geral da Organização, Angel Gurria, em seção intitulada "Aumentando a confiança através do aumento da privacidade", afirma que uma das características das autoridades de proteção que integram a OCDE é que elas possam tomar decisões "de uma forma objetiva, imparcial e consistente"[296].

A partir desse ponto de entendimento, a fim de aumentar a privacidade, o Secretário aponta as seguintes medidas a serem tomadas, sendo a primeira, a necessidade de se reavaliar a estrutura da ANPD, para ser garantida a sua atuação em completa independência[297].

296. OECD, *A Caminho da Era Digital no Brasil*, OECD Publishing, Paris. Disponível em: https://www.oecd-ilibrary.org/sites/45a84b29-pt/1/3/7/index.html?itemId=/content/publication/45a84b29-pt&_csp_=2f72611de5475b-8f5180d8e2fc7d4171&itemIGO=oecd&itemContentType=book#biblio-ch7. Acesso em: 02 jan.2021.

297. Para aumentar a privacidade, o Brasil deve: Reavaliar e alterar as condições que estabelecem a Autoridade Nacional de Proteção de Dados (ANPD) no Artigo 55-A da Lei 13.709, para garantir que a Autoridade opere com toda independência a partir da data de seu estabelecimento. Garantir que as regras para a nomeação do Conselho Diretor da ANPD e do Conselho Nacional de Proteção de Dados Pessoais e da Privacidade (CNPDP) sejam transparentes, justas e baseadas em conhecimentos técnicos. Esclarecer as responsabilidade e tarefas do CNPDP. Definir regras claras para a tomada de decisões dentro da ANPD e para sua implementação por meio do Conselho Diretor. Garantir um orçamento adequado e previsível para a ANPD através de um processo transparente. Alinhar a Estratégia Nacional de Inteligência Artificial à Lei Geral de Proteção de Dados e outras estruturas jurídicas relevantes, em cooperação com todas as partes interessadas.

Assim, tendo em vista que se trata de uma natureza transitória, passa-se à análise da sua possível estrutura de autarquia especial.

2.2.2 Da natureza de autarquia de regime especial

Com base no disposto no art. 55-A, §§1º e 2º da Lei nº 13.853/19, observa-se que o legislador admitiu a transformação da natureza jurídica da ANPD. Assim, haveria a possibilidade de alteração da natureza da Autoridade para uma autarquia de regime especial, as denominadas "agências reguladoras", as quais, por ausência de lei disciplinadora, impõem uma análise fática para concluir quais seriam os anseios a serem alcançados com a especialidade atribuída, tendo-se em mente que a ideia central é a de que essas usufruem de maior liberdade se se comparar a uma autarquia usual[298].

Inicialmente, sendo um regime autárquico, estar-se-ia inserida no contexto da Administração Pública Indireta, a qual é composta por categorias de entidades dotadas de personalidade jurídica própria, vinculadas ao respectivo Ente Federal, sendo admitido a elas a execução de atividades típicas da Administração Pública (art. 4º, Decreto-Lei nº 200/67). Em mesmo Decreto, resta exposto que seria autarquia o serviço autônomo, oriundo de lei, com personalidade jurídica, patrimônio e receita próprios, para executar atividades típicas da Administração Pública, que requeiram, para seu melhor funcionamento, gestão administrativa e financeira descentralizada (art. 5º Decreto-Lei nº 200/67).

No que se refere ao seu regime jurídico, nota-se que esse é especial, sendo que sua instituição deverá ocorrer mediante

298. MELLO, op. cit., 2013, p. 173.

lei (art. 37, XIX da Constituição Federal[299]), assim como a sua extinção, respeitando-se o princípio da simetria das formas jurídicas, e que ato administrativo inferior não estaria apto a tanto. Cumpre pontuar que o artigo em questão menciona que a criação ocorrerá somente mediante lei específica, sendo considerada como aquela que trate unicamente da instituição da autarquia[300]. Em se tratando de matéria em esfera federal, a criação ou extinção da autarquia vinculada do órgão do Executivo é de iniciativa privativa do Chefe do Poder Executivo (Presidente da República, Governador ou Prefeito), conforme constata-se do art. 61, §1º, inc. II, "e", da CF. Ressalta-se que a reserva legal atine à instituição da autarquia, admitindo-se seu detalhamento por ato administrativo posterior, usualmente pela forma de decreto[301].

Observa-se, ainda, que por se tratar de ente da Administração Indireta, a Administração Central poderia nelas influir a fim de conformá-las ao cumprimento dos objetivos públicos originários da sua criação, adequando-as aos objetivos da administração do Estado em que se encontra inserta. Em termos legais, o Decreto-Lei nº 200/67 afirma que estariam sujeitas à supervisão, estando, assim, sujeitas ou à supervisão do Ministério a cuja pasta estejam vinculadas – que a exercerá auxiliado pelos órgãos superiores do Ministério – ou da Pre-

---

299. Art.37 [...] XIX- somente por lei específica poderá ser criada autarquia e autorizada a instituição da empresa pública, da sociedade de economia mista e de fundação, cabendo à lei complementar, neste último caso, definir as áreas de sua atuação

300. ALEXANDRE, op. cit., 2018, p. 57.

301. OLIVEIRA, Rafael Carvalho Rezende. Autarquias. *In:* OLIVEIRA, Rafael Carvalho Rezende. Curso de Direito Administrativo. 6. ed. São Paulo: Forense, 2018. p. 92.

sidência da República, tratando-se de autarquia diretamente vinculada a ela (art. 19 Decreto-Lei nº 200/67).

Observa-se que, nesse rol, uma das conformidades a serem alcançadas é a de harmonizar sua atuação com a política e programação do Governo no correspondente setor de atividade, admitindo-se, eventualmente, a intervenção nessa, caso o interesse público requeira[302]. Nota-se, ainda, que a supervisão pode ser exercida em controle de legitimidade e de mérito, ocorrendo o primeiro quando a lei autorizar o controlador de examinar a conformidade do comportamento autárquico e a segunda, quando, por força de lei, ao controlador assista apreciá-lo também sob o ângulo da conveniência e oportunidade, em uma atuação intitulada de tutela ordinária. Ademais, restaria admitida a tutela extraordinária, situação em que a Administração Central, a fim de coibir desmandos sérios, possa exercer, ainda que ausente dispositivo legal, a tutela extraordinária.

Além disso, em que pese não existir uma legislação que trate especificamente sobre as agências reguladoras, doutrinariamente, admitem-se algumas características a elas: a) poder normativo técnico; b) autonomia decisória; c) independência administrativa; d) autonomia econômico-financeira[303].

Quanto à primeira, observa-se que será configurada na medida em que editar normas técnicas concernentes ao setor que regulam, apreciando a própria atividade da agência, por meio de normas de efeitos internos, bem como conceituar e explicar conceitos jurídicos indeterminados contidos na lei.

---

302. MELLO, 2013, p. 167.

303. ALEXANDRE, Ricardo; DEUS, João de. Agências reguladoras. *In:* ALEXANDRE, Ricardo; DEUS, João de. Direito Administrativo. 4. ed. São Paulo: Forense, 2018. p. 150.

Afirma-se que deve se considerar que o poder normativo diga respeito a complementação de aspectos técnicos inerentes à sua função, atentando-se aos padrões fixados pela lei, a mencionar a obediência necessária aos princípios orçamentários.

Acrescenta-se, ainda, a existência de vedação de exercício da função de forma elástica se comparada a qualquer outro órgão administrativo ou entidade da Administração Indireta e que não há poder para regular matéria não disciplinada em lei, ante a inconstitucionalidade da possibilidade; ademais, não podem regulamentar leis, pois essa função é privativa do Chefe do Poder Executivo e, se pudesse ser delegada, essa delegação teria que ser feita pela autoridade que detém o poder regulamentar, e não pelo legislador[304].

Sobre a sua autonomia decisória, nota-se que essa diz respeito a possibilidade de as agências decidirem em última instância administrativa os conflitos existentes relacionados a matéria de sua competência. Relembra-se, conforme exposto no item acima, no entanto, que, no ordenamento brasileiro, ante o princípio da inafastabilidade da jurisdição, não haveria a possibilidade de excluir da apreciação do Judiciário. Em que pese não vigorar a independência frente ao Poder Judiciário, admite-se essa com relação ao Poder Executivo, na medida em que seus atos não poderão ser revistos por esse poder.

Já a independência administrativa refere-se à nomeação dos dirigentes com determinação temporal e usufruto de relativa estabilidade, afastando a conveniência política da sua manutenção. Quanto à sua nomeação propriamente dita,

304. DI PIETRO, Maria Sylvia Zanela. Administração Indireta. *In:* DI PIETRO, Maria Sylvia Zanela. Direito administrativo. 32. ed. Rio de Janeiro: Forense, 2019. p. 1064.

proceder-se-á pelo Presidente da República, a depender da aprovação anterior do Senado Federal (Lei nº 9.986/00). Com base nos arts. 5º, parágrafo único, 6º e 9º, nota-se que serão escolhidos como membros do Conselho Diretor ou da Diretoria brasileiros de reputação ilibada, formação universitária e de elevado conceito no campo de especialidade dos cargos para os quais serão nomeados. Ainda com base na Lei nº 9.986/00, somente haverá perda do mandato em caso de renúncia, condenação judicial transitada em julgado ou condenação em processo administrativo disciplinar (art. 9º da Lei nº 9.986/00). Admite-se, ainda, que a lei de criação da agência reja outras formas de perda do mandato.

Por fim, há de se fazer valer a autonomia econômico-financeira por meio da existência de recursos próprios, tal como a cobrança de taxas de regulação.

Logo, constata-se que a natureza jurídica de agência reguladora consiste em instituto jurídico brasileiro próximo ao ansiado a uma Autoridade de Proteção, uma vez que concederia mais independência à atuação Autoridade de Proteção, sendo, aparentemente, a intenção do legislador, uma vez que, reitera-se, o legislador, na Lei nº 13.853/19 dispôs de comandos como se a Autoridade já fosse dotada da natureza de agência reguladora.

Porém, desfavoravelmente, deve-se considerar que sob esse regime não haveria a possibilidade de fiscalizar o Poder Público, tendo em vista a supervisão exercida pelo ente público criador sobre ela, não estando apta, portanto, a tutelar os tratamentos de dados realizados por esse ente[305], possibilidade prevista no art. 3º da LGPD.

305. LIMA, op. cit., 2015, p. 369.

No entanto, tendo em vista que eventual transformação deveria vir precedida de uma nova lei, conforme a necessidade exposta pelo art. 37, XIX da CF e ante o fato de que a Lei nº 13.853/19 não trata somente da criação da Autoridade com agência reguladora, faz-se admissível estipular a sua não supervisão perante o órgão federal instituidor, em razão da natureza do tema, juntamente às suas características de autonomia e independência. Relembra-se a necessidade da determinação ao se considerar que a LGPD legisla acerca do tratamento de dados pelo poder público (art.3º LGPD). Ademais, em que pese disposição trazida pela Lei nº 13.853/19, ainda se considerando a necessidade de reserva legal, constata-se que eventual transformação deverá ser precedida de estruturação da Autoridade, sugerindo-se alterações ao modelo exposto anteriormente, junto ao subitem a).

Em primeiro momento, corroborando-se aos anseios de independência, autonomia juntamente à complexidade dos temas a serem tratados, poder-se-ia instituir membros originários de setores diversos, originários do poder público e privado, a fim de possibilitar uma atuação harmônica e efetiva, tanto na tutela dos dados pessoais quando na edição de novas normas.

Sugere-se, ainda, a sua formação quantitativamente semelhante, permitindo assim a influência equilibrada dos participantes. Em mesmo sentido, faz-se necessária a salvaguarda da estabilidade aos membros, a fim de que possam atuar sem influência de pressões externas.

Ademais, além da manutenção dos poderes atribuídos, a fim de que a Autoridade possa habilmente exercer seu papel decisório, impõe-se a retirada de barreiras à apresentação de petições à Autoridade, tendo em vista que sua atuação administrativa na solução de conflitos mostra-se mais efetiva e especializada do que o endereçamento do feito ao Poder Judiciário.

Portanto, caso opte em sua transformação, a fim de se manter condizente aos requisitos gerais de uma Autoridade de Proteção, observa-se a necessidade de não se seguir expressamente os ditames legais quando da criação da lei instituidora da agência reguladora, devendo-se optar por assegurar a independência e autonomia. Isso porque a necessidade de uma Autoridade de Proteção em conformidade com essas características é determinante para a proteção de dados pessoais no cenário nacional, bem como viabiliza a sua inserção em cenário global, em situação de transferência de dados, pois tanto admitiria o recebimento de dados de países da União Europeia, por exemplo, como estaria apta a averiguar a segurança de outros países para o recebimento de dados vindos ao Brasil.

Dessa forma, considera-se positiva a potencial transformação da Autoridade de Proteção em autarquia especial, sob o regime de agência reguladora, uma vez que consiste em instituto jurídico brasileiro próximo às necessidades gerais de uma Autoridade de Proteção. No entanto, em que pese essa aproximação, reitera-se que a sua regulamentação deve ser levada a cabo considerando a necessidade de dotá-la de independência e autonomia, podendo gozar plenamente dos poderes fiscalizatório, normativo, decisório e sancionatório.

3. Conclusões

A necessidade de harmonização do desenvolvimento constante da tecnologia, a alta rentabilidade dos dados e a imprescindível proteção dos indivíduos impuseram a criação de um novo arcabouço jurídico de tutela dos dados pessoais, sendo-o feito primeiramente pela legislação europeia. Desde as primeiras legislações, já se fazia menção à natureza fundamental dos dados pessoais e a necessidade de uma Autoridade apta a atuar ativamente à salvaguarda dos dados pessoais.

A fim de atualizar as normas protetivas, o Regulamento Geral de Proteção de Dados inova e fortalece os ditames legais à proteção de dados, sendo a sua Autoridade de Controlo entidade essencial para esse fim, atribuindo a ela poderes fiscalizatório, normativo, decisório e sancionatório.

Assim, almejando adequar-se a esse cenário, a Lei Geral de Proteção de Dados brasileira cria um sistema para a tutela dos dados pessoais, estando aqui presente, também, a figura de uma Autoridade de Proteção. Intitulada de Autoridade Nacional de Proteção de Dados, admitindo-se sua natureza transitória de órgão e potencial transformação em agência reguladora, o presente trabalho objetivou expor suas características e problemáticas centrais.

Nesse sentido, conclui-se que, seja em sua natureza jurídica inicial ou em sua transformação, deve-se primar pela atuação de uma Autoridade de Proteção independente e autônoma, a fim de que se tutele efetivamente os dados pessoais. Reitera-se a dificuldade de assim o fazer em cenário transitório, e a potencialidade em um contexto de transformação, manifestando-se por eventuais especificidades legislativas, a mencionar a desvinculação ao Ente Executivo Federal.

Sustenta-se tal posicionamento pois, além da salvaguarda dos dados pessoais como o direito da personalidade, uma Autoridade de Proteção independente, autônoma e efetiva incluirá o Brasil, habilmente, no contexto de capitalismo informacional e, consequentemente, em um contexto global de economia informacional, principalmente no que se refere a transferência de dados pessoais com a União Europeia.

Corroborando o referido entendimento, a Organização para a Cooperação e Desenvolvimento Econômico, em parecer de seu Secretário Geral, apontou a necessidade de se alterar as condições que estabelecem a ANPD, para garantir que suas operações ocorram com independência desde o princípio, de forma análoga ao que acontece em outros países que integram a organização.

Além disso, na forma sugerida, viabiliza-se a diminuição de conflitos quanto a temática e permite-se àqueles que remanescerem uma solução especializada e mais ágil, quando comparada à apreciação pelo Poder Judiciário.

Logo, deve-se primar pela instituição da Autoridade de Proteção brasileira de forma independente e autônoma, preferencialmente com a natureza jurídica de agência reguladora, com a ressalva de assegurar em lei a ausência de controle perante o Poder Executivo Federal, a fim de propiciar, integralmente, a sua tutela dos dados pessoais tanto na esfera pública quanto na esfera privada.

4. Referências bibliográficas

ABRAHAM, Marcus. *Curso de Direito Financeiro Brasileiro*. 5. ed. Rio de Janeiro: Forense, 2018.

ALEXANDRE, Ricardo; DEUS, João de. *Direito Administrativo*. 4. ed. São Paulo: Forense, 2018.

BIEKER, Felix. *Enforcing Data Protection Law- The Role of the Supervisory Authorities in Theory and Practice*. Disponível em: https://hal.inria.fr/hal-01629167/document. Acesso em: 10 jul. 2019.

BIONI, Bruno Ricardo. *Proteção de dados pessoais: a função e os limites do consentimento*. Rio de Janeiro: Forense, 2019.

BRASIL. *Constituição da República Federativa do Brasil de 1988*. Disponível em:http://www.planalto.gov.br/ccivil_03/constituicao/constituicao.htm. Acesso em:12 jul.2019.

_______. *Decreto-lei nº 10.474, de 26 de agosto de 2020*. Aprova a Estrutura Regimental e o Quadro Demonstrativo dos Cargos em Comissão e das Funções de Confiança da Autoridade Nacional de Proteção de Dados e remaneja e transforma cargos em comissão e funções de confiança. Disponível em: http://www.planalto.gov.br/ccivil_03/_ato2019-2022/2020/decreto/D10474.htm. Acesso em: 01 jan.2021.

_______. *Decreto-lei nº 200, de 25 de fevereiro de 1967*. Dispõe sobre a organização da Administração Federal, estabelece diretrizes para a Reforma Administrativa e dá outras providências. Disponível em:http://www.planalto.gov.br/ccivil_03/decreto-lei/del0200.htm. Acesso em: 14 jul.2019.

_______. *Lei nº 10.406, de 10 de janeiro de 2002*. Institui o Código Civil. Disponível em:http://www.planalto.gov.br/ccivil_03/leis/2002/l10406.htm. Acesso em: 10 jul.2019.

_______. *Lei nº 13.709, de 14 de agosto de 2018*. Dispõe sobre a proteção de dados pessoais e altera a Lei nº 12.965, de 23 de abril de 2014 (Marco Civil da Internet). Disponível em: http://www.planalto.gov.br/ccivil_03/_ato2015-2018/2018/lei/L13709.htm. Acesso em: 03 jan.2021.

_______. *Lei nº 13.853, de 8 de julho de 2019*. Altera a lei nº13.709, de 14 de agosto de 2018, para dispor sobre a proteção de dados pessoais e para criar a Autoridade Nacional de Proteção de Dados; e dá outras providências. Disponível em:http://www.planalto.gov.br/ccivil_03/_ato2019-2022/2019/lei/L13853.htm. Acesso em: 01 juan. 2021.

_______. *Lei nº 9.986, de 18 de julho de 2000*. Dispõe sobre a gestão de recursos humanos das Agências Reguladoras e dá outras providências. Disponível em: http://www.planalto.gov.br/ccivil_03/LEIS/L9986.htm. Acesso em: 14 jul. 2019.

_______. *Mensagem de Veto Parcial nº 288, de julho de 2019*, do Senhor Presidente do Senado Federal, sobre o Projeto de Lei de Conversão no 7, de 2019 (MP nº 869/2018), que "Altera a Lei nº 13.709, de 14 de agosto de 2018, para dispor sobre a proteção de dados pessoais e para criar a Autoridade Nacional de Proteção de Dados; e dá outras providências. Disponível em: http://www.planalto.gov.br/ccivil_03/_ato2019-2022/2019/Msg/VEP/VEP-288.htm. Acesso em: 14 jul.2019.

DI PIETRO, Maria Sylvia Zanela. *Direito administrativo*. 32.ed. Rio de Janeiro: Forense, 2019.

LIMA, Cintia Rosa Pereira de. *A imprescindibilidade de uma entidade de garantia para a efetiva proteção dos dados pessoais no cenário futuro do Brasil*. 2015.487 f. Tese (Livre Docência Direito Civil Patrimonial) - Faculdade de Direito de Ribeirão Preto, Ribeirão Preto, 2015.

MALDONADO, Viviane Nóbrega; OPICE BLUM, Renato. (coord.). *Comentários ao GDPR: Regulamento Geral de Proteção de Dados da União Europeia*. São Paulo: Revista dos Tribunais, 2018.

MELLO, Celso Antônio Bandeira de. A organização administrativa. In: MELLO, Celso Antonio Bandeira de. Curso de Direito Administrativo.30. ed. São Paulo: Malheiros Editores, 2013.

OLIVEIRA, Rafael Carvalho Rezende. *Curso de Direito Administrativo*. 6. ed. São Paulo: Forense, 2018.

SILVA, José Afonso da. *Curso de Direito Constitucional Positivo*. 25. ed. São Paulo: Malheiros Editores, 2011.

SINGH, Jaspreet; GRUPTA, Vidur. General Data Protection Regulation (GDPR): The paradigm shift in privacy. Disponível em: https://www.ey.com/Publication/vwLUAssets/ey-gdpr-aug-2018/$File/ey-gdpr-aug-2018.pdf. Acesso em: 10 jul. 2019.

UNIÃO EUROPEIA. *Carta dos Direitos Fundamentais da União Europeia* (2000/C 364/01). Disponível em:http://www.europarl.europa.eu/charter/pdf/text_pt.pdf. Acesso em: 08 jul. 2019.

_______. *Diretiva 95/46/CE do Parlamento Europeu e do Conselho*, de 24 de outubro de 1995. Relativa à proteção das pessoas singulares no que diz respeito ao tratamento de dados pessoais e à livre circulação desses dados.

_______. *OECD Guidelines on the Protection of Privacy and Transborder Flow of Personal Data*. Disponível em: https://www.oecd.org/internet/ieconomy/oecdguidelinesontheprotectionofprivacyandtransborderflowsofpersonaldata.htm. Acesso em: 07 jul.2019.

_______. *OECD, A Caminho da Era Digital no Brasil*, OECD Publishing, Paris. Disponível em: https://www.oecd-ilibrary.org/sites/45a84b29-pt/1/3/7/index.html?itemId=/content/publication/45a84b29-pt&_csp_=2f72611de5475b8f5180d8e2fc7d4171&itemIGO=oecd&itemContentType=book#biblio-ch7. Acesso em: 02 jan.2021.

_______. *Regulamento (UE) 2016/679 do Parlamento Europeu e do Conselho de 27 de abril de 2016*. Relativo à proteção das pessoas singulares no que diz respeito ao tratamento de dados pessoais e à livre circulação desses dados e que revoga a Diretiva 95/46/CE (Regulamento Geral sobre a proteção de Dados). Disponível em: https://eur-lex.europa.eu/legal-content/PT/TXT/?uri=CELEX:32016R0679. Acesso em: 12 jul.2019.

_______. *Tratado sobre o funcionamento da União Europeia*. Disponível em: https://eur-lex.europa.eu/resource.html?uri=cellar:9e8d52e1-2c70-11e6-b497-01aa75ed71a1.0019.01/DOC_3&format=PDF. Acesso em: 13 jul.2019.

8

AS LIMITAÇÕES DA UTILIZAÇÃO DE MECANISMOS DE *BIG DATA* À LUZ DA LEI GERAL DE PROTEÇÃO DE DADOS PESSOAIS

Hugo Crivilim Agudo[306]
Tarcisio Teixeira[307]

Sumário: 1. Introdução; 2. O *Big Data*: aspectos gerais e relevantes; 3. A proteção de dados pessoais no Brasil; 3.1 As demais bases legais para tratamento de dados pessoais; 3.2 A responsabilidade pelo descumprimento da Lei Geral de Proteção de Dados Pessoais (Lei nº 13.709/2018); 4. Conclusões; 5. Referências bibliográficas.

---

306. Mestre em Direito Negocial pela Universidade Estadual de Londrina (UEL). Especialista em Interesses Difusos e Coletivos pelo Centro Universitário Antônio Eufrásio de Toledo. Especialista em Direito Público pela Universidade "Leonardo da Vinci". Advogado.. Contato: hugo_crivilim@hotmail.com.

307. Professor Adjunto de Direito Empresarial da UEL - Universidade Estadual de Londrina. Doutor e Mestre em Direito Comercial pela USP - Universidade de São Paulo. Autor de diversas obras jurídicas: *Curso de direito e processo eletrônico*, 4. ed. Saraiva; *Direito empresarial sistematizado*, 8. ed. Saraiva; *Manual da compra e venda*, 3. ed. Saraiva; *Direito das Novas Tecnologias*, Ed. RT; *Manual jurídico da Inovação e das Startups*, Ed. Juspodivm. *Lei Geral da Proteção de Dados Pessoais – comentada artigo por artigo*, Ed. Juspodivm. E-mail: contato@tarcisioteixeira.com.br.

1. Introdução

A sociedade, como um todo, nunca esteve tão conectada, influenciada e abarcada pelos avanços tecnológicos que marcam a era digital, como nos dias correntes.

O mundo globalizado trouxe consigo, por intermédio das ferramentas tecnológicas que modificaram os padrões de vida da coletividade, uma integração humana desprovida de obstáculos, alterando todo e qualquer paradigma até então conhecido, que envolvia as relações interpessoais, e até mesmo a conexão entre indivíduos e tecnologia.

Como pilar central desta nova perspectiva mundial, elenca-se o câmbio imediato de voluptuosa quantidade de informações e dados, projetados, tratados, assimilados e acessíveis da maneira mais instantânea possível.

É de conhecimento notório que referido compartilhamento de dados pode se dar, inicialmente, por meio das plataformas de mídias sociais, e demais softwares que surgem, dia após dia, como forma de intermediar qualquer interação social nos mais diversos âmbitos da vida cotidiana.

Entretanto, não são apenas as informações explicitamente compartilhadas que deixam rastros digitais. Tudo o que é feito no universo da internet através de qualquer software, aplicativo, website, rede social, e-mail, dentre outros, gera elementos que compõem um banco de dados eventualmente acessível pelos receptores destes, que podem utilizá-lo para as mais diversas finalidades, tanto positivas quanto negativas.

Atualmente, até mesmo a chamada *Internet of Things* (IoT – "Internet das Coisas"), aquela relacionada à interação tecnológica entre seres humanos e seus bens (como, por exemplo, relógios, veículos e eletrodomésticos), gera lastro informativo que alimenta o imenso banco de dados digital daqueles que os utilizam.

Surge, portanto, o que se denomina, hoje, por *Big Data*, conceito complexo, a ser destrinchado ao curso do estudo, que visa abarcar toda esta imensa captação de dados acima alinhavada.

Desta forma, a utilização de tecnologias atinge, nos dias atuais, assustadora incidência ao redor do mundo, pois, na mesma medida em que facilita o relacionamento interpessoal, e confere à coletividade inovações e melhorias em serviços e conteúdos anteriormente prestados e acessados de forma analógica, os dados fornecidos para qualquer software, aplicativo, website ou rede social podem atingir – e comumente atingem – a vida privada dos indivíduos, afrontando, assim, direitos constitucionalmente garantidos, fazendo com que os riscos sejam, talvez, tão grandes quanto as vantagens de determinado utilitário.

A famigerada realidade de *Matrix*[308] nunca foi tão palpável quanto no universo cotidiano, uma vez que a todo momento a humanidade está a produzir uma infinita quantidade de dados que servem de combustível para que estes grandes motores da tecnologia se utilizem de seus usuários com as mais diversas finalidades, inclusive de forma a prever padrões comportamentais e possivelmente controlar a sociedade.

---

308. Filme australo-estadunidense de 1.999, de ficção científica, que, em síntese, retrata um *cyber* crime praticado a nível global, na qual a realidade percebida pela humanidade, na verdade, é manipulada pelas máquinas, a partir de dados captados dos seres humanos, estando, estes, a serviço delas. A humanidade, na ficção, serve como fonte de energia e processamento para que as máquinas, cada vez mais, possuam força e inteligência.

Não são só especialistas do Direito, doutrinadores de renome e grandes analistas das ciências sociais que opinam sobre o tema. A relevância do assunto é tamanha, que a questão do risco no compartilhamento exacerbado de dados e informações, se tornou senso comum e discussão corriqueira entre pares.

Assim sendo, ao passo que o problema se evidencia, à par dos impactos sociais, valorando os riscos do fato, como é próprio da ciência jurídica, o Direito deve buscar meios aptos a prevenir os perigos advindos do compartilhamento de dados em rede global.

Neste diapasão, assim como já ocorria em diversos ordenamentos jurídicos ao redor do mundo, sobreveio, no Brasil, a Lei nº 13.709, de 14 de agosto de 2018, com a expressa finalidade de regular o tratamento de dados pessoais, captados em meios digitais, visando a proteção de direitos fundamentais (liberdade, privacidade, personalidade) dos usuários das tecnologias.

Referida legislação, além de estabelecer definições e diferenciações acerca dos tipos de dados a serem coletados pelos receptores, traz conceitos e imposições normativas a serem respeitadas, no intuito de limitar tanto a coleta de dados pessoais, quanto a utilização destes, a partir do *Big Data*, sem o expresso consentimento dos detentores iniciais das informações.

Imperioso expor, portanto, que o diploma legal mencionado, em razão de seu caráter inovador e recente, merece análise minuciosa, em especial no que tange à possibilidade de utilização de dados pessoais coletados, ainda que em situações, via de regra, vedadas pela norma (exceções), pautadas em conceitos de legítimo interesse.

Por todo o exposto, o presente artigo científico pautar-se-á, inicialmente, em traçar aspectos gerais e relevantes do chamado *Big Data*, para que o fenômeno seja entendido em sua essência, levando, assim, à necessidade de regulamentação específica.

Após análises conceituais e doutrinárias, o estudo passará a expor os principais pontos da Lei Geral de Proteção de Dados Pessoais (Lei nº 13.709/2018), pautados na importância do consentimento, como um contraponto aos riscos advindos do abundante câmbio de informações trazido pela era digital.

Traçadas as premissas acima dispostas, o ponto fulcral do artigo se destinará a expor a possibilidade de coleta e utilização de dados pessoais, ainda que em situações inicialmente vedadas pela legislação, sob a guarida do legítimo interesse, alinhavando, também, as consequências impostas pela Lei, pelo descumprimento desta, além de eventual responsabilidade civil.

Em arremate, buscar-se-á conclusão acerca possibilidade da captação de dados tido como não estruturados, ou até mesmo estruturados, desde que anônimos, ou, ainda que passíveis de identificação, a partir do legítimo interesse e consentimento do usuário, sem que haja desrespeito a direitos fundamentais, sob pena de sanções normativas, sem reservas a eventuais condenações por demais danos causados.

O método de pesquisa utilizado será o dedutivo-indutivo, com a presença de análise doutrinária e conceitual, explicitação de artigos e opiniões, buscando resolução de controvérsias por intermédio da elucidação de minúcias que envolvem o tema debatido, a fim de atingir uma análise conclusiva juridicamente plausível ao tema abordado.

2. O *Big Data*: aspectos gerais e relevantes

Na esteira do alinhavado ao curso do escorço introdutório, o mundo globalizado encontra-se, atualmente, quase que inteiramente conectado, sendo que as barreiras da distância e das outras dificuldades que obstaculizavam as relações interpessoais, outrora, foram superadas com o advento de softwares que permitem a livre comunicação, a imediata interação, obtenção de informação e compartilhamento de dados.

O compartilhamento de dados tem alcançado, corriqueiramente, patamares inimagináveis, seja de forma explícita, quando qualquer indivíduo compartilha informações ou situações de sua própria vida, em mídias sociais, ou de forma implícita, a partir do consentimento proferido em termos de uso e política de privacidade de plataformas digitais, ou preenchimento de cadastros para criação de contas em aplicativos, e-mails, websites de comércio eletrônico (*e-commerce*), e até mesmo a simples utilização de conexões tecnológicas em bens móveis (*Internet of Things),* por exemplo.

Em linhas sintetizadas, tudo o que é feito na internet deixa rastros, sendo que cada fragmento destes rastros, constitui dados dos usuários das tecnologias, que são armazenados em determinado "local", ou plataforma, sob tutela da empresa responsável por esta, seja do âmbito público ou privado, podendo ser utilizados para as mais diversas finalidades, desde comercial, até comportamental.

Evidentemente que o conjunto de informações, armazenadas em determinada plataforma, constitui um banco de dados que, posto à cruzamento com outros da mesma natureza, além de diferentes informações, faz com que se elucide um novo e gigantesco banco de dados online que abarca noções e conhecimentos acerca da vida de cada um dos usuários das mais diversas searas do meio digital.

A este conjunto de informações, fragmentadas ou não, cruzadas ou integrais, captadas pela simples utilização de plataformas digitais, que constituem um relevante e voluptuoso banco de dados online, dá-se o nome de *Big Data*.

Sobre a mudança de paradigma na captação de dados com o advento da tecnologia, Márcio Rafael Silva Laeber[309] já lecionava:

> O desenvolvimento tecnológico permitiu a substituição das antigas fichas cadastrais manuais por arquivos eletrônicos que, dispostos em poderosos computadores e tratados por poderosos programas, são capazes de cruzar informações pessoais com precisão e eficiência jamais vistas.
>
> A evolução acelerada da informática e da telemática derrubaram fronteiras geográficas no transporte da informação, mormente com o surgimento da internet, permitindo, em curto espaço de tempo, relacionar dados contidos em diferentes bancos de dados em diferentes locais do mundo.
>
> Assim, a criação de bases de dados e a coleta, armazenamento e tratamento de informações pessoais passaram a ser objeto de preocupação e de elaboração jurídica, tanto doutrinária como legislativa, no intuito de garantir proteção à privacidade, consubstanciada na proteção de dados pessoais.

---

309. LAEBER, Márcio Rafael Silva. Proteção de dados pessoais: o direito à audodeterminação informativa. Revista de Direito Bancário e do Mercado de Capitais. 37. vol. Revista dos Tribunais Online: Thomson Reuters, 2007, p. 01/02.

Apesar de, teoricamente, o conceito de *Big Data* parecer simples, este merece complexa análise, para que seja devidamente destrinchado.

Conceituando o instituto em curtas linhas, a escritora espanhola Elena Gil González[310], especialista no tema, assim dispõe:

> *Big data* es un término que alude al enorme crecimiento en el acceso y uso de información automatizada. Se refiere a las gigantescas cantidades de información digital controlada por compañías, autoridades y otras organizaciones, y que están sujetas a un análisis extenso basado en el uso de algoritmos. No es una tecnología en sí misma, sino más bien un planteamiento de trabajo para la obtención de valor y de beneficios como consecuencia del tratamiento de los grandes volúmenes de datos que se están generando día a día.

Neste diapasão, para que a definição de *Big Data* se torne ainda mais palpável, impende explicitar que a coleta, o tratamento e a utilização destes dados, em razão de sua quantidade e imediatismo, possui características próprias, que compõem o conceito do fenômeno.

Dentre estes aspectos do cenário criado pelo *Big Data*, é possível elencar o que o escritor inglês, que muito contribuiu sobre o tema, Bernard Marr[311], denomina como "os 5 (cinco) V's do *Big Data*".

---

310. DONEDA, Danilo. Da privacidade à proteção de dados pessoais. Rio de Janeiro: Renovar, 2006, p. 17.

311. MARR, Bernard. *Big Data*: the 5 Vs Everyone Must Know. 2014. Disponível em: <https://www.linkedin.com/pulse/20140306073407-64875646-big-data-the-5-vs-everyone-must-know>. Acesso em: 15 jul. 2019.

Tal teoria diz respeito a divisão de características que amoldam o fenômeno, em cinco, todas elas iniciadas com a letra "V": volume; velocidade; variedade; veracidade; e valor.

Por volume, o aspecto aponta para a vasta quantidade de dados gerados, mundialmente, ao *Big Data*, a cada instante, sendo que o banco de dados deve fomentar maneiras de elencar quais informações lhes serão úteis. Já no que diz respeito à velocidade, este ponto se refere ao imediatismo que um novo dado é gerado, coletado, tratado, transacionado e cruzado para sua finalidade, devendo o *Big Data* processá-los na mesma velocidade em que são gerados, para que não se tornem obsoletos.

Quanto ao aspecto da variedade, o *Big Data* abarca dados e informações concernentes aos mais diferentes aspectos do cotidiano, bem como advindas de distintas fontes, sendo que mecanismos de cruzamento de dados heterogêneos fazem parte do fenômeno, em sua essência.

A veracidade diz respeito, basicamente, a dois fatores, sendo eles atribuir quais dados são verossímeis e, ainda, atualizados, vez que dados desatualizados podem ser tidos como inverídicos. Já o aspecto do valor, extremamente importante, se mostra como uma junção de todos os anteriores, para que a utilização do *Big Data* seja abordada de forma proveitosa, vantajosa e eficiente para o receptor dos dados, valorando, na essência, cada uma das informações coletadas.

Portanto, traçadas as premissas conceituais acerca do fenômeno constituído pelo *Big Data*, antes de prosseguir ao deslinde do trabalho em voga, necessário, pois, tecer considerações acerca de sua aplicação.

De plano, como utilização precípua dos mecanismos de *Big Data*, elencamos aquela perpetrada no âmbito empresarial, na exploração de atividades comerciais, por meio dos quais os dados coletados são utilizados para fins de estabelecimento de perfis de consumidores e clientela, na constante busca por aperfeiçoamento de atividades e expansão do fundo de comércio, bem assim para que sejam realizadas publicidades direcionadas.

Há, também, que se fazer importante menção aos usos para otimização de sistemas de saúde, seja em seu aspecto preventivo ou repressivo, utilização em serviços de proteção ao crédito, bem como no fomento à melhoria de performance em atletas de alto nível, além de incentivo a pesquisas científicas, inteligências artificiais, e até mesmo relações entre países.

Sintetizando algumas das aplicações dos mecanismos de *Big Data* no cotidiano, Adhemar Della Torre Netto e Alfredo Emanuel Farias de Oliveira[312] concluem:

> Através da análise desse imenso volume de informações, é possível ter uma compreensão até então inédita, que transita entre a localização geográfica de uma pessoa específica até os hábitos de consumo de uma determinada sociedade. Pode-se antecipar eventos cataclísmicos, como terremotos e furacões, em como tomar-se medidas para prevenção de epidemias em seu epicentro, prevenindo-se uma patologia, potencialmente capaz de atingir toda a população mundial. No campo empresarial, as informações de usuários e consumidores têm peso de ouro para as companhias, que buscam identificar hábitos de consumo

312. NETTO, Adhemar Della Torre; OLIVEIRA, Alfredo Emanuel Farias de. *Big Data* e proteção de direitos fundamentais: perigos da má utilização da técnica e uma proposta para o resgate do ideal sofista de Paideia no campo da educação. Revista de Direito e as Novas Tecnologias. 3. vol. Revista dos Tribunais Online: Thomson Reuters, 2019, p. 03.

> e focar em publicidade direcionada. [...] Com isso, extrai-se a compreensão da importância do *Big Data* e sua constante presença em nossas vidas: desde a facilidade e rapidez com que se realiza uma investigação através de ferramentas de busca como o Google até as indicações de obras literárias que a livraria on-line Amazon realiza a seus clientes, através da análise dos dados digitais (rastros) que são deixados com o uso natural e corriqueiro da internet – informações essas que, depois de processadas, revelam as preferências e tendências de cada indivíduo analisado, permitindo que ações de marketing personalizadas possam ser direcionadas de forma pessoal.

Arrematando a ideia, acerca da utilização do *Big Data*, em especial no âmbito empresarial, denotando sua relevância, eis as considerações de Javier Puyol Moreno[313]:

> [...] la generación de datos no solo crece, explota. El crecimiento exponencial es tan grande, que el 90% de los datos guardados en la actualidad, han sido creados en los dos últimos años. [...] estos datos son una oportunidad de negocio millonaria para la mayoría de las empresas. Saber recoger y utilizar grandes cantidades de datos permite a las empresas tomar mejores decisiones y ser más competitivas: esto es el *Big Data*.

Portanto, basicamente, este é o panorama global atual que envolve o instantâneo e massivo compartilhamento de dados, coletados e tratados para as mais diversas finalidades, constituindo colossal banco de dados digital com aplicações variadas, denominado por *Big Data*.

---

313. MORENO, Javier Puyol. Una aproximación a *big data*. Revista de Derecho de la Universidad Nacional de Educación a Distancia (UNED). 14. vol. 2014, p. 473/474.

3. A proteção de dados pessoais no Brasil

A massiva captação, tratamento e utilização de dados pessoais coletados a partir de todo e qualquer rastro deixado pelos usuários da internet (em sentido amplo), com diferentes finalidades, é fenômeno universal, que aumenta a cada segundo, e se mostra, quase que integralmente, irrepressível.

Em contrapartida de suas aplicações vantajosas, talvez na mesma medida, surgem, também, os riscos, os perigos e a tênue linha entre o tratamento de dados pessoais na estrita legalidade, e a violação de direitos fundamentalmente garantidos pela Constituição Federal a partir deste.

Hodiernamente, temos, talvez como dois dos ditames constitucionais mais valorizados pela ciência jurídica, a liberdade e a dignidade da pessoa humana, como fundamentos essenciais de um Estado Democrático de Direito.

Ao passo que se busca a efetivação dos preceitos basilares fulcrais de um ordenamento jurídico democrático, garantista e protetivo, valoriza-se, também, os direitos de personalidade, em especial o da imagem, honra, intimidade e respeito à privacidade (vida privada).

Ocorre que, ao passo que a coleta de dados pessoais por intermédio de mecanismos de *Big Data* cresce exponencialmente, a nível global, todos os direitos acima mencionados padecem de iminente violação, merecendo, portanto, proporcional proteção aos graves riscos.

Sobre o tema, leciona Bruno Ricardo Bioni[314]:

314. BIONI, Ricardo Bruno. Proteção de dados pessoais: a função e os limites do consentimento. Rio de Janeiro: Forense, 2019, p. 59/60.

> Os direitos da personalidade são uma "noção inacabada" que deve ser "cultivada", especialmente frente ao abordado manancial de dados produzidos pelas pessoas na sociedade da informação. Por meio dessa premissa, será possível identificar uma nova variante desta categoria jurídica para nela enquadrar a proteção de dados pessoais.
>
> Nesse sentido, os direitos da personalidade não se limitam àquelas situações previstas no CC, sendo o seu rol *numerus apertus* (rol aberto). Eles não se exaurem naquelas espécies enumeradas nos arts. 11 a 21 do CC, o que abre caminho para o reconhecimento da proteção dos dados pessoais como um novo direito da personalidade.
>
> Foge aos limites deste trabalho adentrar na discussão sobre a tutela dos direitos da personalidade como um direito geral de personalidade e/ou sua inserção por meio de espécies, até porque julga ser a mesma inócua. Pragmaticamente, o que importa é que ambas as orientações geram o mesmo resultado: uma tutela dinâmica e aberta para abraçar novas situações como um ferramental para a promoção da pessoa humana.

Ao concluir o raciocínio, referido autor[315] salienta a proteção de dados pessoais como um novo direito de personalidade, sendo assim bem jurídico a ser tutelado pelo ordenamento pátrio:

> Por isso, os dados que influem na projeção de uma pessoa e na sua esfera relacional adequam-se conceitualmente como um novo direito da personalidade. Alocar a proteção dos dados pessoais nessa categoria jurídica é uma construção dogmática necessária. Além de dar coerência normativa a uma série de faculdades jurídicas próprias desse direito

315. BIONI, Ricardo Bruno, op. cit., p. 67.

> (e.g., direito de acesso, correção, revisão de decisões automatizadas etc.), trata-se de um norte que facilita a sua interpretação e aplicação para não empolar a compreensão de seus conceitos basilares.

Neste ínterim, a partir do fenômeno fático – *Big Data* – que alterou os paradigmas até então existentes, o mundo se viu diante de patente necessidade de abordagem jurídica da questão, ou seja, de devida regulamentação, para que esta inovadora modalidade de compartilhamento de informações não acarretasse em prejuízos globais irreparáveis.

À nível internacional, uma legislação que inspirou e influenciou a ciência jurídica como um todo, sendo pioneira no que diz respeito a adequação entre coleta de dados pessoais em meios digitais e proteção de direitos fundamentais, foi o "Regulamento Geral de Proteção de Dados Pessoais Europeu", comumente conhecido simplesmente por GDPR (*General Data Protection Resolution*).

Tal norma, em seu escopo, sobreveio com o objetivo de assegurar a proteção e transparência aos envolvidos no tratamento e circulação de dados pessoais, tecendo, também, disposições sobre a livre circulação destes dados, embasada por noções claras de delimitação da finalidade da coleta, tratamento e uso das informações captadas.

Analisando o contexto abordado, assim dispôs Patrícia Pinheiro Peck[316]:

> A liderança do debate sobre o tema surgiu na União Europeia (EU), em especial com o partido The Greens,

316. PINHEIRO, Patrícia Peck. Direito digital. 5. ed. rev., atual. e ampl. São Paulo: Saraiva, 2013, p. 18/19.

> e se consolidou na promulgação do Regulamento Geral de Proteção de Dados Pessoais Europeu n. 679, aprovado em 27 de abril de 2016 (GDPR), com o objetivo de abordar a proteção das pessoas físicas no que diz respeito ao tratamento de dados pessoais e à livre circulação desses dados, conhecido pela expressão "free data flow". O Regulamento trouxe a previsão de dois anos de prazo de adequação, até 25 de maio de 2018, quando se iniciou a aplicação das penalidades. Este, por sua vez, ocasionou um "efeito dominó", visto que passou a exigir que os demais países e as empresas que buscassem manter relações comerciais com a EU também deveriam ter uma legislação do mesmo nível que o GDPR. [...] Foi nisso que a nova legislação inovou, ou seja, padronizou, ou melhor, normalizou, quase que como uma norma ISO, o que seriam os atributos qualitativos da proteção dos dados pessoais sem a presença dos quais haveria penalidades. Os efeitos do GDPR são principalmente econômicos, sociais e políticos. Trata-se de apenas uma das muitas regulamentações que vão surgir nessa linha, em que se busca trazer mecanismos de controle para equilibrar as relações em um cenário de negócios digitais sem fronteiras.

Diante do cenário, sob influência do diploma normativo europeu, fora sancionada, no Brasil, em 14 de agosto de 2018, pelo então Presidente da República, Michel Temer, a Lei Geral de Proteção de Dados Pessoais ("LGPD" – Lei nº 13.709/2018).

Imperioso explicitar, de plano, que a LGPD abrange o tratamento de dados pessoais coletados por qualquer meio (online ou não, digital ou analógico), entretanto, o estudo pautar-se-á no enfoque do âmbito tecnológico da questão.

Assim como trouxe o GDPR, a Lei nacional também buscou uniformizar as questões envolvendo a coleta, tratamento e utilização de dados pessoais captados em meios digitais, com algumas distinções, e específico objetivo de proteção aos direitos fundamentais de liberdade, privacidade e livre desenvolvimento da personalidade.

De início, a legislação, após a exposição de seus fundamentos, bem como aplicabilidade (artigos 2º a 4º), passa a expor definições de conceitos que são de entendimento fundamental para a análise do diploma.

Como alguns dos conceitos mais relevantes à elaboração do presente estudo, infere-se do artigo 5º, da legislação a definição de dado pessoal, isto é, toda informação relacionada à pessoa natural, identificada ou identificável; bem como a de dado pessoal sensível, aquele de origem intrínseca do indivíduo, como por exemplo aspectos raciais, étnicos, religiosos, políticos, filosóficos, orientação ou vida sexual, dado genético, biometria, dentre outros.

O mesmo dispositivo traz, ao bojo de seus incisos, o significado de dado anonimizado, como aquele que o titular não pode ser identificado pela utilização de meios técnicos razoáveis na ocasião de seu tratamento; assim como a definição de anonimização, como o processo pelo qual um dado deixa de ser dotado de aspectos identificáveis e de associação a determinado indivíduo.

Importante mencionar, também, a importância dada, pela legislação, à diferenciação dos sujeitos integrantes da relação jurídica de compartilhamento e tratamento de dados pelos meios digitais.

O diploma normativo traz, ainda ao curso de seu artigo 5º, as definições de titular (pessoa natural a quem se referem os dados pessoais); e dos chamados "agentes de tratamento", o controlador (pessoa natural ou jurídica, pública ou privada, que decide sobre o tratamento dos dados coletados); o operador (pessoa natural ou jurídica, pública ou privada, que realiza o tratamento dos dados coletados); e, por fim, de "encarregado" (pessoa indicada elo controlador e/ou operador para atuar como canal de comunicação entre titulares, agentes de tratamento e Autoridade Nacional de Proteção de Dados).

A sistemática da legislação, após a devida conceituação de institutos e sujeitos, passa a expor, ao bojo de seu artigo 6º, os princípios a que serão submetidas as atividades de tratamento de dados pessoais, sendo eles: boa-fé; finalidade; adequação; necessidade; livre acesso; qualidade dos dados; transparência; segurança; prevenção; não discriminação; e responsabilização e prestação de contas.

Traçadas as disposições preliminares, a Lei Geral de Proteção de Dados Pessoais passa a dispor sobre o tratamento de dados pessoais, e dados pessoais sensíveis, tanto por entidades privadas, como especificamente pelo Poder Público, elencando diversos pressupostos a serem observados para que a coleta, tratamento e utilização sejam realizados em estrita legalidade e respeito a direitos fundamentais, além de conferir diversos direitos aos titulares de dados pessoais.

Imperioso expor, para que se atinja o ponto fulcral da pesquisa, que o diploma normativo em comento traz, como a primeira de suas bases legais que norteiam toda a coleta e tratamento de dados, o pressuposto advindo do consentimento do titular.

O consentimento pode ser tido, após simples leitura da Lei, como a "regra de ouro", pela qual se pauta toda a norma, sendo que possui, inclusive, definição expressa, prevista no inciso XII, do artigo 5º: "manifestação livre, informada e inequívoca pela qual o titular concorda com o tratamento de seus dados pessoais para uma finalidade determinada".

É, ainda, requisito precípuo, tanto para a coleta e tratamento de dados pessoais, quanto de dados pessoais sensíveis, conforme se infere do artigo 7º, inciso I, e artigo 11, inciso I, da legislação.

Apesar de longamente mencionado ao bojo da Lei, calha destacar, desde logo, que o consentimento não se encontra em superioridade hierárquica às demais ocasiões que legitimam a coleta e o tratamento de dados pessoais. Ainda assim, é tido como, talvez, o principal pressuposto valorado pela Lei Geral de Proteção de Dados Pessoais.

Ao avaliar como o consentimento foi tido por uma das bases legais da LGPD, sendo, ainda que não em hierarquia superior, um dos vetores principais da Lei, Bruno Ricardo Bioni[317] assim disserta:

> Primeiro, por adjetivar extensivamente o consentimento seguindo a linha evolutiva do direito comunitário europeu e da quarta geração de leis de proteção de dados pessoais. O consentimento deve ser livre, informado, inequívoco e dizer respeito a uma finalidade determinada de forma geral e, em alguns casos, deve ser, ainda, específico.
>
> Segundo, porque grande parte dos princípios tem todo o seu centro gravitacional no indivíduo: [...]. É uma carga principiológica que procura conformar, justamente, a ideia de que o titular dos dados pessoais deve ser empoderado com o controle de suas informações pessoais e, sobretudo, na sua autonomia da vontade.

317. BIONI, Ricardo Bruno. Proteção de dados pessoais: a função e os limites do consentimento. Rio de Janeiro: Forense, 2019, p. 134/135.

> Terceiro, porque há uma série de disposições que dão um regramento específico para concretizar, orientar e, em última análise, reforçar o controle dos dados pessoais por meio do consentimento [...]. Uma análise não só quantitativa, mas também qualitativa, que diagnostica um arranjo normativo circular à figura do consentimento e que o canaliza como seu elemento cardeal.

Neste ponto, imperioso explicitar que o consentimento sempre deverá estar aliado à ideia de exposição clara, inequívoca, e expressa, da finalidade de coleta de dados, não podendo advir de cláusula genérica, sendo de responsabilidade dos agentes de tratamento, a demonstração do fim pelo qual será utilizado cada dado coletado, na esteira do que dispõem os artigos 6º, incisos I, II, III e V; 7º, parágrafos 3º e 7º; 8º, parágrafo 4º; e 9º, inciso I.

Ou seja, o simples consentimento, por si só, pode não ser suficiente para que tal base legal esteja devidamente preenchida, vez que, na grande maioria das vezes, demanda estar precedido da devida informação, livre acesso e exposição de tudo o que será feito com os dados a serem coletados, para que a autorização de tratamento seja concedida sem vícios.

Sobre as condicionantes que se aliam ao consentimento, para que este seja válido, aduzem Júlia Akerman Shinohara e Elton Minasse[318]:

318. SHINOHARA, Julia Akerman; MINASSE, Elton. Tratamento de dados pessoais para fins de análise comportamental e oferta de publicidade direcionada. 2019. Disponível em: <https://www.machadomeyer.com.br/pt/inteligencia-juridica/publicacoes-ij/propriedade-intelectual-ij/tratamento-de-dados-pessoais-para-fins-de-analise-comportamental-e-oferta-de-publicidade-direcionada>. Acesso em: 15 jul. 2019.

> Em outras palavras, para que o consentimento seja considerado válido e, portanto, hábil a legitimar o tratamento de dados, é essencial que o titular dos dados tenha acesso facilitado às informações sobre o tratamento, as quais deverão ser disponibilizadas de forma clara, adequada e ostensiva, incluindo informações acerca dos tipos de dados tratados, finalidade específica do tratamento, forma e duração do tratamento, identificação do controlador responsável pelas decisões referentes ao tratamento, consequências resultantes, impactos para os titulares dos dados e grau de intrusão em suas vidas privadas.

Resta-se, pois, demonstrada a importância concedida pela legislação ao consentimento do titular. Entretanto, apesar de precípuo, como cediço, o consentimento não é a única das bases legais que justificam a coleta de dados pessoais, e seu respectivo tratamento

Passa-se, portanto, à análise das demais bases legais, estabelecidas pela legislação vigente, como aptas a ensejar a coleta e tratamento de dados pessoais. É o teor do quanto segue.

3.1 As demais bases legais para tratamento de dados pessoais

À luz do já abordado, tem-se que, o consentimento, apesar de vetor essencial e principal, não é a única base legal para tratamento de dados pessoais.

Não possui, no entanto, hierarquia normativa, apesar de sua explícita importância ao curso do escopo normativo.

As linhas seguintes destinar-se-ão, portanto, a explicitar as demais bases legais, que excepcionam o consentimento, autorizando a coleta e tratamento de dados pessoais, expressamente previstas no bojo da Lei Geral de Proteção de Dados Pessoais (Lei nº 13.709/2018).

O artigo 7º, da Lei nº 13.709/2018, traz, em seus incisos, dez bases legais para o tratamento de dados pessoais, sendo, o consentimento, apenas a primeira delas.

Portanto, além do consentimento, existem mais nove situações que legitimam a coleta e utilização de dados pessoais.

O inciso II traz, como pressuposto, o tratamento de dados "para o cumprimento de obrigação legal ou regulatória pelo controlador", situações estas em que traduzem fato previsto em Lei (lato sensu), que demande a coleta, ou, ainda, a captação para regulamentar determinado setor da economia, como por exemplo sistemas de segurança ou saúde.

No que diz respeito ao inciso III, este nos traz a autorização do tratamento "pela administração pública, para o tratamento e uso compartilhado de dados necessários à execução de políticas públicas previstas em leis e regulamentos ou respaldadas em contratos, convênios ou instrumentos congêneres [...]". Tal situação vai ao encontro da captação e utilização de dados pessoais para a atuação positiva do Estado, em sua função de garantidor de direitos sociais, a fim de efetivar a prestação dos chamados direitos fundamentais de segunda dimensão.

O inciso IV faculta o tratamento de dados pessoais "para a realização de estudos por órgão de pesquisa, garantida, sempre que possível, a anonimização dos dados pessoais", ocasião em que se elucida a elaboração de qualquer pesquisa científica que demande a coleta, como por exemplo os chamados "censos populacionais" (ou recenseamento demográfico).

Importante mencionar, ainda sobre o inciso IV, que a legislação impõe a anonimização dos dados para o uso com esta finalidade, sempre que possível, nos remetendo ao conceito de anonimização, exposto ao inciso XI, do artigo 5º, já abordado, o qual, por sua vez, pressupõe a existência de meios razoáveis e disponíveis para a dissociação, direta ou indireta, do dado coletado ao seu titular.

Portanto, caso, no momento da pesquisa científica, exista qualquer meio objetivamente razoável, disponível para que se proceda à dissociação dos dados pessoais, de modo que seu titular não seja identificado, tal meio deve, obrigatoriamente, ser utilizado.

Quanto ao inciso V, há a autorização de tratamento "quando necessário para a execução de contrato ou de procedimentos preliminares relacionados a contrato do qual seja parte o titular, a pedido do titular dos dados". Tal hipótese se pauta na autonomia da vontade das partes, e nos ditames do *pacta sunt servanda*, garantindo, ao titular dos dados, a exigência de cumprimento de cláusula contratual prevista em instrumento particular, cuja utilização seja necessária para o cumprimento deste.

Com relação ao inciso VI, destaca-se o tratamento "para o exercício regular de direitos em processo judicial, administrativo ou arbitral, esse último nos termos da Lei nº 9.307, de 23 de setembro de 1996 (Lei de Arbitragem)". Aqui, o curso de uma demanda judicial, administrativa ou arbitral, legitima a coleta e utilização de dados pessoais, mas resguardada somente para o exercício regular de um direito ou faculdade processual.

Um exemplo prático do inciso abordado poderia se dar na utilização de dados pessoais para diligências viabilizadas por sujeito processual, para que encontre determinado bem objeto de busca e apreensão, ocultado pela parte contrária.

No que tange ao inciso VII, este prevê a coleta e uso de dados pessoais "para a proteção da vida ou da incolumidade física do titular ou de terceiro", consagrando o tratamento de dados como um importante fator preventivo à tutela de bens jurídicos de importância precípua a todo e qualquer ordenamento jurídico: a vida e a integridade física.

Já o inciso VIII, nos traz o tratamento "para a tutela da saúde, exclusivamente, em procedimento realizado por profissionais de saúde, serviços de saúde ou de autoridade sanitária". Tal hipótese, portanto, demanda, além da finalidade (tutela da saúde), o pressuposto subjetivo, qual seja, o profissional a fazer uso do tratamento de dados pessoais, devendo este exercer funções relacionadas ao objetivo da norma.

Além de todas as situações acima alinhavadas, o inciso IX traz, ao bojo das bases legais que facultam a coleta e utilização de dados pessoais, o conceito de "legítimo interesse", sob a seguinte assertiva: "quando necessário para atender interesses legítimos do controlador ou de terceiro, exceto nos casos de prevalecerem direitos e liberdades fundamentais do titular que exijam a proteção dos dados pessoais".

Tal inciso merece análise minuciosa e escorreita, pois, ao contrário dos demais, não se pauta em conceito ou definição objetiva, taxativa, fechada. Pelo contrário, a legislação, nesta hipótese, explicita concepção genérica, aberta a interpretações, em um caráter de ampla abstração.

Sendo, portanto, suscetível a interpretação, a aplicação prática deste dispositivo, em especial, demanda sérios riscos, pois, caso admitamos uma interpretação extensiva deste, o tratamento de dados pessoais, sem o consentimento ou demonstração de alguma finalidade específica, poderia ser legitimado nas mais diversas ocasiões, sob alegações abstratas e genéricas do simples apontamento ao "legítimo interesse" do controlador ou de terceiros.

Entendendo o caráter genérico do conceito, a própria legislação se preocupou em estabelecer alguns parâmetros para embasar o legítimo interesse. Além da limitação imposta no próprio inciso IX, do artigo 7º, que abarca a prevalência de direitos e liberdades do titular, o diploma legal ainda dispõe, em seu artigo 10º, *in verbis*:

> Art. 10. O legítimo interesse do controlador somente poderá fundamentar tratamento de dados pessoais para finalidades legítimas, consideradas a partir de situações concretas, que incluam, mas não se limitam, a:
>
> I – apoio e promoção de atividades do controlador; e
>
> II – proteção, em relação ao titular, do exercício regular de seus direitos ou prestação de serviços que o beneficiem, respeitadas as legítimas expectativas dele e os direitos e liberdades fundamentais, nos termos desta Lei.
>
> § 1º. Quando o tratamento for baseado no legítimo interesse do controlador, somente os dados pessoais estritamente necessários para a finalidade pretendida poderão ser tratados.
>
> § 2º. O controlador deverá adotar medidas para garantir a transparência do tratamento de dados baseado em seu legítimo interesse.
>
> § 3º. A autoridade nacional poderá solicitar ao controlador relatório de impacto à proteção de dados pessoais, quando o tratamento tiver como fundamento seu interesse legítimo, observados os segredos comercial e industrial.

Desta forma, além das finalidades específicas, guardando relação direta com os dados coletados, deve, o controlador, documentar os dados captados a partir de seu legítimo interesse, respeitando a transparência do tratamento destes, sempre observando os direitos fundamentais do titular.

O raciocínio que justifica o legítimo interesse como fundamento para embasar o tratamento de dados, por sua vez, faz que com que se teça uma análise sobre a possibilidade de interferência na intimidade, e vida privada, com maior ou menor intensidade, sem que haja violação de garantia constitucional.

Acerca do tema, Nelson Nery Junior[319] bem asseverou:

> A vida privada consiste no conjunto de operações desenvolvidas por um sujeito que restam imunes ao poder de ingerência pública. Esta imunidade refere-se à impossibilidade de intromissão sem que esta seja vista como ilícita, ainda que do ponto de vista constitucional. A licitude está na observância do postulado da inviolabilidade. Entretanto, esta imunidade é maior ou menor conforme a projeção natural que a operação do sujeito de direitos tenha. [...] Esta transitoriedade é própria do dinamismo da vida social e do fato que, no contexto da vida privada, desenvolvem-se operações ou atividades vitais. Conforme oscile num ou noutro sentido, a vida é mais ou menos privada e, deste modo, mais ou menos protegida, quer em extensão, quer em profundidade. Obviamente, a tutela constitucional da vida privada é a mesma – defere uma garantia de inviolabilidade. Entretanto, conforme o atuar do privado, ele acaba por propiciar uma maior ou menor amplitude de manifestação desta tutela.

A utilização do legítimo interesse, portanto, merece uma análise de proporcionalidade, além de respeitar todos os parâmetros legalmente estabelecidos, conforme leciona Bruno Ricardo Bioni[320]:

---

319. NERY JUNIOR, Nelson. Sigilo bancário – compartilhamento de dados e princípio da proporcionalidade. Soluções Práticas de Direito. 1. vol. Revista dos Tribunais Online: Thomson Reuters, 2014, p. 03.

320. BIONI, Ricardo Bruno. Proteção de dados pessoais: a função e os limites do consentimento. Rio de Janeiro: Forense, 2019, p. 252/253.

> O fio condutor de toda essa avaliação é "balancear" os direitos em jogo. De um lado, do titular dos dados e, de outro lado, de quem faz uso das suas informações. Tão importante quanto aferir se há um interesse legítimo é verificar se as legítimas expectativas e os direitos e liberdades fundamentais do cidadão serão respeitados. [...] Ao enfatizar que deve haver os registros de tratamento de dados pessoais com base no legítimo interesse ao lado de um conjunto de obrigações para quem queira se valer de tal base legal, a LGPD aponta para a necessidade da execução desse teste de proporcionalidade. É por meio dessa avaliação que deve haver o balanceamento entre a promoção das atividades do controlador e os direitos e liberdades fundamentais do titular, demonstrando-se "a adoção de medidas eficazes e capazes de comprovar" a observância de todas as normas aplicáveis ao uso da base legal do legítimo interesse.

Portanto, havendo proporcionalidade entre os dados coletados, e a finalidade de seu tratamento, guardada relação com as atividades do controlador, o legítimo interesse seria válido, como por exemplo, no caso de instituições financeiras, que possuem interesse legítimo em captar dados pessoais de seus clientes, bem como de outros bancos, para que sejam feitas Transferências Eletrônicas Disponíveis (TED).

Contudo, o que se conclui, a partir de uma análise de exceções ao consentimento, em especial relacionadas ao objeto do presente trabalho, qual seja, os mecanismos de *Big Data*, é que o consentimento só estaria suprido até o limite da finalidade específica da utilização dos dados.

Portanto, os dados coletados a partir do legítimo interesse não seriam licitamente aptos a alimentar outros sistemas de *Big Data*, sob pena de violação normativa e desrespeito a garantias fundamentais do titular, salvo em caso de consentimento deste.

Em arremate, a Lei Geral de Proteção de Dados Pessoais ainda traz, em seu artigo 7º, inciso X, a autorização para tratamento de dados pessoais "para a proteção do crédito, inclusive quanto ao disposto na legislação pertinente", como uma das hipóteses em que o consentimento do titular é suprido.

Por todo o exposto, passa-se, por oportuno, à análise da responsabilização e consequências atinentes ao descumprimento normativo.

3.2 A responsabilidade pelo descumprimento da Lei Geral de Proteção de Dados Pessoais (Lei nº 13.709/2018)

A priori, faz-se de suma importância conceder o devido destaque ao órgão responsável pelo estabelecimento de diretrizes, fiscalização de cumprimento e imposição de sanções ao desrespeito normativo da Lei Geral de Proteção de Dados Pessoais, qual seja, a Autoridade Nacional de Proteção de Dados (ANPD).

Em um primeiro momento, quando da entrada em vigor da legislação, em agosto do ano de 2018, toda a seção que I, do Capítulo IX, do diploma legal, que disciplinava sobre a criação, institucionalização, competência e atribuições da ANPD, fora vetada pelo então presidente Michel Temer.

O veto, segundo o então presidente, não se deu em razão do conteúdo da norma, em seu aspecto material, mas sim tão somente em razão do que chamou de "vício de iniciativa".

À época, Michel Temer se comprometeu, ainda, a enviar um "projeto" ao Congresso, consertando os vícios contidos nos dispositivos que versavam sobre a criação da Autoridade Nacional de Proteção de Dados[321].

321. MAZUI, Guilherme; CASTILHOS, Roniara. G1 E TV GLOBO. Temer sanciona com vetos lei de proteção de dados pessoais. 2018. Disponível em:

Desta forma, em 27 de dezembro do ano de 2018, Michel Temer editou a Medida Provisória nº 869/2018, para a criação, de acordo com seu entendimento sobre a devida iniciativa para tanto, da Autoridade Nacional de Proteção de Dados (ANPD).

Referida Medida Provisória foi, posteriormente, transformada em Lei, diante da publicação da Lei nº 13.853, de 08 de julho de 2019, que alterou a Lei Geral de Proteção de Dados Pessoais (Lei nº 13.709/2018), incorporando, ao seu escopo, os artigos 55-A, até 55-L, para fins da efetiva criação e disciplina da ANPD.

Em curtas linhas, as atribuições, e a natureza jurídica do órgão, de acordo com o canal de comunicação do Senado Federal, "Agência Senado", reproduzindo reportagem da "Agência Câmara Notícias"[322], são as seguintes:

> De acordo com a nova lei, entre as competências da ANPD estão zelar pela proteção dos dados pessoais, elaborar diretrizes para a Política Nacional de Proteção de Dados Pessoais e da Privacidade e aplicar sanções em caso de tratamento de dados realizado de forma irregular.
> A ANPD terá natureza transitória, podendo ser transformada em autarquia vinculada à Presidência da República após dois anos, a critério do governo. O novo órgão terá a seguinte estrutura organizacional: Conselho Diretor

<https://g1.globo.com/politica/noticia/2018/08/14/temer-sanciona-lei-de-protecao-de-dados-pessoais.ghtml>. Acesso em: 15 jul. 2019.

322. SENADO FEDERAL, Senado Notícias; AGÊNCIA SENADO. Lei que cria Autoridade Nacional de Proteção de Dados é sancionada com vetos. 2019. Disponível em: <https://www12.senado.leg.br/noticias/materias/2019/07/09/lei-que-cria-autoridade-nacional-de-protecao-de-dados-e-sancionada-com-vetos>. Acesso em: 15 jul. 2019.

> (órgão máximo de direção), Conselho Nacional de Proteção de Dados Pessoais e da Privacidade, Corregedoria, Ouvidoria, órgão de assessoramento jurídico próprio e unidades administrativas necessárias à aplicação da lei. A ANPD será formada por diretores que serão nomeados para mandatos fixos.
>
> O Conselho Nacional de Proteção de Dados Pessoais e da Privacidade será composto de 23 representantes, titulares e suplentes, de órgãos públicos e da sociedade civil.

Como cediço, a Autoridade Nacional de Proteção de Dados possui, em síntese, as atribuições disciplinares, fiscalizatórias e sancionadoras.

A Lei Geral de Proteção de Dados Pessoais, assim, estabelece, em seu artigo 52, caput e incisos, sanções administrativas, a serem aplicadas pela ANPD, bem como os critérios para aplicação, nos termos do parágrafo primeiro, e respectivos incisos, do mesmo dispositivo.

As sanções variam, previstas desde advertência e prazo para tomada de medidas corretivas, passando pela imposição de multa de até 2% (dois por cento) do faturamento da pessoa jurídica, limitada em R$ 50.000.000,00 (cinquenta milhões de reais) por infração, assim como publicização da infração, bloqueio e/ou eliminação dos dados pessoais relativos ao ilícito.

Os critérios a serem adotados, de acordo com o caso em concreto, para a aplicação de sanções, após devido processo administrativo, são: gravidade e natureza da infração e dos direitos afetados; boa-fé do infrator; vantagem auferida ou pretendida; condição econômica do infrator; reincidência; grau do dano; cooperação do infrator; adoção reiterada e demonstrada de mecanismos e procedimentos internos capazes de amenizar o dano; adoção de políticas de boas práticas e governança; pronta adoção de medidas corretivas; e proporcionalidade entre gravidade da falta e intensidade da sanção.

Entretanto, mesmo com a previsão de sanções aplicáveis na seara administrativa, pela Autoridade Nacional de Proteção de Dados, a própria Lei nº 13.709/2018 não exclui a possibilidade da responsabilidade civil, no que diz respeito à reparação de danos causados pelo tratamento de dados em desacordo com o diploma legal.

É o que dispõe o artigo 42, do dispositivo, *in verbis*:

> Art. 42. O controlador ou o operador que, em razão do exercício de atividade de tratamento de dados pessoais, causar a outrem dano patrimonial, individual ou coletivo, em violação à legislação de proteção de dados pessoais, é obrigado a repará-lo.

O dispositivo confere, ainda, alguns benefícios processuais que podem ser concedidos aos titulares dos dados pessoais, nestes casos, como a inversão do ônus probatório, bem como impõe a responsabilidade solidária entre operador e controlador dos dados indevidamente tratados quando o primeiro descumpre obrigação legal ou instruções do segundo.

A legislação, ainda, limita a matéria de defesa dos agentes de tratamento, nos casos de responsabilidade civil, vinculando suas alegações à prova cabal dos fundamentos dispostos nos três incisos do artigo 43, quais sejam: não realizaram tratamento dos dados que lhe é atribuído; embora tenham realizado, não houve violação à legislação; dano advindo de culpa exclusiva do titular ou terceiro.

Desta forma, mostra-se de cunho essencial uma análise parcimoniosa da responsabilidade civil nos casos de descumprimento da Lei Geral de Proteção de Dados Pessoais.

À princípio, pois a própria legislação já prevê sanções aplicáveis na seara administrativa, inclusive por intermédio de órgão competente, que variam gradativamente a depender da gravidade da conduta, e dos direitos violados.

Em um segundo momento, notoriamente, eventuais danos de ordem extrapatrimonial não podem passar despercebidos. Ocorre que, notoriamente, a reparação extrapatrimonial deve seguir alguns critérios para aferição do quantum indenizatório.

Podemos definir o dano moral, como as perdas sofridas por um ataque à moral e à dignidade da pessoa, caracterizando-o, entre outras coisas, como uma ofensa à integridade psíquica da vítima.

Dentre as funções da reparação por danos morais, uma é dirigida à pessoa que sofreu o dano; a outra atinge o responsável pela ocorrência do dano; a última, dispõe que, tanto o responsável pelo evento danoso não deve repeti-lo, como também a sociedade, razão pela qual, esta última, é denominada como medida pedagógica ou educativa.

Ainda que a indenização por danos extrapatrimoniais tenha as motivações acima expostas, esta não pode extrapolar os limites da razoabilidade e da proporcionalidade.

No caso das pessoas jurídicas que atuam por intermédio de mecanismos de *Big Data*, abarcados pela Lei Geral de Proteção de Dados Pessoais, a questão é ainda mais delicada, uma vez que, como cediço, a própria Lei já prevê sanções pelo descumprimento desta.

Uma condenação por indenização desproporcional, portanto, poderia, claramente, inviabilizar, ou desestimular a criação de novas tecnologias, cuja relevância e extrema importância fora longamente abordada ao curso deste trabalho.

Veja bem, não há que se falar, também, em ausência de responsabilidade civil por danos extrapatrimoniais, vez que, como suscitado, os mecanismos de *Big Data* também refletem em severos riscos e perigos de utilização em afronta a garantias constitucionais.

O que deve ser buscado, por tanto, caso a caso, é uma avaliação parcimoniosa do quantum indenizatório, levando em conta as sanções administrativas já sofridas pelo infrator, em contraposição com a reparação integral do dano causado, inclusive, para evitar o caráter exclusivamente punitivo da indenização extrapatrimonial.

Ante tudo o mais que fora demonstrado, no decorrer do artigo científico em comento, calha, pois, a exposição das considerações finais, posto que as premissas estão devidamente traçadas com o fito de embasar o escorço conclusivo.

4. Conclusões

Analisando todos os fatores expostos, cumpre salientar a importância do desenvolvimento tecnológico que se traduz no advento de mecanismos capazes de alterar panoramas globais de relacionamento interpessoal, e compartilhamento de informações.

Especialmente quanto ao fenômeno do *Big Data*, o estudo pautou-se em demonstrar sua relevância, que só tende a aumentar, bem como sua influência à nível mundial.

Buscando sistematizar a aplicação prática dos mecanismos de *Big Data*, foi possível avaliar suas funcionalidades como extremamente positivas nas mais diversas áreas da vida cotidiana. Entretanto, ao mesmo passo em que a influência dos mecanismos de *Big Data* se mostra em crescimento exponencial, os riscos e perigos advindos de sua utilização também são essencialmente graves, uma vez que tendem, em caso de utilização indevida, a violar garantias constitucionais e preceitos fundamentais de um Estado Democrático de Direito.

Assim, inspirada por legislações protetivas e garantistas, no que diz respeito ao tratamento de dados pessoais, sobreveio, no Brasil, a Lei Geral de Proteção de Dados Pessoais (Lei nº 13.709/2018), a fim de disciplinar o tema, estabelecer conceitos e prevenir as lesões aos direitos de liberdade, privacidade, livre desenvolvimento e personalidade dos titulares destes dados.

Referido diploma legal atingiu, frontalmente, os mecanismos de *Big Data*, por ter previsto diversas limitações e pressupostos para sua utilização, além de severas consequências ao descumprimento destes.

A legislação pautou-se, basicamente, em dez bases legais que versaram sobre hipótese que torna legítima a captação e utilização de dados pessoais, dando, ainda que sem superioridade hierárquica, importância explícita às noções de consentimento do titular e finalidade do uso dos dados coletados.

Diante destes elementos, o autor deste trabalho partilha da opinião de que, apesar de, inicialmente, o consentimento não consistir em base legal com hierarquia superior às demais, ainda é precípuo e tratado de forma diferenciada pela legislação, dada sua importância ímpar.

Quanto às demais bases legais, quase que em sua integralidade, abarcam situações específicas que facultariam, dentro de uma razoabilidade, o tratamento de dados pessoais.

Preocupam, no entanto, as disposições atinentes ao legítimo interesse, que se pautam em conceito abstrato e genérico, sendo que, por se tratar de norma interpretativa, está sujeita à sérios riscos em sua aplicação prática, sob pena de violação aos direitos fundamentalmente garantidos pela Constituição

Federal, caso não haja devido juízo de proporcionalidade e estrita observância da finalidade específica do tratamento dos dados.

Para alimentação de demais dados aptos a compor mecanismos de *Big Data*, de forma legítima, indispensável, portanto, o consentimento.

Expostas estas premissas, o estudo trouxe análise das responsabilidades e consequências advindas do descumprimento da legislação, a tanto na seara administrativa, a partir da criação da Autoridade Nacional da Proteção de Dados, bem na esfera da responsabilidade civil, diante das noções de obrigação de indenizar, em especial quanto aos danos extrapatrimoniais.

Ante tudo o que fora exposto e estudado, conclui-se, expressamente, pela necessidade interpretação das noções de consentimento e legítimo interesse sob o postulado da proporcionalidade, o que também deve ser feito quando da condenação de eventual infrator em indenização por perdas e danos, pois, ainda que a reparação deva ser integral, não pode ser exclusivamente punitiva, sob pena de inviabilização ou desestímulo ao advento de novas tecnologias importantes ao desenvolvimento social.

5. Referências bibliográficas

BIONI, Ricardo Bruno. *Proteção de dados pessoais: a função e os limites do consentimento.* Rio de Janeiro: Forense, 2019.

BITTAR, Carlos Alberto. *Os direitos da personalidade.* 7. ed., rev., atual. e ampl. Rio de Janeiro: Forense Universitária, 2008.

________. Constituição (1988). *Constituição da República Federativa do Brasil.* Brasília: Senado, 1988.

________. *Conversão da Medida Provisória nº 869, de 2018. Lei nº 13.853, de 08 de julho de 2019.* Disponível em: <http://www.planalto.gov.br/ccivil_03/_Ato2019-2022/2019/Lei/L13853.htm#art2>. Acesso em: 15 jul. 2019.

__________. *Lei Geral de Proteção de Dados Pessoais (2018). Lei 13.709, de 14 de agosto de 2018.* Vade Mecum, 28. ed. São Paulo: Saraiva, 2019.

__________. *Marco Civil da Internet. Lei nº 12.965, de 23 de abril de 2014.* Disponível em: http://www.planalto.gov.br/ccivil_03/_ato2011-2014/2014/lei/l12965.htm. Acesso em: 15 jul. 2019.

__________. *Medida Provisória nº 869, de 27 de dezembro de 2018.* Disponível em: <http://www.planalto.gov.br/ccivil_03/_ato2015-2018/2018/Mpv/mpv869.htm>. Acesso em: 15 jul. 2019.

BRYNJOLFSSON, Erik. *A segunda era das máquinas: trabalho, progresso e prosperidade em uma época de tecnologias brilhantes.* Rio de Janeiro: Alta Books, 2015.

CAVALIERI FILHO, Sergio. *Programa de Responsabilidade Civil.* 11. ed. São Paulo: Atlas, 2014.

DONEDA, Danilo. *Da privacidade à proteção de dados pessoais.* Rio de Janeiro: Renovar, 2006.

GONZÁLEZ, Elena Gil. *Big Data, privacidad y protección de datos.* Madrid: Imprenta Nacional de la Agencia Estatal: Boletín Oficial del Estado, 2016.

KELLY, Kelvin. *Inevitável: as 12 forças tecnológicas que mudarão nosso mundo.* Tradução de Cristina Yamagani. São Paulo: HSM, 2017.

LAEBER, Márcio Rafael Silva. *Proteção de dados pessoais: o direito à audodeterminação informativa.* Revista de Direito Bancário e do Mercado de Capitais. 37. vol. Revista dos Tribunais Online: Thomson Reuters, 2007.

LARA, Caio Augusto de Souza; OLIVEIRA, Alfredo Emanuel Farias de. *O Big Data e as políticas públicas de acesso à justiça: ideias para a constituição do Conselho Nacional da Defensoria Públic*a. Anais do Congresso Nacional do CONPEDI. Acesso à Justiça II. Florianópolis: Editora UFPR, 2017.

LEONARDI, Marcel. *Tutela e privacidade na internet.* São Paulo: Saraiva, 2012.

MARR, Bernard. *Big Data: the 5 Vs Everyone Must Know.* 2014. Disponível em: <https://www.linkedin.com/pulse/20140306073407-64875646-big--data-the-5-vs-everyone-must-know>. Acesso em: 15 jul. 2019.

MARR, Bernard. *Big Data: using smart Big Data, analytics and metrics to make better decisions and improving performance.* New Jersey: John Wiley & Sons, 2015.

MARR, Bernard. *The awesome ways Big Data is used today to change our world.* 2013. Disponível em: <https://www.linkedin.com/pulse/20131113065157-64875646-the-awesome-ways-big-data-is-used-today-to-change-our-world>. Acesso em: 15 jul. 2019.

MAZUI, Guilherme; CASTILHOS, Roniara. G1 E TV GLOBO. *Temer sanciona com vetos lei de proteção de dados pessoais.* Disponível em: <ht-

tps://g1.globo.com/politica/noticia/2018/08/14/temer-sanciona-lei-de--protecao-de-dados-pessoais.ghtml>. Acesso em: 15 jul. 2019.

MENDES, Laura Schertel. *Privacidade, proteção de dados e defesa do consumidor: linhas gerais de um novo direito fundamental.* São Paulo: Saraiva, 2014.

MITSUICHI, Lucas. *Big data: conheça os 5 V's e sua aplicação prática para PMEs.* 2017. Disponível em: <https://pt.semrush.com/blog/big-data-conheca--os-5-vs-e-sua-aplicacao-pratica-para-pmes/>. Acesso em: 15 jul. 2019.

MORAIS, Izabelly Soares de; GONÇALVES, Priscila de Fátima; LEDUR, Cleverson Lopes; JUNIOR, Ramiro Sebastião Córdova; SARAIVA, Maurício de Oliveira; FRIGERI, Sandra Rovena. *Introdução a Big Data e internet das coisas (IOT).* Porto Alegre: Sagah Educação, 2018.

MORENO, Javier Puyol. *Una aproximación a big data. Revista de Derecho de la Universidad Nacional de Educación a Distancia (UNED).* 14. vol. 2014.

NERY JUNIOR, Nelson. *Sigilo bancário – compartilhamento de dados e princípio da proporcionalidade.* Soluções Práticas de Direito. 1. vol. Revista dos Tribunais Online: Thomson Reuters, 2014.

NETTO, Adhemar Della Torre; OLIVEIRA, Alfredo Emanuel Farias de. *Big Data e proteção de direitos fundamentais: perigos da má utilização da técnica e uma proposta para o resgate do ideal sofista de Paideia no campo da educação.* Revista de Direito e as Novas Tecnologias. 3. vol. Revista dos Tribunais Online: Thomson Reuters, 2019.

PAULA, Luana Otoni de. *Breves considerações sobre a lei geral de proteção de dados.* Disponível em: <https://www.migalhas.com.br/dePeso/16,MI292692,71043-Breves+consideracoes+sobre+a+lei+geral+de+protecao+de+dados>. Acesso em: 15 jul. 2019.

PINHEIRO, Patrícia Peck. *Direito digital.* 5. ed. rev., atual. e ampl. São Paulo: Saraiva, 2013.

PINHEIRO, Patrícia Peck. *Proteção de dados pessoais: comentários à Lei n. 13.709/2018 (LGPD).* São Paulo: Saraiva Educação, 2018.

ROSENVALD, Nelson. *As funções da responsabilidade civil: a reparação e a pena civil.* 2. ed. São Paulo: Atlas, 2014.

SENADO FEDERAL, Senado Notícias; AGÊNCIA SENADO. *Lei que cria Autoridade Nacional de Proteção de Dados é sancionada com vetos.* 2019. Disponível em: <https://www12.senado.leg.br/noticias/materias/2019/07/09/lei-que-cria-autoridade-nacional-de-protecao-de-dados-e-sancionada-com--vetos>. Acesso em: 15 jul. 2019.

SHINOHARA, Julia Akerman; MINASSE, Elton. *Tratamento de dados pessoais para fins de análise comportamental e oferta de publicidade direcionada.* 2019. Disponível em: <https://www.machadomeyer.com.br/pt/inteligencia--juridica/publicacoes-ij/propriedade-intelectual-ij/tratamento-de-dados-

-pessoais-para-fins-de-analise-comportamental-e-oferta-de-publicidade--direcionada>. Acesso em: 15 jul. 2019.

TEIXEIRA, Tarcisio. *Curso de Direito e Processo Eletrônico: doutrina, jurisprudência e prática.* 4. ed. São Paulo: Saraiva, 2018.

______. *Direito Empresarial Sistematizado: doutrina, jurisprudência e prática.* 8. ed. São Paulo: Saraiva, 2019.

______. *Manual da compra e venda:* doutrina, jurisprudência e prática. 3. ed. São Paulo: Saraiva, 2018.

______. *Comércio eletrônico*: conforme o marco civil da internet e a regulamentação do *e-commerce* no Brasil. São Paulo: Saraiva, 2015.

______; ARMELIN, Ruth Maria Guerreiro da Fonseca. *Lei Geral de Proteção de Dados Pessoais – comentada artigo por artigo*. Salvador: Juspodivm, 2019.

______; ______; TAKADA, Thalles (Coords.). *Manual jurídico da inovação e da startups*. Salvador: Juspodivm, 2019.

EDITORA
*Jus*PODIVM
www.editorajuspodivm.com.br